Hehrmann

Schilddrüsenerkrankungen

SEMPER BONIS ARTIBUS

gustav fischer
taschenbücher

Ärztliche Ratschläge

Weitere Bände dieser Reihe:

Bauer · MS-Ratgeber
Blankenhahn · Hörgeräte-Ratgeber
Block · HIV-Infektion und Aids
Cordes · Sprudelmassagebäder
Cyran · Erotik und Sexualität im Alter
Douglas/Richman · Mein Kind will nicht schlafen
Dünkel · Multiple Sklerose
Faust · Depressionsfibel
Findeisen · Asthma- und Heufieber-Ratgeber
Földi/Földi · Das Lymphödem
Gossweiler-Brunner · Vergiftungen beim Kleinkind
Groll · Der Arzneimittelkompaß für Patienten
Gundermann · Heiserkeit und Stimmschwäche
Hotz · Erkrankungen von Speiseröhre, Magen und Zwölffingerdarm
Huber · Anus praeter Fibel
Kaden · Ratgeber für Augenkranke
Kohlhaas-von Dorrer/Kayser · Schwangerschaft und Geburtsvorbereitung
Laux · Psychopharmaka
Mathies · Rheuma
Meyer-Wahl · Anfallskrankheiten
Neundörfer · Die Parkinsonsche Krankheit
Ochel · Reisen, leben, arbeiten in den Tropen
Plath · Lexikon der Hörschäden
Primer · Der Bronchialkranke
Raab · Allergiefibel
Raab · Hautfibel
Raab · Lichtfibel
Raab · Sexualfibel
Roth · Kontaktlinsen
Schneidrzik · Die Welt der Medikamente
Schneidrzik · Gesundheitsratgeber für Senioren
Schröpl · Die Heimbehandlung mit UV-Bestrahlungsgeräten bei Psoriasis
Seeman · Schizophrenie – wie man damit leben und arbeiten kann
Soyka · Kopfschmerz und Migräne
Soyka · Schlaganfall
Theil et al. · Asthma – Ekzem – Nahrungsmittelallergie
Thorspecken · Herzschrittmacher
Weilemann · Giftberatung: Pflanzen
Waegner/Busch · Schwangerschafts-Schwimmen
Wiegand · Schwere Schädel-Hirnverletzungen
Wink · Schlafstörungen

Schilddrüsenerkrankungen

Ursachen, Erkennung, Verhütung und Behandlung

Rainer Hehrmann

2., überarbeitete Auflage

26, teilweise farbige Abbildungen

SEMPER BONIS ARTIBUS

Gustav Fischer Verlag
Stuttgart · Jena · New York · 1995

Anschrift des Autors:

Prof. Dr. med. Rainer Hehrmann
Medizinische Klinik, Abteilung I
Diakonissenkrankenhaus Stuttgart
D-70176 Stuttgart, Rosenbergstraße 38

Wichtiger Hinweis:
Die pharmakotherapeutischen Erkenntnisse in der Medizin unterliegen laufendem Wandel durch Forschung und klinische Erfahrungen. Autoren und Herausgeber dieses Werkes haben große Sorgfalt darauf verwendet, daß die in diesem Werk gemachten therapeutischen Angaben (insbesondere hinsichtlich Indikationen, Dosierung und unerwünschten Wirkungen) dem derzeitigen Wissensstand entsprechen. Das entbindet den Benutzer dieses Werkes aber nicht von der Verpflichtung, anhand der Beipackzettel zu verschreibender Präparate zu überprüfen, ob die dort gemachten Angaben von denen in diesem Buch abweichen und seine Verordnung in eigener Verantwortung zu bestimmen.

Die Deutsche Bibliothek – CIP-Einheitsaufnahme

Hehrmann, Rainer:
Schilddrüsenerkrankungen : Ursachen, Erkennung, Verhütung und Behandlung / Rainer Hehrmann. – 2., überarb. Aufl. – Stuttgart ; Jena ; New York : G. Fischer, 1995
(Gustav-Fischer-Taschenbücher : Ärztliche Ratschläge)
ISBN 3-437-00828-5

Satz + Druck: Laupp & Göbel, Nehren bei Tübingen
Einband: Hugo Nädele, Nehren bei Tübingen
Dieses Buch wurde auf chlorfrei hergestelltem Papier gedruckt
Printed in Germany 0 1 2 3 4 5

Inhalt

D Symptome und Organmanifestationen bei Schilddrüsenerkrankungen 35

E Untersuchungsmethoden bei Schilddrüsenkrankheiten . 47

A Einleitung

1. Geschichtlicher Überblick

a) Die Schilddrüse, ihre Erkrankungen und die Verbindung zum Element Jod

Wenngleich die Bedeutung des Organes Schilddrüse erst in den letzten 120 Jahren erkannt und aufgeklärt wurde, spielt ihre Darstellung bzw. die Darstellung ihrer häufigsten Erkrankung, des Kropfes, in der wissenschaftlichen Literatur und in der bildenden Kunst schon seit Jahrtausenden eine Rolle. Gemälde, die Personen mit Kröpfen oder dem typischen Gesichtsausdruck einer Schilddrüsenunterfunktion zeigen, gibt es in allen Jahrhunderten.
Schon in ägyptischen Wandreliefs wurden Personen mit Kröpfen dargestellt, unter anderem zeigt auch eine bildliche Darstellung der Cleopatra aus dem 1. Jahrhundert v. Chr. einen Kropf. Zeichnungen von Leonardo da Vinci verdanken wir Darstellungen der Anatomie der Schilddrüse und des Kropfes.
Im folgenden findet sich eine tabellarische Aufstellung der wichtigsten mit der Schilddrüse und ihren Erkrankungen zusammenhängenden Ereignisse in der früheren und jüngeren Geschichte.

ca. 2700 v. Chr.	Der legendäre chinesische Kaiser Shen-Nung nennt Seegras als wirksames Mittel gegen den Kropf.
ca. 1500 v. Chr.	Das sogenannte „unterägyptische Salz“ wurde unter den Pharaonen zur Behandlung des Kropfes empfohlen.
ca. 16 v. Chr.	Vitruvius beschreibt den Kropf bei Bewohnern der Alpen.
1117	Roger von Palermo erwähnt gebrannten Schwamm erstmals als Mittel gegen den Kropf.
1543	Der Anatom Andreas Vesalius gibt die erste detaillierte Beschreibung der Schilddrüse.
ca. 1517	Paracelsus teilt erstmals über den Kretinismus mit.

1656: Wharton benennt die Schilddrüse erstmals mit dem seither gültigen Namen „Glandula thyreoidea" = Schilddrüse

1750: Russell empfiehlt erstmals Meerwasser zur Therapie des Kropfes.

1769: Prosser verwendet ein Spezialpulver aus verkalkten Schwämmen zur Kropfbehandlung.

1792: Fodéré veröffentlicht Studien über den Kropf und den endemischen Kretinismus.

1813: Der Chemiker Courtois entdeckt das Element Jod.

1820: Couindet berichtet erstmals von einer erfolgreichen Behandlung des Kropfes mit einer Kaliumjodidlösung.

1829: Lugol, nach dem die Kaliumjodidlösung in der Schilddrüsenbehandlung später benannt wird, berichtet ebenfalls über die Kropfbehandlung mit Kaliumjodlösung und benennt sie korrekterweise „Couindets-Lösung".

1833: Boussingault empfiehlt erstmals Jodsalz zur Kropfprophylaxe.

1834: Langenbeck gibt eine erste genaue Beschreibung der Kropfoperation mit chirurgischen und anatomischen Einzelheiten.

1835 und 1840: Graves und von Basedow beschreiben unabhängig voneinander Patienten mit Schilddrüsenüberfunktion, Struma und Exophthalmus.

Die Erkrankung wird im deutschen Sprachraum Basedow'sche Krankheit, im angloamerikanischen Sprachraum Graves-Disease genannt.

1850: Chateau erkennt in den Schweizer und französischen Alpen, daß Jod den endemischen Kropf und den Kretinismus verhindern kann.

1878: Charcot und Ord beschreiben unabhängig voneinander die Schilddrüsenunterfunktion. Erstmalige Verwendung der Bezeichnung Myxödem.

1880: Der Norweger Sandström entdeckt die menschlichen Nebenschilddrüsen, nachdem 1850 die Nebenschilddrüsen erstmals als eigenständige Organe bei der Sektion eines indischen Rhinozeros im Londoner Zoo durch Owen beschrieben worden waren.

1883: Der Chirurg Kocher verbessert die Technik der Kropfoperationen bis zur vollständigen Entfernung der Schilddrüse und erkennt den Zusammenhang zwischen der sich dann ausbildenden Schilddrüsenunterfunktion und dem Fehlen der Schilddrüse.

1892: Mac Kenzie beschreibt die erfolgreiche Behandlung der Schilddrüsenunterfunktion durch Gabe von frischer Schilddrüsensubstanz.

1895: Kocher beschreibt das „Schilddrüsenfrühstück", bei welchem man belegte Butterbrötchen auftischte, welche mit frischer Schweineschilddrüse bestrichen waren, ähnlich wie Kaviarbrötchen serviert.

1904: De Quervain beschreibt die akute und subakute Schilddrüsenentzündung.

1907: Langhans erstellt eine Einteilung der Schilddrüsentumoren und prägt den Begriff „wuchernde Struma".

1912: Hashimoto beschreibt die chronische Schilddrüsenentzündung (Struma lymphomatosa).

1913: Plummer berichtet über das „toxische autonome Adenom als besondere Form der Schilddrüsenüberfunktion".

1915: Kendall gelingt die erste kristalline Reindarstellung von Thyroxin.

1915: Der Amerikaner Marine gibt erste praktische Vorschläge zur Jodprophylaxe des endemischen Kropfes.

1926: Harington gelingt die Aufklärung der chemischen Struktur des Thyroxins.

1927: Harington und Barker gelingt die erste Synthese von Thyroxin.

1929: Aron und Loeb entdecken das thyreotrope Hormon TSH.

1938: Einführung des radioaktiven Jods in die Funktionsuntersuchungen der Schilddrüse.

1942: Einführung des radioaktiven Jods in die Behandlung von Schilddrüsenkrankheiten.

1951: Gross und Pitt-Rivers entdecken das zweite Schilddrüsenhormon: Trijodthyronin.

1960: Yalow und Berson beschreiben erstmals das Prinzip der radioimmunologischen Bestimmung von Hormonen am Beispiel des Insulins.

1962: Copp entdeckt das Calcitonin.

1965: Radioimmunologischer Nachweis von TSH im Serum.

1969: Radio-Immuno-Assays für Thyroxin und Trijodthyronin werden beschrieben.

1980: Auch die freien Schilddrüsenhormone können radioimmunologisch bestimmt werden.

b) Die Jodprophylaxe

1833: Boussingault empfiehlt erstmals die Verwendung jodhaltiger Salze zur Kropfprophylaxe.

1841: In der Alpenregion Frankreichs und in der Schweiz wird auf Anregung des Chemikers Chatin und des Arztes Prevost gezielt Jodsalz eingesetzt. Prevost entwickelt auch die Idee, dem Trinkwasser Jod als Prophylaktikum beizumengen.

1922: Erste allgemeine, systematische Kropfprophylaxe mit jodiertem Kochsalz in der Schweiz im Kanton Appenzell.

1923: Beginn der Prophylaxe mit jodiertem Kochsalz in Österreich und mehreren Staaten der USA.

1930: Einführung der Speisesalzjodierung in Schweden. Zusätzlich Anreicherung von Babynahrung und Tierfutter mit Jod.

1935: Versuch der Trinkwasserjodierung zur Jodprophylaxe in den Niederlanden, der 1941 wegen Jodmangels unterbrochen wurde.

1948: Jodierung von Brot, erstmals in Holland.

1949: Brotjodierung auch in Australien.

1950: Speisesalzjodierung in Finnland. Auch hier zusätzliche Jodierung von Tierfutter.

1957: Injektion von jodiertem Öl in Neu-Guinea, später auch in Ekuador, Zaire, Indonesien, Tansania, China, Indien und im Sudan.

1963: Verordnung über diätetische Lebensmittel in der Bundesrepublik Deutschland: Erlaubt wurde Speisesalz mit einem Jodgehalt zwischen 3–5 mg/kg. Auf der Verpackung mußte der Warnhinweis „Nur bei ärztlich festgestelltem Jodmangel" angebracht werden.

1981: Änderung der Diätverordnung: Der Warnhinweis konnte entfallen, der Jodgehalt des Speisesalzes wurde auf 20 mg/kg angehoben und von Kaliumjodid auf das stabilere Kaliumjodat umgestellt.

1983: In der DDR wird ein mit 25 mg Kaliumjodid pro Kilogramm angereichertes Kochsalz eingeführt.

1985: Die Speisesalzjodierung in der DDR wird auf 30 mg Kaliumjodat pro Kilogramm umgestellt.

1986: Zusätzlich werden mit Jod angereicherte Mineralstoffgemische in der Tierfütterung in der DDR eingesetzt.

1989: Jodiertes Speisesalz unterliegt in der BRD nun nicht mehr der Diätverordnung, der Gebrauch ist in der Zusatzstoffzulassungsordnung geregelt. Das bedeutet, daß die industrielle Nahrungsmittelherstellung, Hotel-, Gaststättengewerbe und Großküchen jodiertes Speisesalz verwenden können, die Verwendung von Jodsalz aber deklarieren und kennzeichnen müssen.

1991: Zulassung von Jod bei Nitratpökelsalz.

1992: Für die gesamte Bundesrepublik Deutschland, einschließlich der neuen Bundesländer, gilt die Zusatzstoffzulassungsordnung, d. h. die generelle Jodierung in den neuen Bundesländern wird wieder aufgehoben.

1993: 2. Verordnung zur Änderung der Vorschriften über jodiertes Speisesalz: Die „Deklarierungspflicht" bzw. die doppelte Kenntlichmachungsvorschrift entfällt, d. h. bei losen, unverpackten Lebensmitteln wie Brot, Backwaren, Wurst, Pökelfleisch etc. entfällt der Hinweis auf das verwendete Jodsalz. Bei Lebensmitteln in Fertigpackungen reicht der Hinweis im Zutatenverzeichnis.

2. Bedeutung von Schilddrüsenerkrankungen

Schilddrüsenerkrankungen zählen in der Bundesrepublik Deutschland zu den häufigsten Gesundheitsstörungen überhaupt. Die häufigste Schilddrüsenerkrankung, die Struma (Struma = Schilddrüsenvergrößerung = im Volksmund „Kropf“) ist in der Bundesrepublik Deutschland endemisch. (Eine Endemie nennt man eine Erkrankung, die in einer bestimmten Region langfristig auftritt und über 10% der Gesamtbevölkerung betrifft). Die Schilddrüsenvergrößerung oder Struma kommt in der Bundesrepublik mit regionalen Schwankungen in mindestens 10 bis zu über 50% der Bevölkerung vor, je nach der untersuchten Region und je nach dem Alter der untersuchten Personengruppen.

Kropfoperationen sind inzwischen in der Bundesrepublik die dritthäufigste Operation nach der Blinddarmoperation und Leistenbruchoperation; sie rangieren inzwischen vor den Eingriffen an der Gallenblase.

Die Kosten, die jährlich für die Untersuchungen und die Behandlungsmaßnahmen für Schilddrüsenerkrankungen aufgebracht werden müssen, lagen vor 1990 in der „alten“ Bundesrepublik bereits bei einer Milliarde DM, für die Bundesrepublik im Jahre 1992 liegen die Kosten sicherlich zwischen 1,5 und 2 Milliarden DM. Schilddrüsenerkrankungen stellen somit einen bedeutenden Kostenfaktor im Gesundheitswesen dar.

Für die betroffenen Patienten bedeuten Schilddrüsenkrankheiten die Notwendigkeit einer oft jahrelangen, ja lebenslangen Behandlung mit Medikamenten oder gar ein sog. definitives Therapieverfahren wie Operation oder Strahlenbehandlung mit radioaktivem Jod. Beide definitiven Therapieverfahren sind immerhin mit einer gewissen Komplikationsrate verbunden.

Erstaunlicherweise gibt es in der Bundesrepublik Deutschland bisher keine effektive Maßnahme zur Verhütung von Schilddrüsenerkrankungen, obwohl diese Maßnahmen prinzipiell möglich sind, und in den meisten unserer Nachbarländer und in vielen Ländern der Erde erfolgreich durchgeführt werden.

Schon 1924 hat der amerikanische Schilddrüsenforscher Marine völlig zutreffenderweise festgestellt: „Die Struma ist diejenige Krankheit, die am einfachsten und am effektivsten verhindert werden kann, wenn nur eine organisierte Gesellschaft dies beschließt“.

3. Die Rolle des Jods für die Schilddrüse

Wichtiger Baustein der Schilddrüsenhormone Thyroxin oder Tetrajodthyronin (abgekürzt T4) und Trijodthyronxin (abgekürzt T3) ist das Element Jod. T4 enthält vier Jodatome, T3 enthält drei Jodatome entsprechend etwa 2/3 des Gesamtgewichts der Schilddrüsenhormone.
Die chemische Synthese der Schilddrüsenhormone kann in den Zellen der Schilddrüse nur dann ungestört ablaufen, wenn ausreichende Mengen von Jod zur Verfügung stehen. Da es keine Jodreserven im Körper gibt, muß regelmäßig Jod aus der Nahrung über den Magen-Darm-Trakt aufgenommen werden. Ein ausreichender Jodgehalt der Nahrung ist somit Voraussetzung für eine störungsfreie Schilddrüsenfunktion. Leider ist diese Bedingung des ausreichenden Jodgehalts der Nahrung in den meisten Ländern und Regionen Zentraleuropas ebensowenig erfüllt wie in vielen anderen Ländern der Erde ebenfalls.
Die Weltgesundheitsorganisation (WHO) hat in Übereinstimmung mit zahlreichen anderen Expertengremien den täglichen Jodbedarf zwischen 150 und 250 µg Jod für Erwachsene festgestellt. Ebenfalls hat die Weltgesundheitsorganisation den Jodmangel definiert und in verschiedene Schweregrade eingeteilt. Von einem Jodmangel wird generell gesprochen, wenn die Jodzufuhr pro Tag unter 100 µg Jod liegt. Die Folge des Jodmangels ist, daß die Schilddrüse nicht in der Lage ist, ausreichend Schilddrüsenhormon zu produzieren. Durch verschiedene Mechanismen, insbesondere durch das übergeordnete Zentrum in der Hirnanhangdrüse werden Mechanismen in Gang gesetzt, die die Schilddrüse anregen, um über verschiedene Kompensationsmechanismen doch noch genügend Schilddrüsenhormon zu produzieren. Bei fortbestehendem Jodmangel sind diese Kompensationsmechanismen jedoch nicht effektiv, und schließlich führen sie dazu, daß die so angeregte Schilddrüse wächst, ihre Zellen vermehrt und ihre Untereinheiten, die Schilddrüsenfolikel, vergrößert werden.

4. Situation der Jodversorgung

Die kritische Schwelle der täglichen Jodzufuhr von 100 µg/Tag wird in der Bundesrepublik Deutschland an keiner Stelle erreicht. Da der Jodgehalt der Nahrung in Norddeutschland, insbesondere in den küstenna-

hen Regionen noch am günstigsten ist, und mit zunehmender Höhenlage in den Mittelgebirgen und im Süden, insbesondere in Bayern und Baden-Württemberg sowie in den Alpenregionen immer niedriger wird, liegt die Jodversorgung in Norddeutschland in der Regel im Bereich des Jodmangels Grad I, d. h. zwischen 50 und 100 µg Jod/Tag, während sie im süddeutschen Raum und in den Mittelgebirgsregionen 50 µg Jod/Tag unterschreitet und somit im Bereich des Jodmangels Grad II nach der Einteilung der WHO liegt. Dieses sog. Nord-Süd-Gefälle für die Jodaufnahme mit der Nahrung steht in enger Beziehung mit der Jodausscheidung im Urin, die leichter zu messen ist, und findet sich auch schon bei Neugeborenen und Säuglingen, Schulkindern wie Erwachsenen.
In Regionen mit ausreichender Jodversorgung, wie z. B. in Skandinavien, liegt die Jodausscheidung im Urin konstant über 150 µg Jod/Tag, in den Vereinigten Staaten ist sie in der Regel noch wesentlich höher, allerdings auch stark schwankend, da hier verschiedene Nahrungsmittel als Quellen für Jod in Frage kommen, insbesondere Brot und Backwaren.
An der Jodausscheidung im Urin läßt sich nicht nur die aktuelle Jodversorgung der Bevölkerung, sondern auch die Effektivität von Maßnahmen zur Strumaprophylaxe direkt ablesen.

5. Strumaepidemiologie

Exakte Untersuchungen zur Häufigkeit der Struma in der Bundesrepublik gibt es noch nicht sehr lange. Die erste groß angelegte Untersuchung wurde von Prof. Horster und Mitarbeitern in Düsseldorf an Bundeswehrrekruten durchgeführt und 1974 publiziert. Bei dieser Untersuchung wurden durch Musterungsärzte anhand des Tastbefundes und des Halsumfangs die Schilddrüsengröße eingeschätzt, was nach heutigen Kriterien ein relativ grobes Maß für die Schilddrüsengröße darstellt und insbesondere bei jungen Probanden zu Fehleinschätzungen führen muß. Diese Untersuchung zeigte auch an der Strumahäufigkeit das schon für die Jodversorgung beschriebene Nord-Süd-Gefälle. In den küstennahen Regionen Schleswig-Holsteins und Niedersachsens lag die Strumahäufigkeit unter 10%, in den süddeutschen Regionen Baden-Württembergs bei über 20%, in Bayern sogar über 30%.

Allen ist jedoch bekannt, daß gerade junge Männer viel seltener eine Struma haben als junge Mädchen und Frauen nach der Pubertät, und daß insbesondere auch ältere Menschen sehr viel häufiger eine Schilddrüsenvergrößerung aufweisen als junge. Insofern ist es nicht korrekt, die ermittelten Zahlen bei Bundeswehrrekruten auf die Gesamtbevölkerung zu übertragen.
Im letzten Jahrzehnt wurden exaktere Untersuchungen über die Strumahäufigkeit durchgeführt, die vor allen Dingen auch Ultraschalluntersuchungen der Schilddrüse grundsätzlich mit einbezogen und außerdem parallel zur Messung der Strumagröße die Jodausscheidung im Urin gemessen haben. Alle diese Untersuchungen zeigen, daß die Strumahäufigkeit wesentlich größer ist als bisher angenommen. Eine eigene im Raum Stuttgart durchgeführte Untersuchung zeigt, daß die Strumahäufigkeit bei Männern bei über 40%, bei Frauen bei 60% liegt, selbst dann, wenn man den für die Bundesrepublik Deutschland zwar akzeptierten, aber durchaus umstrittenen, relativ hohen Normbereich akzeptiert.

6. Möglichkeiten der Strumaverhütung durch Jodprophylaxe

Die Entwicklung einer Schilddrüsenvergrößerung kann durch ausreichende Jodzufuhr, die frühzeitig im Säuglings- und Kindesalter beginnen muß, verhindert werden. Dies zeigen zahlreiche Untersuchungen in denjenigen Ländern, die eine der verschiedenen Möglichkeiten der Jodprophylaxe ergriffen haben. Wichtig ist bei diesen Maßnahmen, daß alle Personen einer Bevölkerung von der Anreicherung des Jods in der Nahrung erreicht werden, d. h. es kann nur über solche Nahrungsmittel gehen, die von allen Bevölkerungsteilen auch wirklich konsumiert werden. Zu diesen Nahrungsmitteln bzw. Nahrungsbestandteilen gehören Trinkwasser, Salz und Brot. Eine andere Möglichkeit der Jodprophylaxe wäre die generelle Vergabe von Jodtabletten oder die in regelmäßigen Abständen durchgeführte Injektion von Joddepotpräparaten.
Wenngleich es regionale Modelle der Jodprophylaxe über das Trinkwasser und über Brot gibt, ist die am weitesten verbreitete Methode der Jodprophylaxe die der Anreicherung des Kochsalzes durch Jod, die sog. Jodsalzprophylaxe. Sie wird in unseren südlichen Nachbarländern Österreich und in der Schweiz, in den skandinavischen Ländern, in Eng-

land und auch in den Vereinigten Staaten durchgeführt, wenngleich hier die Jodsalzprophylaxe nur eine Quelle von Jod in der Nahrung ist.
Darüber hinaus hat es sich in vielen Ländern bewährt, das Viehfutter mit Jod anzureichern, so daß über tierische Nahrungsmittel wie Milch, Eier und Fleisch zusätzlich Jod zugeführt wird.
Obwohl viele unserer Nachbarländer, insbesondere die skandinavischen Länder, England und Nordamerika über eine effektive Jodsalzprophylaxe verfügen, konnte eine solche Maßnahme in der Bundesrepublik Deutschland bisher aus grundsätzlichen Erwägungen heraus nicht verwirklicht werden. Im Gegenteil wurde eine in den Ländern der ehemaligen DDR bereits effektive Jodsalzprophylaxe und eine Anreicherung des Tierfutters mit Jod wieder rückgängig gemacht. Dies wird von allen Schilddrüsenexperten ebenso bedauert wie die administrativen Schwierigkeiten bei der Einführung einer **wirksamen** Jodsalzprophylaxe für die gesamte Bundesrepublik Deutschland.

7. Effektivität der derzeitigen Jodprophylaxe in der Bundesrepublik Deutschland

In der Bundesrepublik Deutschland wurde die Herstellung und der Vertrieb von jodiertem Speisesalz in der Verordnung über diätetische Lebensmittel 1963 erstmals geregelt. Der Jodgehalt dieses Speisesalzes war sehr niedrig, und auf der Verpackung mußte zusätzlich der Warnhinweis „Nur bei ärztlich festgestelltem Jodmangel" angebracht werden. Erst durch eine Änderung der Diätverordnung 1981 konnte der Warnhinweis wegfallen, der Jodgehalt des Speisesalzes wurde angehoben. Nach wie vor war jodiertes Speisesalz aber ein diätetisches Lebensmittel und konnte somit nicht allgemein in der Nahrungsmittelindustrie, dem Hotel- und Gaststättengewerbe oder in der Gemeinschaftsverpflegung in Kantinen verwendet werden.
Diese Beschränkung wurde vom Gesetzgeber erst im Sommer 1989 aufgehoben. Jodiertes Speisesalz unterliegt nun nicht mehr der Diätverordnung, der Gebrauch ist jetzt in der sog. Zusatzstoffzulassungsordnung geregelt. Nach wie vor ist aber keineswegs generell alles Speisesalz, das im Handel ist, mit Jod angereichert. Allerdings kann jetzt jodiertes Speisesalz in der Nahrungsmittelherstellung verwendet wer-

den, wobei jedoch immer noch eine sog. Deklarationspflicht besteht, d.h. daß kenntlich gemacht werden muß, daß bestimmte Nahrungsmittel mit jodiertem Speisesalz hergestellt wurden.
Letztendlich bedeutet dies, daß Jodsalz nur auf dem Freiwilligkeitsprinzip, d.h. in privaten Haushalten und je nach Information, Initative und Engagement in einzelnen Einrichtungen der industriellen Nahrungsmittelherstellung und in Kantinen verwendet wird.
In der Zwischenzeit gibt es einige Untersuchungen, die die Effektivität der derzeitigen Jodsalzprophylaxe in der Bundesrepublik nach dem Freiwilligkeitsprinzip überprüft haben. Die Ergebnisse dieser Untersuchungen sind insofern enttäuschend bzw. niederschmetternd, als die Verbesserung der Jodmangelsituation durch diese Maßnahme nur minimal – in manchen Untersuchungen kaum meßbar – verbessert wird. In unserer Untersuchung im Raum Baden-Württemberg an über 1100 Personen stieg durch die Verwendung von jodiertem Speisesalz die Jodausscheidung, im Urin von knapp 50 µg Jod/Tag, auf knapp über 60 µg Jod/Tag an, d.h. daß auch durch Verwendung von Jodsalz in den privaten Haushalten der Jodmangel keineswegs behoben werden kann. Entsprechend gering sind auch die meßbaren Auswirkungen auf die Strumagröße und Strumahäufigkeit.

8. Notwendigkeit der Information von Betroffenen und Laien

Aus der geschilderten Situation wird klar, daß eine Beeinflußung und eine Verbesserung der Jodmangelsituation derzeit nur zu erreichen ist, wenn die Betroffenen, d.h. alle möglichen Schilddrüsenpatienten, und das ist letztlich die gesamte Bevölkerung der Bundesrepublik Deutschland, über die derzeitigen Möglichkeiten der Prophylaxe informiert wird. Hierzu gehört, daß durch diese Information der Prozentsatz der Haushalte, die Jodsalz generell verwenden, zwar erhöht wird, wenngleich diese Maßnahme allein nicht zur Behebung der Jodmangelsituation ausreicht.
Darüber hinaus muß durch zunehmende Information und Aufklärung die Verwendung von Jodsalz in der Nahrungsmittelindustrie erweitert werden, insbesondere in Kantinen, in Restaurants und Gaststätten, bei

Bäckern und bei Metzgern, bei Herstellern von Nahrungsmittelkonserven, Gefrierkost, Teigwaren etc.
Solche Initiativen können nur erfolgreich sein, wenn eine informierte Öffentlichkeit dies fordert. Dort, wo über die Nahrungsmittelkette eine angemessene Jodzufuhr nicht erreicht werden kann, bleibt dann für den einzelnen immer noch die Möglichkeit, täglich oder wöchentlich eine Jodtablette einzunehmen, um den Jodbedarf zuverlässig zu decken.
Leider haben sich die Behörden unseres Landes nicht dazu durchringen können, dem Beispiel vieler Staaten zu folgen und eine generelle Jodierung des Speisesalzes zur Strumaprophylaxe einzuführen. Nach wie vor stehen dieser im Prinzip sinnvollsten Maßnahme grundsätzliche, formaljuristische Bedenken entgegen. Solange dies so ist, ist es notwendig, die Betroffenen, nicht medizinisch vorgebildeten möglichen Schilddrüsenkranken, und das ist letztlich die gesamte Bevölkerung, in verständlicher Form aufzuklären, damit die derzeit möglichen Maßnahmen optimal genutzt und eingesetzt werden.
Immerhin hat sich in den letzten vier Jahren die Gesetzeslage zur Verwendung von Jodsalz in der Bundesrepublik soweit verbessert, daß bei der Lebensmittelherstellung, insbesondere bei Backwaren und Fleischerzeugnissen die Verwendung von Jodsalz nicht nur möglich, sondern auch realistisch geworden ist. Seit Ende 1993 ist die Kenntlichmachungsvorschrift für lose, unverpackte Lebensmittel wie Brot, Backwaren, Wurst, Pökelfleisch etc. entfallen. Dies hat zu einer sehr viel größeren Akzeptanz des Jodsalzes bei Bäckern und Metzgern geführt. Jeder informierte Bürger sollte bei Bäckern und Metzgern einkaufen, die Jodsalz verwenden. (Einzige Ausnahme sind Patienten mit **unbehandelter** Schilddrüsenüberfunktion.)

B Normale Schilddrüse

1. Entstehung, Lage und Aufbau der Schilddrüse

Die Entwicklung der Schilddrüse beginnt sehr früh in der Embryonalzeit, und zwar bereits etwa drei Wochen nach der Befruchtung. Vom embryonalen Schlunddarm aus stülpt sich ein kleines Bläschen an der Stelle des späteren Mundbodens ein, wächst als Zellstrang nach unten und teilt sich bereits in der fünften Woche der Embryonalzeit in ein kleines paariges Organ auf, das schließlich ab der fünften Woche der Embryonalzeit vor der Luftröhre als paariges Organ liegt. Die beiden Lappen sind durch eine schmale und dünne Brücke, dem sog. Isthmus, miteinander verbunden (S. Abb.1). In der Kindheit und Adoleszenz wächst die Schilddrüse kontinuierlich und erreicht schließlich beim Erwachsenen eine Größe, die unter den Bedingungen der nicht optimalen Jodversorgung in der Bundesrepublik bei der Frau bis zu 18 ml und beim Mann bis zu 25 ml als „normal" angesehen wird.
In Regionen mit ausreichender Jodversorgung, z.B. in Schweden, haben Frauen höchstens 16 ml, Männer höchstens 18 ml Schilddrüsenvolumen.
Die normale Schilddrüse ist weich, schwammartig und gut durchblutet. Sie ist in ihrer Lage vor der Luftröhre unterhalb des Schildknorpels und des sog. Adamsapfels mit dem Schluckakt verschieblich. Außer bei sehr schlanken Personen mit schmalem Hals ist die normale Schilddrüse nicht sichtbar und für den Ungeübten auch nicht tastbar. Bei sehr schlanken Personen kann eine normale Schilddrüse dann sichtbar werden, wenn man den Kopf nach hinten in den Nacken streckt. Andererseits kann bei gedrungenem, dickem Hals und bei übergewichtigen Patienten auch eine erhebliche Vergrößerung der Schilddrüse unsichtbar bleiben.
Jeweils am oberen und am unteren Pol wird die Schilddrüse durch ein Blutgefäß, die obere und untere Schilddrüsenarterie, versorgt. Verglichen mit anderen Organen ist die Schilddrüse ein sehr stark durchblutetes Organ, und dies ist auch der Grund dafür, daß gelegentlich auch kurzfristig Volumenschwankungen der Schilddrüse möglich sind; bei

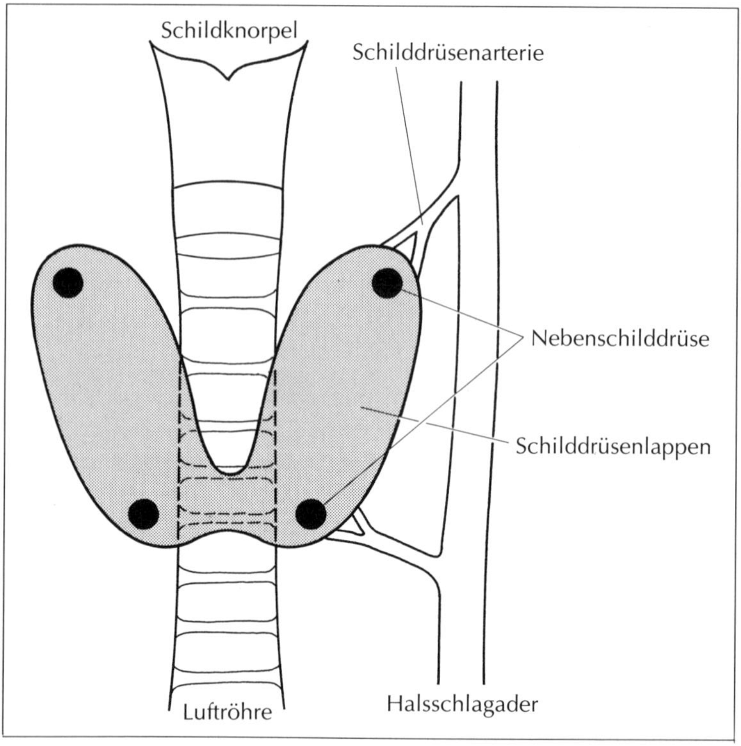

Abb. 1: *Lage der Schilddrüse und ihrer Beziehung zu den Halsorganen.*

Aufregung, bei körperlichem und psychischem Streß kann sich die Schilddrüse z.B. vorübergehend und rasch etwas vergrößern und dann auch bald wieder an Größe abnehmen. Die eigentliche Masse des Schilddrüsengewebes und die Zahl der Schilddrüsenzellen ändert sich innerhalb kurzer Zeiträume dagegen nicht.

Neben den Blutgefäßen, die auch für den Antransport von Jod und den Abtransport der Schilddrüsenhormone wichtig sind, wird die Schilddrüse auch durch Lymphgefäße und durch Nervenfasern versorgt. Die Lymphgefäße stellen eine Verbindung zu den umgebenden Lymphgefäßen des Halses und den Lymphknoten am Hals dar. Die sensiblen Nervenfasern machen die Schilddrüse auch schmerzempfindlich, was z.B. im Rahmen von Schilddrüsenentzündungen in Erscheinung tritt, wo die Schilddrüse spontan und auf Druck sehr schmerzhaft wird.

Umgeben ist die Schilddrüse von einer Bindesgewebskapsel. Jeweils am oberen und unteren Pol, in der Nähe der Gefäßeinmündung, liegen die vier Nebenschilddrüsen oder Epithelkörperchen. Jede dieser Drüsen ist etwa linsengroß. Gelegenlich werden diese Nebenschilddrüsen bei Schilddrüsenoperationen mit entfernt oder beschädigt. Dies ist von erheblicher Bedeutung, da das Nebenschilddrüsenhormon für die Regulation des Kalzium- und Knochenstoffwechsels wichtige Funktionen hat.

Das eigentliche Schilddrüsengewebe besteht aus Untereinheiten, den sog. Follikeln. Diese sind kleine Bläschen, deren Wand von jeweils einer einlagigen Zellschicht gebildet wird. Das Innere dieser Bläschen oder Follikel ist gefüllt mit einer dickflüssigen, eiweißreichen Substanz, die man als Kolloid bezeichnet. Wesentlicher Bestandteil des Follikelinhalts ist das Speichereiweiß der Schilddrüse, das sog. Thyreoglobulin.

Nicht alle Follikel der Schilddrüse weisen immer den gleichen Aktivitätsgrad auf. Aktive, hormonproduzierende und -abgebende Follikel sind in der Regel klein und enthalten nur wenig Kolloid, inaktive Follikel entsprechen großen Bläschen und enthalten viel von dem Speichereiweiß, das bei Bedarf wieder mobilisiert und abgegeben werden kann. (s. Abb. 2)

Zwischen den Follikeln, in den „Winkeln", in denen auch die Blutgefäße und Lymphgefäße verlaufen, liegen auch noch die sog. parafollikulären C-Zellen. Diese Zellen haben mit der eigentlichen Schilddrüsenfunktion nichts zu tun. Es ist eine entwicklungsgeschichtliche Eigentümlichkeit von Säugetieren und Menschen, daß diese Zellen in die Schilddrüse eingewandert sind und dort verteilt liegen. Sie produzieren ein Hormon, das Calcitonin, das auf den Kalzium- und Knochenstoffwechsel einwirkt und hier gewissermaßen ein Gegenspieler des Nebenschilddrüsenhormons, des Parathormons, ist. Diese C-Zellen in der Schilddrüse haben insofern eine Bedeutung, als von ihnen eine Sonderform der Schilddrüsenkarzinome ausgehen kann.

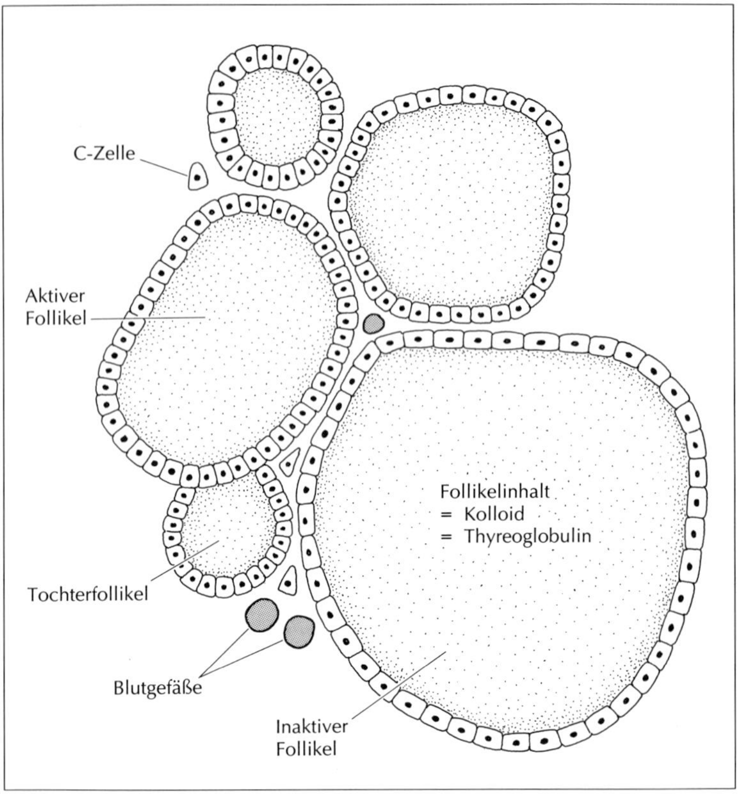

Abb. 2: *Schematische Darstellung mehrerer Schilddrüsenfollikel mit Blutgefäßen und C-Zellen.*

2. Jodstoffwechsel

Wesentlicher Bestandteil der Schilddrüsenhormone ist das Element Jod. Deshalb spielt der Jodstoffwechsel des gesamten Körpers und der Jodstoffwechsel innerhalb der Schilddrüse eine ganz besondere Rolle für die Schilddrüsenfunktion und für die Entwicklung von Schilddrüsen-

krankheiten. Da der Körper Jod nicht selbst herstellen kann und auch in keinem Organ, außer der Schilddrüse, Jod gespeichert wird, ist eine regelmäßige Zufuhr von Jod* mit der Nahrung erforderlich, um die notwendigen Jodmengen bereitzustellen. Nach Untersuchungen und Berechnungen, die von verschiedenen Expertengremien auf der Welt erstellt wurden, liegt der tägliche Jodbedarf des Erwachsenen bei 150 bis 200 µg (Millionstelgramm) pro Tag. Bei Neugeborenen und Säuglingen sowie Kleinkindern liegt der Jodbedarf zwischen 50 und 100 µg, in der Adoleszenz und Pubertät ist der Jodmangel sogar höher als bei Erwachsenen um 200 µg pro Tag und in Sondersituationen wie der Schwangerschaft und der Stillzeit noch höher bei etwa 250 µg pro Tag.
Der Jodgehalt der Nahrung hängt stark von unserem Lebensraum ab.
Durch eine erdgeschichtliche Besonderheit unseres Lebensraumes ist der Jodgehalt in den Böden, auf denen unsere Nahrungspflanzen wachsen, und im Oberflächenwasser (Bäche, Flüsse, Seen) sehr niedrig. Dies liegt daran, daß am Ende der letzten Eiszeit vor etwa 30 000 Jahren mit dem abfließenden Gletscherwasser das Jod aus den Böden herausgespült und ins Meer abtransportiert wurde. Sowohl unsere Nahrungspflanzen als auch die mit diesen Nahrungspflanzen ernährten Tiere, die über Milch, Eier und Fleisch wiederum unsere Nahrungsmittel darstellen, enthalten aus diesen Gründen sehr wenig Jod. Lediglich Meerwasser und die im Meerwasser lebenden Fische und Pflanzen wie Tangarten etc. enthalten reichlich Jod.
In unserem Lebensraum in Zentraleuropa liegt der Jodgehalt in der Nahrung derzeit nur zwischen 30 und etwa 70 µg Jod pro Tag, d.h. um 100 bis 150 µg unter dem eigentlichem Bedarf. Lediglich in den unmittelbaren Küstenregionen und bei regelmäßigem und häufigem Verzehr von Seefisch wird der tägliche Jodbedarf über die Nahrung tatsächlich gedeckt. In vielen Ländern der Erde wurden in den letzten Jahrzehnten gezielte Maßnahmen zur Behebung des Jodmangels mit der Nahrung ergriffen. Diese führen z.B. in den Vereinigten Staaten von Amerika zu einer erheblich höheren, aber auch sehr stark schwankenden Jodzufuhr mit der Nahrung, da dort nicht nur dem Speisesalz und dem Tierfutter

* Aus Gründen der Vereinfachung ist im Text von Jod die Rede. Streng genommen handelt es sich aber nicht um elementes Jod, sondern um Jodid, das in Form von Salzen mit der Nahrung aufgenommen und vom Körper resorbiert wird.

Jod zugesetzt wird, sondern z.B. auch das Bleichmittel des Mehls sehr viel Jod enthält und bei reichlichem Konsum von z.B. Brot oder anderen aus Mehl hergestellten Produkten die Jodzufuhr am Tag 1 mg = 1000 µg und mehr erreichen kann, also mehr als das 10fache unserer Jodzufuhr. Extrem hohe Jodaufnahmen kommen in solchen Regionen vor, wo z.B. Tangarten als Nahrungsmittel konsumiert werden, wie dies in einigen Regionen Japans, z.B. an der Nordküste der Insel Hokkaido üblich ist. Dort kann die Jodaufnahme 20 mg pro Tag erreichen.

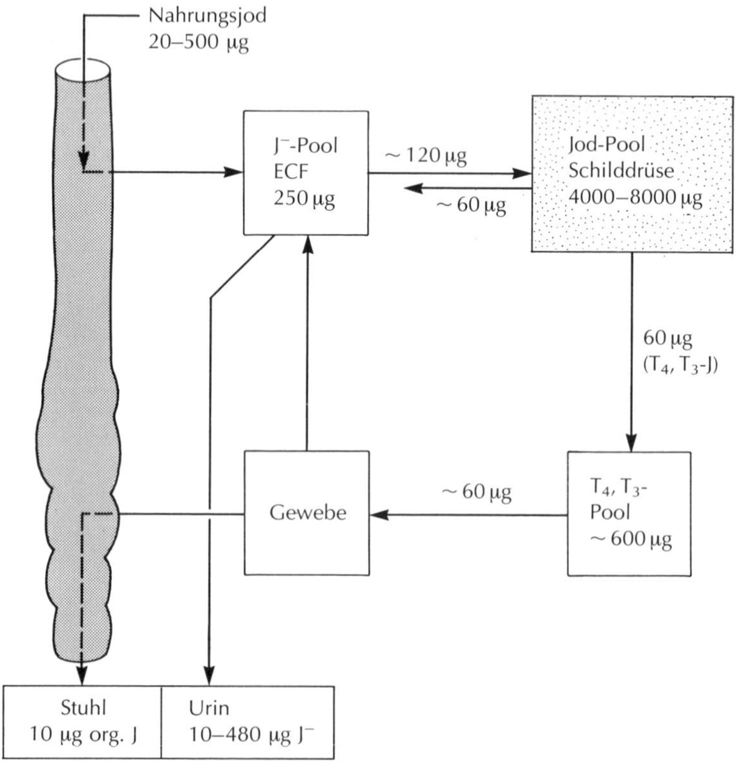

Abb. 3: *Schematische Darstellung des Jodstoffwechsels (ECF = extrazelluläre Flüssigkeit).*

Die bei uns in der Nahrung enthaltenen geringen Mengen von Jod werden aus dem Magen-Darm-Trakt praktisch vollständig resorbiert, so daß im Stuhl nur noch sehr wenig Jod ausgeschieden wird. Über den Blutstrom wird das Jod in die Schilddrüse transportiert und dort in die Schilddrüsenhormone eingebaut. Ein gewisser Teil wird in der Schilddrüse gespeichert, und zwar in Form des Speicherproteins, des Thyreoglobulins, das in den Follikeln als Kolloid vorliegt. Ein anderer, kleinerer Teil des Jod wird in Form von Schilddrüsenhormon von der Schilddrüse täglich an das Blut und damit an die übrigen Körperorgane weitergegeben. (s. Abb.3)

Wird mit der Nahrung sehr viel Jod aufgenommen, dann wird ein großer Teil dieses Jods über die Niere mit dem Urin ausgeschieden. Auf diese Art und Weise ist die Jodausscheidung im Urin ein gutes Maß für den Jodgehalt der Nahrung. Da es sehr viel einfacher ist, die Jodausscheidung im Urin zu messen als in vielen einzelnen Nahrungsbestandteilen, wird heute im Rahmen von epidemiologischen Untersuchungen ganz überwiegend die Jodausscheidung im Urin als Maß für die Jodversorgung bestimmt.

3. Schilddrüsenhormone

a) Bildung (Synthese)

Es ist die Hauptfunktion der Schilddrüse, im wesentlichen zwei Hormone zu bilden und an den Blutstrom und damit an die anderen Organe abzugeben bzw. zu speichern. Diese beiden Hormone sind das Thyroxin oder Tetrajodthyronin, das vier (= tetra) Jodatome pro Molekül enthält, und das Trijodthyronin, das drei (= tri) Jodatome enthält. Vereinfachend werden diese beiden Hormone auch T4 = Thyroxin und T3 = Trijodthyronin genannt.

T4 hat ein Molekulargewicht von 777 Dalton (Dalton ist die heutige Maßeinheit für das Atom- bzw. Molekulargewicht). Die vier Jodatome machen hiervon 508 Dalton = 65% aus. Beim Trijodthyronin, mit einem Molekulargewicht von 651 Dalton, machen die drei Jodatome 381 Dalton = 58% aus. Gewichtsmäßig bestehen die Schilddrüsenhormone also überwiegend aus Jod.

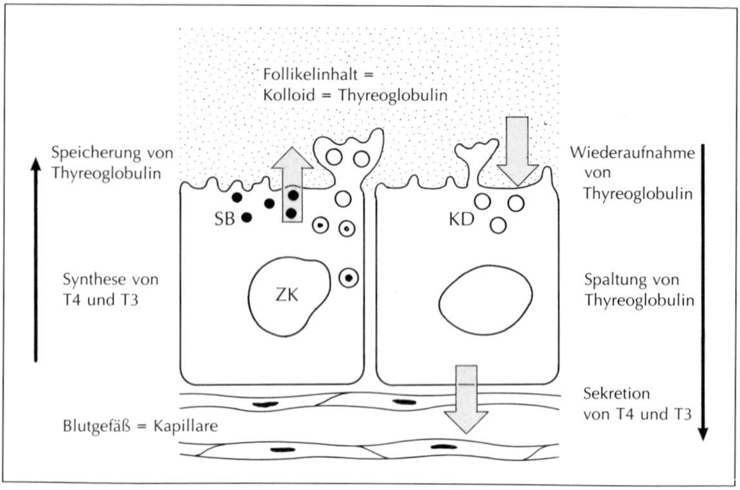

Abb. 4: *Schema zweier Follikelzellen mit Zellkern (ZK), Kolloidtröpfchen (KD) und Speicherbläschen (SB).*

Die Voraussetzung für die Schilddrüsenhormonsynthese in der Follikelepithelzelle ist die Jodidaufnahme aus dem Blut. Dies geschieht durch einen aktiven, energieverbrauchenden Prozeß, die sog. Jodpumpe. Die Schilddrüsenfollikelzelle hat eine basale Zellmembran, die nach außen gerichtet ist und mit den Blutgefäßen engen Kontakt hat. Die innere Zellenoberfläche der Follikelzelle, die zum Lumen des Bläschens hin gerichtet ist, weist durch Ein- und Ausstülpungen eine große Oberfläche auf. Hier finden aktive Transportmechanismen statt, wobei neu synthetisiertes Schilddrüsenhormon bzw. Thyreoglobulin in das Kolloid abgegeben und dort gespeichert wird, andererseits zur Abgabe von Schilddrüsenhormon dort Kolloid auch wieder in kleinen Bläschen in die Zelle aufgenommen und dort in die eigentlichen Schilddrüsenhormone T4 und T3 zerlegt wird. (s. Abb. 4)
Zunächst wird also Jodid aus dem Blutstrom durch die basale Zellmembran in die Schilddrüsenzelle aufgenommen und zur inneren Zelloberfläche transportiert. Dort wird das Jod unter Mitwirkung eines Enzyms, der sog. Schilddrüsenperoxidase, aktiviert und eine bestimmte Amino-

säure in dem Speichereiweiß Thyreoglobulin, das Tyrosin, wird jodiert. Aus der Aminosäure Tyrosin entstehen so die Hormonvorläufer Monojod-Tyrosin (MIT) und Dijodtyrosin (DIT). Durch Kopplung von je zwei dieser Homonvorläufer entsteht dann das eigentliche T4 und T3.

b) Speicherung

Diese chemischen Reaktionen vollziehen sich unter Mitwirkung der sog. Zellorganellen der Follikelepithelzelle überwiegend an der inneren Zelloberfläche und die nun synthetisierten Schilddrüsenhormone liegen im Speicherprotein Thyreoglobulin gebunden vor. Dieses wird durch Ausschleusung in das Follikellumen, also in das Kolloid, abgegeben und dort gespeichert.
Bei Bedarf kann dieses Thyreoglobulin aus dem Kolloid wieder in die Zelle eingeschleust werden. Dann werden durch weitere Enzyme die Hormone Thyroxin und Trijodthyronin aus dem Thyreoglobulin herausgelöst und in die Blutbahn abgegeben.
Das überwiegende Sekretionsprodukt der Schilddrüse ist das Thyroxin oder T4. Hiervon werden pro Tag etwa 100 µg sezeniert, d.h. von der Schilddrüse an den Blutstrom abgegeben.
Deutlich geringer ist der Anteil des direkt von der Schilddrüse abgegebenen Trijodthyronins, nämlich zirka 10 µg pro Tag.
Der überwiegende Anteil des T3 in der Zirkulation entsteht aber außerhalb der Schilddrüse aus dem Thyroxin, und zwar durch Abspaltung eines Jodatoms. Dies macht noch einmal etwa 25 µg T3 pro Tag aus. Diese Abspaltung von Jod aus dem Thyroxin an den Körperzellen nennt man periphere Konversion.
Für die Entfaltung der Wirkungen der Schilddrüsenhormone an den verschiedenen Körperorganen ist das Trijodthyronin das entscheidende Hormon.
Es sei noch angemerkt, daß aus dem Thyroxin durch Abspaltung eines Jodatoms zwei unterschiedliche Substanzen entstehen können, je nach dem, ob das Jodatom am äußeren Phenolring oder am inneren Phenolring abgespalten wird. Nur durch Abspaltung am äußeren Phenolring entsteht das biologisch aktive Trijodthyronin bzw. T3. Durch Abspaltung eines Jodatoms am inneren Phenolring entsteht das sog. Reverse-T3

L-Trijodthyronin („T_3")

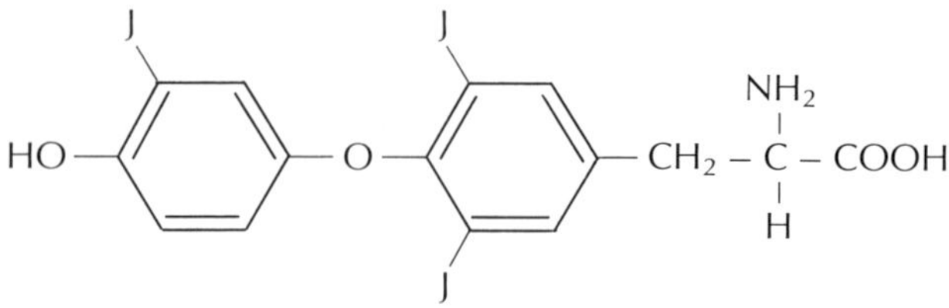

Tetrajodthyronin = L-Thyroxin („T_4")

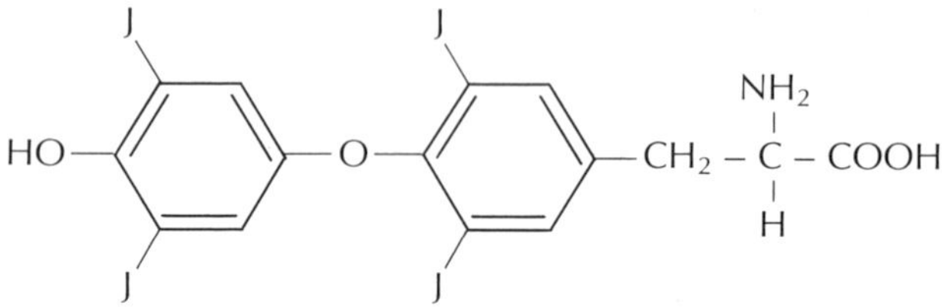

Abb. 5: *Chemische Formeln der beiden Schilddrüsenhormone Trijodthyronin (= T3) und Tetrajodthyronin (= Thyroxin = T4).*

oder rT3. Dieses Hormon hat keine biologische Wirkung an den peripheren Organen. (s. Abb. 5)
Die Schilddrüsenhormone T4 und T3 sind im Blut ganz überwiegend, d.h. zu über 99%, an Trägerstoffe gebunden und nur weniger als 1% liegt als freies Hormon vor. Nur dieser geringe Anteil aber ist biologisch aktiv, d. h. er wirkt an den Zellen der übrigen Organe.
Die Trägerstoffe sind zum einem ein spezifisches Bindungseiweiß, das sog. thyroxinbindende Globulin (TBG), ein weiteres kleineres Eiweiß, das thyroxinbindende Präalbumin (TBPA) und das Albumin selbst. Veränderungen dieser Trägerstoffe führen auch zu Veränderungen der Gesamthormonkonzentrationen im Blut, ohne daß sich an der Schilddrüsenfunktion etwas geändert haben muß.

T4 und T3 haben auch eine unterschiedliche Verweildauer im Blut; dies wird mit der sog. Halbwertszeit beschrieben, d.h. die Zeit innerhalb der eine bestimmte Konzentration eines Stoffes auf die Hälfte dieser Ausgangskonzentration abfällt. Für das Thyroxin liegt diese Halbwertszeit bei etwa acht Tagen, für T3 bei knapp einem Tag (etwa 19 Stunden).
Das Speicherprotein Thyreoglobulin ist ein großes Eiweiß mit einem geringen Kohlenhydratanteil, also ein sog. Glykoprotein. Es hat ein Molekulargewicht von 660 Dalton und enthält pro Thyreoglobulinmolekül etwa 130 Tyrosinreste, also jene Aminosäure, in die das Jod eingebaut wird. Allerdings sind nicht alle diese Tyrosinreste in der Lage, Jod aufzunehmen. Ein jodiertes Thyreoglobulinmolekül enthält bis zu 20 Jodatome.
Das Speicherprotein Thyreoglobulin ist als wesentlicher Bestandteil des Kolloids im Follikellumen abgelagert. Normalerweise kommen deshalb nur ganz geringfügige Mengen von Thyreoglobulin in die Blutzirkulation. Nur bei bestimmten Erkrankungen tritt Thyreoglobulin in deutlich vermehrtem Umfang ins Blut über und kann dann dort erhöht gemessen werden.

4. Regulation der Schilddrüsenfunktion durch Hypophyse und Hypothalamus

Ebenso wie die anderen peripheren hormonproduzierenden Drüsen (Nebennierenrinde, Keimdrüsen) bildet auch die Schilddrüse gemeinsam mit der Hirnanhangsdrüse und einem Teil des Zwischenhirns, dem Hypothalamus, ein feinabgestimmtes Regulations- und Steuerungssystem, das eine dem jeweiligen Bedarf fein angepaßte Hormonversorgung gewährleistet.
Dies geschieht dadurch, daß die Hirnanhangsdrüse – ähnlich einem Reglersystem – „Fühler" für die Höhe der Schilddrüsenhormonkonzentrationen im Blut hat und immer dann, wenn die erforderliche Konzentration („Soll-Größe") unterschritten wird, ihrerseits mit der Mehrsekretion eines die Schilddrüse stimulierenden Hormones reagiert, das dann zu einer Mehrsekretion durch die Schilddrüse führt. Dieses Hormon der Hirnanhangsdrüse heißt Thyreoidea (= Schilddrüse) stimulierendes Hormon TSH. Wenn umgekehrt die Schilddrüsenhormonkonzentratio-

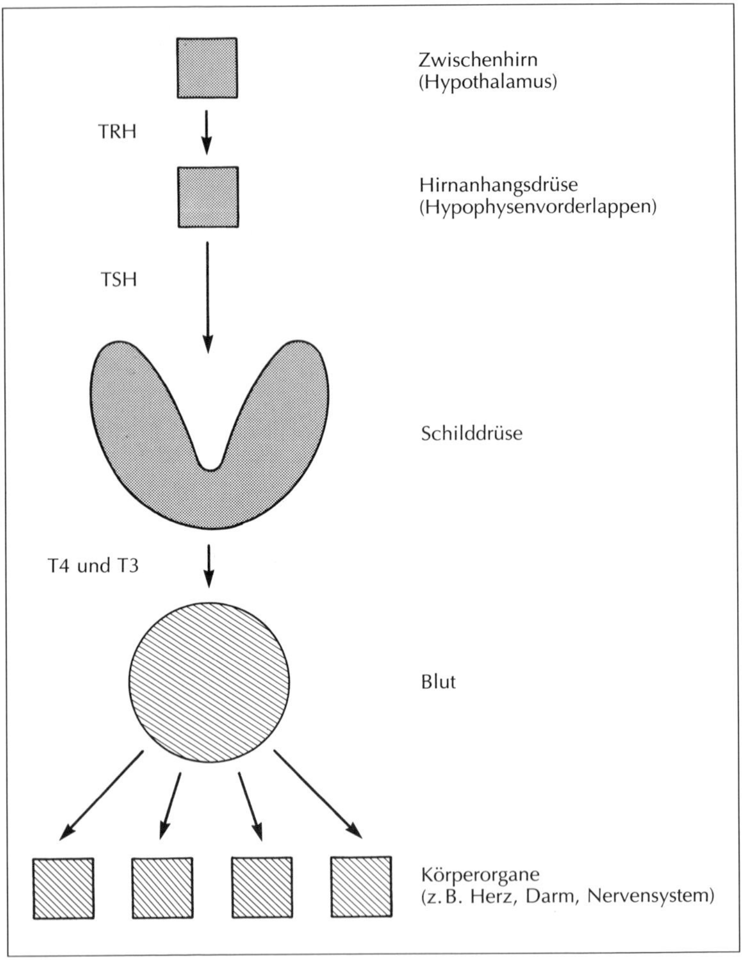

Abb. 6: *Schema der Regulation der Schilddrüse.*

nen im Blut ansteigen und den Normalbereich übersteigen, dann wird in der Hirnanhangsdrüse die Produktion dieses Hormons TSH gebremst, d.h. eine weitere Stimulation der Schilddrüse findet nicht mehr statt.
Im Hypothalamus des Zwischenhirns wird das „Thyreotropin-Releasing-Hormon" (TRH = Thyreotropin freisetzendes Hormon) gebildet, das in der Hirnanhangsdrüse (Hypophyse) wiederum die vermehrte Sekretion des TSH bewirkt (s. Abb.6).
TSH seinerseits setzt sich an entsprechende Bindungsstellen („Rezeptoren") der Schilddrüsefollikelzellen und stimuliert sämtliche Stufen der Hormonsynthese und -sekretion von der Jodaufnahme in die Zelle über den Einbau in die Aminosäure Tyrosin, die Kopplung der Jodtyrosine zu den Schilddrüsenhormonen sowie die Abgabe bzw. Sekretion an das Blut.
Ohne TSH unterhält die Schilddrüse nur einen Basisstoffwechsel und produziert nur sehr geringe Mengen an Schilddrüsenhormonen.
Das TRH aus dem Hypothalamus ist ein sehr kleines Peptid, das nur aus drei Aminosäuren besteht. Es wird heute bei der Funktionsuntersuchung der Schilddrüse diagnostisch eingesetzt.
Das TSH ist ein etwa aus 200 Aminosäuren und einem Kohlehydratanteil bestehendes, sog. Glykoproteinhormon mit einem Molekulargewicht von 28 000 Dalton. Die Konzentration dieses Hormons ist heute mit empfindlichen Methoden meßbar. Früher wurde auch TSH, das aus Rinderhypophysen durch Extraktion gewonnen worden war, gelegentlich im Rahmen der Schilddrüsendiagnostik eingesetzt. Dies spielt aber heute keine Rolle mehr.
Das komplizierte Regulationssystem der Schilddrüse reift bereits während der Embryonalentwicklung, und etwa ab der Mitte der Schwangerschaft ist der kindliche Organismus in der Lage, sich selbst mit Hormon zu versorgen, der Regulationsmechanismus ist mindestens im letzten Drittel der Schwangerschaft bereits intakt.

5. Wirkung der Schilddrüsenhormone

Die Schilddrüsenhormone sind im gesamten Organismus für einen normalen Ablauf der verschiedenen physiologischen Vorgänge erforderlich und führen in der Regel zu einer Aktivierung von Stoffwechselprozessen

und damit auch zu einem vermehrten Verbrauch von Sauerstoff und Energie.
In der Entwicklungsphase hängt von den Schilddrüsenhormonen das geregelte Wachstum und die normale Reifung des Nervensystems und des Gehirns ab.
Die Entfaltung der Wirkung durch die Schilddrüsenhormone geschieht im Prinzip so, daß die Hormone in die Körperzellen aufgenommen werden, sich dort an spezifische Bindungsstellen (Rezeptoren) am Zellkern binden, insbesondere das T3, und daß dann über die Anregung bestimmter Gene die Wirkungen auf Stoffwechselprozesse und Organfunktionen ausgelöst werden.
Die Schilddrüsenhormone wirken auf den Kohlenhydrat-, Fett- und Eiweißstoffwechsel, das zentrale Nervensystem und die Muskulatur, das Herz-Kreislauf-System, den Magen-Darm-Trakt, auf Haut und Anhangsgebilde, auf Persönlichkeit, Psyche und Intellekt, auf die Keimdrüsen, auf den Knochen- und Mineralstoffwechsel und vieles mehr. Die einzelnen Wirkungen werden am besten erkennbar an den Funktionsstörungen der Schilddrüse, der Überfunktion (Hyperthyreose) und der Unterfunktion (Hypothyreose). Die Symptome dieser Erkrankungen spiegeln die Hormonwirkungen wieder. Sie werden in den entsprechenden Kapiteln näher erläutert (siehe auch Tab. 6 und 7).

C Einteilung der Schilddrüsenkrankheiten

Eine systematische und vollständige Klassifikation der Schilddrüsenkrankheiten hat als wissenschaftliches Gremium die Sektion Schilddrüse der Deutschen Gesellschaft für Endokrinologie 1985 vorgenommen und verabschiedet. Diese Einteilung erscheint für den Laien zu kompliziert und auch deshalb schwer verständlich, da keine Gewichtung vorgenommen wird, welche Schilddrüsenerkrankungen häufig und welche selten sind bzw. welche Bedeutung ihnen insgesamt zukommt. Die Tabelle 1 stellt eine vereinfachte Einteilung dar, die die Häufigkeit der Schilddrüsenerkrankungen berücksichtigt.

Tab. 1: *Einteilung von Schilddrüsenerkrankungen (Reihenfolge nach Häufigkeit)*

1. **Struma** (ohne Funktionsstörung)
   a. diffus
   b. knotig

2. **Schilddrüsenüberfunktion** (Hyperthyreose)
   a. autoimmun
   b. autonome Formen

3. **Schilddrüsenunterfunktion** (Hypothyreose)

4. **Schilddrüsenentzündungen** (Thyreoiditis)
   a. akut-subakut
   b. chronisch

5. **Schilddrüsengeschwülste** (Tumoren)
   a. gutartig
   b. bösartig: Karzinome

Wichtig ist, bei der Einteilung von Schilddrüsenerkrankungen von vornherein im Auge zu haben, daß eine Störung der Schilddrüsenfunktion, also eine Unter- oder Überfunktion der Schilddrüse, fast vollständig unabhängig von morphologischen Veränderungen, also Störungen der Größe, der Form, der Lage, der Schilddrüse, von der Ausbildung von Knoten etc. ist. Darüber hinaus können verschiedene Schilddrüsenkrankheiten eine Schilddrüsenunterfunktion und ebenso verschiedene Krankheiten eine Schilddrüsenüberfunktion hervorrufen. Bei der Einteilung von Schilddrüsenkrankheiten ist es also wichtig, einmal die Funktionslage der Schilddrüse, andererseits die morphologischen Veränderungen der Schilddrüse und schließlich die den Veränderungen gemeinsam zugrundeliegende Schilddrüsenkrankheit zu berücksichtigen.

1. Struma

Die in unserem Lebensraum, d.h. in der Bundesrepublik Deutschland und auch im übrigen Mitteleuropa mit Abstand häufigste Schilddrüsenerkrankung ist die Struma, d.h. eine Schilddrüsenvergrößerung, im Volksmund Kropf genannt. Dabei ist die Schilddrüse zwar vergrößert, zeigt aber ihre volle Funktion und bewirkt eine normale Stoffwechsellage im Organismus. Da die Ursache in den allermeisten Fällen (über 90%) der bereits dargestellte Jodmangel ist und über 10% der Bevölkerung eine Struma haben, sprechen wir in der Regel von einer endemischen Struma (Endemie ist eine Erkrankung, die in einer Region dauerhaft in mehr als 10% der Bevölkerung vorkommt).
Betrifft diese Schilddrüsenvergrößerung gleichmäßig die gesamte Schilddrüse, sprechen wir von einer **diffusen Struma**. Dies ist in der Regel bei Kindern, Jugendlichen und jungen Erwachsenen der Fall. Die Schilddrüse kann sich knotig umwandeln und einen oder mehrere Knoten enthalten, die tastbar oder sichtbar oder mit technischen Verfahren feststellbar sind. In diesem Fall sprechen wir von einer **Knotenstruma** (Struma nodosa). Meist liegt die vergrößerte Schilddrüse in normaler Lage („eutop") d. h. vor der Luftröhre am Hals. Sehr selten liegt die vergrößerte Schilddrüse aber auch noch an „falscher" Stelle, z.B. wenn sie durch einen Fehler in der Entwicklung der Schilddrüse am Zungengrund liegen bleibt. In diesem Fall spricht man von einer Zungengrund-

struma. Bei manchen Patienten reicht die Schilddrüse sehr weit nach unten, in den Brustkorb (Thorax) hinein. Sie liegt dann hinter dem Brustbein (Sternum). In diesen Fällen spricht man von einer intrathorakalen oder retrosternalen Struma. Nicht am normalen Ort gelegene Schilddrüsen bzw. Strumen nennt man dystope Strumen.
In Regionen mit sehr stark ausgeprägtem Jodmangel finden sich Schilddrüsenvergrößerungen schon bei Neugeborenen. In diesen Fällen spricht man von einer Neugeborenenstruma oder einer angeborenen Struma (Struma connata). Sofern sie durch den Jodmangel hervorgerufen wird, verschwindet diese Form der Struma beim Neugeborenen sehr rasch nach entsprechender Jodbehandlung.
In solchen Regionen, in denen in der Nahrung ausreichend Jod vorhanden ist, kommen Strumen sehr viel seltener vor. Dennoch gibt es auch dort vereinzelt Schilddrüsenvergrößerungen, die man wegen ihres seltenen, nicht endemischen Vorkommens auch sporadische Strumen nennt.

2. Schilddrüsenüberfunktion (Hyperthyreose)

Unter Berücksichtigung der Häufigkeit von Schilddrüsenerkrankungen sind als nächstes die verschiedenen Formen der Schilddrüsenüberfunktion (Hyperthyreose) zu beschreiben (s. Tab. 2).
Wie schon erwähnt, gibt es verschiedene Ursachen für eine Schilddrüsenüberfunktion. In unserem Lebensraum und in Regionen mit ausgeprägtem Jodmangel sind bei älteren Patienten die langjährig bestehenden Knotenstrumen am häufigsten, in denen sich Areale und Bezirke bilden, die sich selbstständig (autonom) machen, d.h. sich von der Regulation durch die Hirnanhangsdrüse loslösen. Man spricht hier von funktioneller Autonomie. Liegt diese in mehreren Knoten vor, dann spricht man von multinodöser oder multifokaler Autonomie. Besteht sie in einem einzigen Knoten, spricht man von unifokaler Autonomie oder einem autonomen Adenom. Betrifft sie die gesamte Schilddrüse, dann spricht man von disseminierter (gleichmäßig verteilter) Autonomie.
Weitere Ursachen für eine Schilddrüsenüberfunktion, die allerdings häufiger bei jungen Patienten auftreten, sind die immunologisch bedingten Schilddrüsenerkrankungen, insbesondere die sog. Basedow'sche Krankheit, die nicht nur durch eine Schilddrüsenüberfunktion,

Tab. 2: *Formen der Schilddrüsenüberfunktion (Hyperthyreose)*

1. Funktionelle Autonomie a) mehrknotig b) einknotig („autonomes Adenom“) c) gleichmäßig verteilt (dissiminiert)
2. Immunologische Schilddrüsenerkrankungen a) Basedow'sche Krankheit b) Andere Schilddrüsenentzündungen (z.B. De-Quervain-Thyreoiditis)
3. Hohe Hormonzufuhr (iatrogene Hyperthyreose, Hyperthyreosis factitia)

sondern gleichzeitig durch eine diffus vergrößerte Schilddrüse und eine Beteiligung der Augen an dieser Erkrankung gekennzeichnet ist. Diese Basedow'sche Erkrankung hat ihre Ursache im Auftreten von Antikörpern im Blut dieser Patienten, die sich an Rezeptoren der Schilddrüsenzellen binden und dort die Schilddrüse anregen, ähnlich wie das physiologischerweise das schilddrüsenstimulierende Hormon tut.

Gelegentlich kann eine Schilddrüsenüberfunktion auch einmal durch die Einnahme einer zu hohen Dosis an Schilddrüsenhormon hervorgerufen werden. Dann spricht man von einem künstlichen oder einer durch ärztliche Verordnung hervorgerufenen Hyperthyreose (iatrogene Hyperthyreose [iatros = der Arzt]) oder Hyperthyreosis factitia = künstliche Hyperthyreose).

Es gibt noch einige sehr seltene Ursache für Schilddrüsenüberfunktionen, die aber wegen ihrer Rarität praktisch keine Bedeutung haben.

3. Schilddrüsenunterfunktion (Hypothyreose)

Nach der Häufigkeit ist nun die Schilddrüsenunterfunktion (Hypothyreose) zu beschreiben (s. Tab. 3).

Tab. 3: *Formen der Schilddrüsenunterfunktion (Hypothyreose)*

1. **Neugeborenenhypothyreose**
   a) Entwicklungsstörungen
   (z.B. Fehlen der Schilddrüsenanlage = Athyreose
   mißgebildete Schilddrüsenanlage = Dysplasie)
   b) Jodfehlverwertungen
   c) Extremer Jodmangel

2. **Erworbene Hypothyreose** (primäre Hypothyreose)
   a) Durch Entzündungen (vor allem Hashimoto-Thyreoiditis)
   b) Nach Schilddrüsenoperationen
   c) Radiojodtherapie der Schilddrüse
   d) Durch Medikamente

3. **Sekundäre Hypothyreose**
   (Ursache liegt in der Hirnanhangsdrüse)

Eine Schilddrüsenunterfunktion kommt schon bei Neugeborenen vor, z.B. durch eine Entwicklungsstörung der Schilddrüse, so daß eine Schilddrüsenanlage gar nicht und in geringer Größe vorhanden ist oder an falschem Ort wie z.B. die Zungengrundstruma. Außerdem gibt es angeborene Störungen des Jodstoffwechsels, die dazu führen, daß die Schilddrüse selbst bei vorhandenem Jod Schilddrüsenhormon nicht richtig synthetisieren kann. Man spricht hier von Jodfehlverwertungen. Schließlich kann auch ein ausgeprägter Jodmangel während der Schwangerschaft beim Neugeborenen zu einer Schilddrüsenunterfunktion führen. Die im späteren Leben, meist im Erwachsenenalter erworbenen Hypothyreosen, haben andere Ursachen. Am häufigsten sind Schilddrüsenentzündungen, die zu einer allmählich fortschreitenden Zerstörung des normalen Schilddrüsengewebes führen, die Ursache für eine Unterfunktion beim Erwachsenen. Aber auch eine vorangegangene Operation mit ausgedehnter Entfernung des Schilddrüsengewebes, eine Strahlenbehandlung mit radioaktivem Jod oder eine Behandlung mit Medikamenten, die die Schilddrüsenfunktion bremsen, kann zu einer

Unterfunktion beim Erwachsenen führen. Diese Formen der Schilddrüsenunterfunktion, deren Ursachen schließlich in der Schilddrüse selbst liegen, nennt man primäre Hypothyreose oder primäre Schilddrüsenunterfunktion. Wenn, was selten vorkommt, die Ursache in einer Störung der Hirnanhangsdrüse liegt, dann spricht man auch von einer sekundären Schilddrüsenunterfunktion.

4. Schilddrüsenentzündungen (Thyreoiditis)

Neben den ganz seltenen, eitrigen Schilddrüsenentzündungen und einer mit Verkalkung einhergehenden Entzündung der Schilddrüse, die ebenfalls sehr selten ist, sind hier zwei Formen zu erwähnen, nämlich einmal die akute bis subakute Schilddrüsenentzündung vom Typ de Quervain und die Schilddrüsenentzündung vom Typ Hashimoto (Hashimoto-Thyreoiditis) (s. Tab. 4).
Diese beiden Erkrankungen sind keineswegs selten. Sie sind vom Verlauf aber ganz unterschiedlich. Wesentlich ist, daß die Quervain-Thyreoiditis zwar im Bereich der Schilddrüse (und auch allgemein) heftige, akute bis subakute Beschwerden macht, aber nach einem Verlauf von einigen Wochen bis Monaten folgenlos ausheilt, während die Hashimoto-Thyreoiditis diejenige Schilddrüsenentzündung ist, die zu einer allmählichen Zerstörung des Schilddrüsengewebes führt und damit eine

Tab. 4: *Schilddrüsenentzündung: Thyreoiditis*

1. **Akute bis subakute Thyreoiditis** (de Quervain)
2. **Chronische Thyreoiditis** (Hashimoto)
   a) Mit Struma (hypertrophische Verlaufsform)
   b) Mit atrophisch kleiner Schilddrüse
3. Andere Entzündungen der Schilddrüse (sehr selten)
   a) eitrig
   b) fibrös-sklerosierend: sog. eisenharte Struma

häufige Ursache für eine Schilddrüsenunterfunktion ist. Diese Hashimoto-Thyreoiditis gibt es in zwei Verlaufsformen: Eine „hypertrophe" Verlaufsform, bei der eine Schilddrüsenvergrößerung, eine Struma, vorliegt, und eine andere „atrophische" Verlaufsform, bei der die Schilddrüse sehr klein und zurückgebildet wie geschrumpft erscheint.

5. Schilddrüsengeschwülste (Tumoren der Schilddrüse)

Schließlich sind noch die Schilddrüsentumoren zu beschreiben. Es gibt **gutartige** Schilddrüsentumoren, meist sog. Adenome, die vom Follikelepithel der Schilddrüsenzellen ausgehen. Diese machen entweder inaktive, nicht hormonproduzierende Knoten in der Schilddrüse oder aber sehr aktive hormonüberproduzierende Knoten, sog. autonome Adenome. Letztere können die Ursache für eine Schilddrüsenüberfunktion sein (s. Tab. 5).
Von den **bösartigen** Tumoren sind mit Abstand am häufigsten die primär

Tab. 5: *Schilddrüsengeschwülste (Tumoren, Neoplasien)*

1. **Gutartige** (benigne) **Tumoren**
   a) Adenome

2. **Bösartige** (maligne) **Tumoren**
   a) differenzierte Karzinome:
      – follikuläres Schilddrüsenkarzinom
      – papilläres Schilddrüsenkarzinom

   b) undifferenzierte Karzinome:
      – anaplastisches Karzinom

3. **Karzinome der C-Zellen**
   (= medulläres Schilddrüsenkarzinom)
   a) familiär
   b) sporadisch

von der Schilddrüse ausgehenden Karzinome (= Krebs). Hier unterscheidet man differenzierte Formen mit relativ günstigem, langsamen Verlauf und guter therapeutischer Beeinflußbarkeit, nämlich die follikulären und die papillären Schilddrüsenkarzinome. Dagegen weisen die undifferenzierten, sog. anaplastischen Schilddrüsenkarzinome einen hohen Grad an Bösartigkeit auf, verlaufen sehr rasch und sind durch eine Behandlung kaum zu beeinflussen.
Schließlich gibt es noch Karzinome, die von den C-Zellen der Schilddrüse ausgehen und die das Hormon der C-Zellen, das Calcitonin, im Überschuß produzieren. Natürlich kann die Schilddrüse einmal auch bei bösartigen Erkrankungen anderer Organsysteme beteiligt sein, also z.B. auch Sitz von Metastasen sein. Dies sind jedoch seltene Ereignisse.

Die hier vorgenommene Einteilung der Schilddrüsenerkrankungen, die sich auch in den fünf kleinen Tabellen 1–5 niederschlagen, weicht bewußt etwas von den in der medizinischen Literatur üblichen Einteilungen ab, um das für den betroffenen Patienten Wichtige und Wesentliche hervorzuheben.

D Symptome und Organmanifestationen bei Schilddrüsenerkrankungen

Erkrankungen der Schilddrüse können sich auf sehr mannigfaltige Weise bemerkbar machen. Die Art und die Zahl der Symptome ist außerordentlich variabel.

Zum einen kommen durch die Vergrößerung und morphologische Veränderung der Schilddrüse lokale Beschwerden am Hals vor, die auch durch die besondere Lage der Schilddrüse, zum einen direkt unter Haut des Halses, zum anderen unmittelbar anliegend und benachbart zur Luftröhre, zur Speiseröhre und zu den Blutgefäßen des Halses bedingt sind.

Weiterhin wirken sich vor allem die Schilddrüsenfunktionsstörungen an praktisch allen Organsystemen des Körpers, entweder durch einen Mangel von Schilddrüsenhormonen (bei der Schilddrüsenunterfunktion) oder durch einen Überschuß und Exzeß von Schilddrüsenhormonen

Tab. 6: *Organmanifestationen bei Schilddrüsenfunktionsstörungen*

Herz, Kreislauf
Magen-Darmtrakt
Energiestoffwechsel
Haut und Anhangsgebilde
Psyche, Intellekt, Persönlichkeit
Nervensystem
Muskulatur
Reproduktionssystem (Knochen, Knochenmark, Niere)
Augen, Orbita

(bei der Schilddrüsenüberfunktion), aus. Die besonders betroffenen Organsysteme bei Schilddrüsenfunktionsstörungen sind in der Tabelle 6 aufgeführt.

1. Lokale Beschwerden durch morphologische Schilddrüsenveränderungen ohne Funktionsstörung

Eine Reihe von Symptomen wird allein durch die morphologischen* Veränderungen der Schilddrüse ohne begleitende Funktionsstörung hervorgerufen, wobei hier überwiegend lokale Beschwerden im Halsbereich und im Schilddrüsenlager vorkommen, aber auch Allgemeinsymptome, die auch ohne Funktionsstörung auftreten können (siehe auch Kapitel G, 1. „Struma").
Häufig beklagte lokale Beschwerden sind ein unbestimmtes, oft nicht zu lokalisierendes Enge- und Druckgefühl vorn im Hals, nicht ganz selten auch nach hinten in den Bereich des Rachens und des Schlundes lokalisiert.
Ebenso häufig werden ein Kloß- und Fremdkörpergefühl angegeben, das lageabhängig verstärkt sein kann und z.B. besonders in Rücken- und Seitenlage auftritt. Je nach Ausmaß der Vergrößerung der beiden Schilddrüsenlappen können diese Beschwerden allein einseitig oder asymmetrisch, einseitig verstärkt sein oder beidseits gleichmäßig bestehen.
Oft macht sich das Kloßgefühl auch nur beim Schluckakt bemerkbar und wird dann allgemein als Schluckbeschwerden angegeben.
Viele Patienten haben eine Abneigung gegen enge Kragen, mögen keine Rollkragenpullover oder keine Krawatten tragen oder ähnliches, oder sie sind empfindlich gegen jedwede Berührung am Hals.
Das erwähnte Engegefühl kann sich bis zu dem Gefühl der Luftnot steigern, wobei bei den meisten Patienten mit diesem Symptom keine tatsächliche Einschränkung der Atemfunktion feststellbar ist. Alle genannten Symptome verstärken sich fast immer in Situationen, die mit innerer Anspannung, Aufregung und Streß verbunden sind. Allesamt sind sie Hinweise auf eine bestehende Struma. Rückschlüsse auf eine aktuelle Größenzunahme der Schilddrüse lassen sie dagegen kaum zu.

* morphologisch: die (äußere) Form betreffend.

Ein schmerzlos wachsender einzelner Knoten am Hals sowie multiple Knotenbildungen in der Umgebung, z.B. im seitlichen Halsdreieck, sind Hinweise auf eine bösartige Schilddrüsenerkrankung.
Auch die rasche Zunahme von Halsumfang und Kragenweite bzw. auftretende Heiserkeit können Zeichen eines rasch wachsenden Schilddrüsenkrebses sein.
Hingegen weisen Schmerzen im Schilddrüsenlager, das Auftreten einer schmerzhaften Verhärtung innerhalb von Tagen mit Ausstrahlung in die Kieferregion, zum Ohr oder gelegentlich zu den Schultern auf eine Schilddrüsenentzündung hin. Je stärker sie ausgeprägt sind und je rascher sie sich entwickeln, umsomehr sprechen sie für eine akute bis subakute Entzündung der Schilddrüse. Fast immer besteht dann eine ausgeprägte Berührungsempfindlichkeit der Schilddrüse.
Die gleichen Beschwerden, aber weniger ausgeprägt und weniger beeinträchtigend, verbunden mit einer zunehmenden Vergrößerung der Schilddrüse, können einer chronischen Schilddrüsenentzündung entsprechen.
Plötzlich auftretende schmerzhafte Knoten, die z.B. über Nacht oder innerhalb von Stunden entstehen und zunächst heftige, dann langsam abnehmende Beschwerden verursachen, entsprechen meist Blutungen in die Schilddrüse oder Blutungen in vorbestehende zystische Hohlräume hinein, die sich dadurch rasch vergrößern.

2. Allgemeinsymptome durch morphologische Schilddrüsenveränderungen

Neben den lokal auf den Halsbereich beschränkten Beschwerden können Veränderungen der Struktur und Größe der Schilddrüse durchaus auch Allgemeinbeschwerden hervorrufen. Selbst bei der endemischen Jodmangelstruma ohne meßbare Funktionsstörungen können Allgemeinsymptome auftreten, die allerdings unspezifisch sind, die sich aber nach Schilddrüsenhormonbehandlung der Struma bessern oder zurückbilden.
Hierzu gehört Leistungsminderung, Unruhe, Angstgefühle, Schlafstörungen, Verdauungsstörungen, evtl. Menstruationsstörungen.
Manche mögen bezweifeln, daß diese Symptome wirklich in der Struma

ihren Ursprung haben, aber sie bilden sich doch wenigstens in einigen Fällen nach Behandlung und Besserung der Struma ohne weitere Maßnahmen zurück.
Unzweifelhaft auf die Schilddrüsenkrankheit oder zumindest auf den ihr zugrundeliegenden Prozeß zu beziehen sind aber die Allgemeinsymptome, die als Vorläufer und Begleitsymptome einer akuten bis subakuten Schilddrüsenentzündung auftreten: Ein ausgeprägtes allgemeines Krankheitsgefühl, Leistungsschwäche, Erschöpfbarkeit, Glieder- und Rückenschmerzen, erhöhte Körpertemperatur, ähnlich wie sie auch bei Virusinfektionen vorkommen. Die allgemeine Beeinträchtigung kann durchaus so gravierend sein, daß sie vom Patienten als schlimmer empfunden werden als die lokalen Beschwerden am Hals.

3. Organmanifestationen bei Schilddrüsenfunktionsstörungen

Symptome und Befunde, die im Rahmen der Funktionsstörungen der Schilddrüse auftreten, sind Auswirkungen des Hormonüberschusses bzw. des Hormonmangels an den verschiedenen Organsystemen. Entsprechend den biologischen Wirkungen der Schilddrüsenhormone machen die Schilddrüsenüberfunktionszustände und die Schilddrüsenunterfunktionen jeweils entgegengesetzte Veränderungen und Beschwerden an den Organsystemen, die in Tabelle 7 aufgeführt sind.

a) Herz-Kreislauf-Symptome

Richtungsweisend auf eine Schilddrüsenkrankheit sind oft die Symptome und Befunde an Herz und Kreislauf. Ein schneller Ruhepuls bei jungen Patienten, eine schnelle und gleichzeitig unregelmäßige Herzaktion oder die Zeichen einer Herzschwäche mit Auftreten von Luftnot und Beinschwellungen bei älteren Patienten, weisen auf eine Schilddrüsenüberfunktion hin. Der systolische Blutdruck (der „obere" Wert bei der Blutdruckmessung) ist in der Regel normal. Wegen des niedrigen Gefäßwiderstandes ist aber der diastolische Druck (der „untere" Wert bei der Blutdruckmessung) niedrig. Als Folge des hohen Schlagvolumens und der hohen Herzfrequenz verspüren die Patienten den eigenen

Tab. 7: *Auswirkungen der Schilddrüsenfunktionsstörungen an den einzelnen Organen*

Organsystem	Hyperthyreose	Hypothyreose
Herz-/Kreislauf	Schneller Puls, Palpitation, Vorhofflimmern, hohe RR-Amplitude	langsamer Puls, Hypertonie, Arteriosklerose, KHK
Magen-Darm-Trakt	Beschleunigte Passage, Durchfall	Verstopfung
Energiestoffwechsel	Wärmeintoleranz, Temperaturerhöhung, Cholesterin erniedrigt	Kälteintoleranz, Temperaturerniedrigung, Hyperlipidämie
Haut und Anhangsgebilde	Haut warm, feucht, gut durchblutet (evtl. prätibiales Myxödem)	Haut kühl, trocken, blaß, schuppig, schlecht durchblutet, Haare spröde, Nägel brüchig, Myxödem
Psyche und Persönlichkeit	Nervosität, innere Unruhe, Reizbarkeit	Verlangsamung, Verstimmung
Mentale Funktionen	Unkonzentrierbarkeit, Rastlosigkeit	Verlangsamung,
Nervensystem	Zittern Reflexsteigerung	Verlängerung der Reflexzeit, Gangstörung
Muskulatur	Myopathie: Atrophie der proximalen Muskelgruppen (Schulter-, Beckengürtel)	Myopathie: Pseudohypertrophie der Muskulatur
Reproduktionssystem	Einschränkung der Potenz und Fertilität	Einschränkung der Potenz, Libido und Fertilität

Herzschlag als deutliches „Klopfen“, besonders im Hals. Bei Schilddrüsenvergrößerung im Rahmen der Basedow'-schen Erkrankung ist die Schilddrüse selbst noch besonders stark durchblutet; sie kann daher pulsieren, schwirren, und es kann ein lautes Strömungsgeräusch über der Schilddrüse hörbar werden (wenn der Arzt mit dem Stethoskop nicht nur über dem Herzen, sondern auch über der Schilddrüse abhört). Eine Herzvergrößerung ist oft auch bei der klinischen Untersuchung oder auf dem Röntgenbild der Brustorgane nachweisbar.
Bei der Schilddrüsenüberfunktion ist diese Herzvergrößerung Folge einer Erweiterung der Herzhöhlen wegen einer Schwäche des Herzmuskels.
Eine Herzvergrößerung kommt aber auch bei der Schilddrüsenunterfunktion vor, dort einmal als Folge des erhöhten Blutdrucks, zum anderen als Ausdruck des sog. Myxödem-Herzens, einer Verdickung des Herzmuskels, die aber nicht durch eine Zunahme der Muskelmasse, sondern durch Einlagerung von Flüssigkeit zwischen und in die Muskelfasern zustande kommt.
Auch ein Herzbeutelerguß trägt häufig zur Vergrößerung des Herzschattens bei schwerer Schilddrüsenunterfunktion bei.
Die weiteren typischen Symptome des Herz-Kreislauf-Systems bei der Schilddrüsenunterfunktion sind die niedrige Pulsfrequenz, der erhöhte Blutdruck als Folge der Steigerung des peripheren Gefäßwiderstandes und auch eine koronare Herzerkrankung mit oder ohne Angina-pektoris-Symptomatik.
An objektiven Befunden kann der Arzt z. B. Veränderungen im Elektrokardiogramm und Veränderungen der Herzmuskelenzyme im Blut feststellen.

b) Symptome des Magen-Darm-Traktes

Nicht selten führen Symptome aus dem Bereich des Magen-Darm-Traktes zur Verdachtsdiagnose einer Schilddrüsenkrankheit, besonders einer Schilddrüsenüberfunktion. Die Bewegung der glatten Muskulatur des Magens und des Darmes (Peristaltik) ist bei der Schilddrüsenüberfunktion gesteigert und führt zu einer beschleunigten Darmpassage und zum gehäuften Absetzen von Stuhlgang, meist zwei- bis fünfmal pro Tag, bei

manchen Patienten auch nur zu einer Normalisierung einer vorher bestehenden Verstopfung. Immer ist die Konsistenz des Stuhls herabgesetzt, keineswegs fest, sondern eher breiig, und selten kommt es auch zu wirklichem Durchfall.
Gelegentlich ist die Steigerung der Bewegung des Darmes von Bauchschmerzen bis hin zu kolikartigen Bauchkrämpfen begleitet.
Der gleichzeitig eintretende Gewichtsverlust erweckt nicht selten den Verdacht auf eine bösartige Geschwulsterkrankung. Oft werden dann systematische Untersuchungen des Magen-Darm-Traktes und der übrigen inneren Organe auf laborchemischem, sonographischem, endoskopischem oder röntgenologischem Wege veranlaßt, bevor an eine Schilddrüsenerkrankung als Ursache gedacht wird.
Bei jungen Patienten mit einer Schilddrüsenüberfunktion kann eine gleichzeitige Appetitsteigerung als typisches Symptom angesehen werden. Die Patienten sprechen oft von Heißhunger, der zu einer gesteigerten Nahrungsaufnahme führt. Trotzdem nehmen die meisten Patienten wegen des gesteigerten Energieverbrauches an Gewicht ab und nur manche junge Patienten nehmen bei einer Schilddrüsenüberfunktion an Gewicht zu.
Bei alten Patienten überwiegt aber eindeutig eine Abnahme des Appetits und damit eine Abnahme der Nahrungsaufnahme. Dies führt zusammen mit dem gesteigerten Energieverbrauch zu einem rapiden Gewichts- und Kräfteverlust.
Bei der Schilddrüsenunterfunktion besteht umgekehrt eine verlangsamte Darmpassage und damit meist eine Verstopfung. Oft haben hypothyreote Patienten auch keinen Appetit und essen nur wenig, nehmen aber wegen des verminderten Energieverbrauches dennoch an Gewicht zu. Zwar sind diese Symptome der Schilddrüsenunterfunktion auch typisch, aber selten so dominierend, daß sie zur Diagnose führen.

c) Symptome des Energiestoffwechsels

Symptome, die durch Veränderungen des Energiestoffwechsels zustandekommen, sind oft so eindrucksvoll, daß sie richtungsweisend für die Diagnose sind.
Zum Beispiel kann die Abneigung gegen Wärme und Hitze (Wärmein-

toleranz) bei der Schilddrüsenüberfunktion groteske Formen annehmen, so daß die Patienten auch im Winter nur dünne Kleidung tragen, daß sie darüber hinaus Heizungen drosseln, Fenster öffnen und dadurch Familienangehörigen und Arbeitskollegen auffallen oder mit ihnen in Konflikte geraten. Neben der Wärmeintoleranz besteht nicht selten eine meßbare Steigerung der Körpertemperatur, allerdings meist unterhalb des Fieberbereiches bis etwa 38°C. Es besteht zusätzlich eine Neigung zum Schwitzen, und die Haut ist generell warm, feucht und gut durchblutet.
Auch die Gewichtsabnahme und die meist bestehende Erniedrigung der Blutfettwerte, besonders des Cholesterins, gehören mit zu den Veränderungen des Energiestoffwechsels bei der Hyperthyreose.
Umgekehrt neigen hypothyreote Patienten zum Frieren, halten sich am liebsten in sehr warmen Räumen auf. Ihre Körpertemperatur ist manchmal unter 36°C erniedrigt, die Haut ist kalt, blaß und trocken. Die Blutfette sind bei Patienten mit Schilddrüsenunterfunktion in der Regel erhöht und stellen zusammen mit dem erhöhten Blutdruck zusätzliche Risikofaktoren für eine frühzeitige Gefäßverkalkung dar.

d) Veränderungen der Haut und ihrer Anhangsgebilde

Die Symptome an der Haut und ihren Anhangsgebilden* können so eindrucksvoll sein, daß sie beim Vollbild der schweren Schilddrüsenunterfunktion, dem sog. „Myxödem" eine Diagnose auf den ersten Blick ermöglichen.
Die trockene, kühle, blaßgraue bis -braune Haut, die teigige Schwellung mit nicht eindrückbaren Einlagerungen in die Haut, insbesondere der Gesichtshaut um die Augen herum, muß den Verdacht auf eine Schilddrüsenunterfunktion wecken, wenngleich ein ähnliches Hautkolorit auch bei manchen chronischen Nieren- und Lebererkrankungen vorkommt.
Verdickte, brüchige Fingernägel, oft mit Rillen und Flecken, können

* Anhangsgebilde der Haut sind z.B. die Nägel, Haare, Schweiß- und Talgdrüsen.

ebenso mit auf eine Schilddrüsenunterfunktion hinweisen wie trockenes, sprödes und brüchiges Haar.
Ein gleichmäßiger, über die gesamte Kopfhaut verteilter Haarausfall kann ein Leitsymptom bei Schilddrüsenüberfunktion sein und besonders von Frauen als gravierend empfunden werden. Nicht selten wird dadurch eine gezielte Schilddrüsendiagnostik eingeleitet.
Bei Schilddrüsenüberfunktion ist die Haut, besonders bei alten Patienten auffallend warm, feucht und gut durchblutet, wenig faltig und samtartig weich. Die Haut wirkt insgesamt deutlich jünger als es dem Lebensalter entspricht.
Bei den immunologisch bedingten Schilddrüsenerkrankungen gibt es selten noch zusätzliche, relativ charakteristische Hautveränderungen, z.B. das sog. prätibiale Myxödem; das sind leicht erhabene, konfluierende rötlich-livide Flecken, meist an der Vorderseite der Unterschenkel, die beim Morbus Basedow vorkommen.
Bei der chronischen Schilddrüsenentzündung, die zu einer Unterfunktion der Schilddrüse führt, kommt nicht selten eine großflächige, scharf begrenzte Depigmentierung der Haut vor (sog. Vitiligo). Diese Hautveränderungen geben dem Arzt vor allen Dingen Hinweise auf die Ursache der Schilddrüsenerkrankung.

e) Veränderungen der Psyche und der Persönlichkeit

Auch psychische Veränderungen können Symptome und Hinweise auf eine Schilddrüsenkrankheit sein.
Die innere Unruhe, leichte Erregbarkeit, übermäßige Reizbarkeit, emotionale Labilität und Rastlosigkeit von Patienten mit Schilddrüsenüberfunktion sind gelegentlich Leitsymptom, mindestens aber als Begleitsymptom auffallend. Typisch bei Patienten mit Schilddrüsenüberfunktion ist auch eine Unterschätzung oder Untertreibung der körperlichen Beschwerden. Die Patienten wollen mehr als sie noch können, sie überfordern sich, sind gewissermaßen nur „vom Hals abwärts krank". Eine Konzentrationsschwäche ist häufig, während andere intellektuelle Funktionen nicht beeinträchtigt sind.
Dies gilt bis auf Ausnahmen auch für die Schilddrüsenunterfunktion. Hier tritt eine allgemeine Verlangsamung, Müdigkeit und Leistungsab-

fall auf, die bei langem Bestehen eine Demenz vortäuschen kann. Häufig ist eine friedliche Apathie bei schweren Schilddrüsenunterfunktionen, seltener eine depressive Reizbarkeit. Die Stimme von Patienten mit Schilddrüsenunterfunktion und Myxödem ist tief und rauh, die Sprache ebenfalls verlangsamt und manchmal kloßig. Insgesamt werden Patienten mit lange bestehender Unterfunktion der Schilddrüse inaktiv und lethargisch. Dies verhindert auch, daß sie den Arzt aufsuchen und daß ihre Diagnose frühzeitig gestellt wird.

f) Manifestation an Nervensystem und Muskulatur

Die Manifestationen von Schilddrüsenfunktionsstörungen am Nervensystem und an der Muskulatur umfassen bei der Überfunktion ein typisches, feinschlägiges Zittern bei der Schilddrüsenüberfunktion, zusammen mit motorische Unruhe und Rastlosigkeit. Bei der Unterfunktion steht die motorische Verlangsamung, die meßbare Verlängerung von Reflexzeiten und Nervenleitgeschwindigkeit im Vordergrund. Auch Gefühlsstörungen und Mißempfindungen durch Veränderungen der sensiblen Nerven kommen vor, ebenfalls Gangstörungen oder Schwerhörigkeit.
Die Muskulatur wird bei der Schilddrüsenüberfunktion rasch abgebaut und zurückgebildet, die Muskeln fallen ein, insbesondere im Bereich des Schultergürtels und des Beckengürtels.
Bei der Schilddrüsenunterfunktion wirkt die Muskulatur eher kräftig. Sie ist dies aber nur auf Kosten einer Einlagerung von Flüssigkeit und einer gelartigen Substanz zwischen den Muskelfasern, nicht durch eine stärkere Ausprägung der Muskulatur selbst. In beiden Fällen besteht eher eine muskuläre Schwäche und Adynamie.

g) Veränderungen des Reproduktionssystems

Die Veränderungen im Bereich der Keimdrüsen bzw. des Reproduktionssystems umfassen bei der Frau Zyklusstörungen jedweder Art, also Verkürzungen oder Verlängerungen des Menstruationszyklus, Ausbleiben der Regel. Bei beiden Geschlechtern kommt es zu einer Abnahme

der Libido und auch zu einer Abnahme der Fruchtbarkeit. Dies kann Anlaß zur Erwägung einer Schilddrüsenkrankheit und zu entsprechenden Untersuchungen sein.
Sofern Frauen mit einer Schilddrüsenüberfunktion schwanger werden, sind Komplikationen des Schwangerschaftverlaufes wie Fehlgeburten im ersten und zweiten Schwangerschaftsdrittel oder Frühgeburten sehr viel häufiger als bei gesunden Frauen. Auch Mißbildungen bei den Kindern sind bei schweren Schilddrüsenüberfunktionen überzufällig häufig.
Auch Patientinnen mit schwerer Schilddrüsenunterfunktion werden wegen der oben genannten Einschränkung der Fruchtbarkeit nur selten schwanger.
Kinder mit einer Schilddrüsenunterfunktion sind in ihrer Entwicklung verzögert, auch die Pubertät tritt verzögert ein. Wegen der schweren Auswirkungen einer Schilddrüsenunterfunktion auf das zentrale Nervensystem sollte im Kindesalter eine Schilddrüsenunterfunktion möglichst frühzeitig erkannt und dann auch bereits behandelt sein.

h) Andere, seltene Organmanifestationen

Selten treten bei Patienten mit Schilddrüsenkrankheiten auch an anderen Organen Beschwerden und Veränderungen auf, die schließlich zur Diagnose einer Schilddrüsenfunktionsstörung führen, z.B. eine Beteiligung des Knochen- und Skelettsystems durch erhöhten Knochenumsatz bei der Schilddrüsenüberfunktion, die schließlich zu einer besonderen Form der Osteoporose führt.
Eine andere, seltene Manifestation ist das Auftreten einer Blutarmut bei der Schilddrüsenunterfunktion. Auch kommt eine besondere Form einer Blutarmut, die sog. perniziöse Anämie überzufällig häufig in Kombination mit den Autoimmunerkrankungen der Schilddrüse vor, wie überhaupt eine Reihe von insgesamt relativ seltenen sog. Autoimmunerkrankungen in Kombination mit den Autoimmunerkrankungen der Schilddrüse vorkommen. Offenbar ist hier eine gemeinsame genetische Veranlagung die Ursache für diese Krankheitskombination.
Insgesamt sind die Organmanifestationen bei Schilddrüsenfunktionsstörungen in der Tabelle 7 vereinfachend, aber übersichtlich dargestellt.

Von den typischen und klassischen Symptomen der Schilddrüsenfunktionsstörungen gibt es Abweichungen, die die Erkennung dieser Erkrankungen oft erschweren. Dies gilt besonders im Säuglings- und Kindesalter und beinahe noch ausgeprägter für die Schilddrüsenfunktionsstörungen im hohen Alter. Hier sind die Krankheitsbilder der Schilddrüsenunterfunktion und der Überfunktion sehr viel schwerer zu erkennen. Deshalb wird hierauf in einem späteren Kapitel noch eingegangen.

E Untersuchungsmethoden bei Schilddrüsenkrankheiten

1. Untersuchungen zur Erfassung der Schilddrüsenfunktionen

Während noch vor 20 Jahren eine sehr aufwendige, über zwei Tage gehende nuklearmedizinische Untersuchung, der sog. Radiojod-Zwei-Phasentest, unter Einsatz von radioaktivem Jod (J–131) notwendig war, um die Schilddrüsenfunktion exakt zu erfassen, ist durch Entwicklungen in den letzten zwei Jahrzehnten die Funktionsuntersuchung der Schilddrüse direkter, genauer und letztendlich einfacher geworden, zumindesten für den Patienten. In aller Regel gelingt die Schilddrüsenfunktionsbestimmung heute anhand von Hormonuntersuchungen aus dem Blut, wobei hierfür entweder eine einzige Blutentnahme ausreicht oder aber zwei Blutentnahmen zu unterschiedlichen Zeitpunkten (Abstand mei-

Tab. 8: *Untersuchungen der Schilddrüsenfunktion „in vitro" (außerhalb des Körpers im „Reagenzglas")*

1. Schilddrüsenstimulierendes Hormon TSH
a. TSH basal
b. TSH vor und nach TRH-Stimulation (TRH-Test)

2. Freie Schilddrüsenhormonkonzentrationen
FT4 und FT3

3. Gesamthormonkonzentrationen
T4 und T3

4. Bindungsparameter
TBG
rT3U-Test, TBK

stens 1/2 Std.) notwendig sind. Diese Untersuchungen sind für den Patienten keineswegs mehr beeinträchtigend bzw. belastend oder, bis auf die Blutentnahme, belästigend.
Alle aus dem Blut bestimmbaren Meßwerte nennt man auch in-vitro-Parameter, die Diagnostik aus dem Blut nennt man in-vitro-Diagnostik im Unterschied zu den Untersuchungen, die am Patienten selbst durchgeführt werden müssen, die man in-vivo-Diagnostik nennt. (In vitro = im Reagenzglas; in vivo = am lebenden Organismus).
Die in-vitro-Untersuchungen der Schilddrüsenfunktionen sind in Tabelle 8 zusammengefaßt.
Das schilddrüsenstimulierende Hormon TSH aus der Hypophyse kann schon seit dem Ende der 60er Jahre bestimmt werden. Die damals entwickelten Verfahren verwendeten durch Impfung von Versuchstieren gewonnene Antikörper gegen dieses Hormon. Wegen des immunologischen Testprinzips werden diese Verfahren auch allgemein als *Immunoassays* bezeichnet. Allerdings war die Bestimmung des TSH bis vor wenigen Jahren nicht empfindlich genug, um sicher zwischen normalen und erniedrigten TSH-Konzentrationen unterscheiden zu können. Lediglich erhöhte TSH-Konzentrationen konnten sicher von normalen Hormonkonzentrationen abgegrenzt werden.
In den letzten fünf Jahren sind Verfahren entwickelt worden, deren Empfindlichkeit jetzt sicher ausreicht, um auch erniedrigte von normalen Hormonkonzentrationen zu unterscheiden. Seit dieser Zeit ist die TSH-Bestimmung die praktisch wichtigste Untersuchung in der Schilddrüsenfunktionsdiagnostik geworden.
Der Referenz- oder Normalbereich für das TSH liegt bei Gesunden zwischen 0,3 und 4 mU/l (mU = milliunits = Millieinheiten). Patienten mit einer Schilddrüsenunterfunktion haben Werte deutlich über diesem Referenzbereich und Patienten mit Schilddrüsenüberfunktion haben unterdrückte, d.h. erniedrigte TSH-Werte unter 0,3 Millieinheiten pro Liter.
Wie bei allen biologischen Verfahren gibt es natürlich eine gewisse Grauzone, die im unteren Bereich zwischen 0,1 und 0,5 Millieinheiten pro Liter liegt und im oberen Bereich zwischen 3 und 6 Millieinheiten pro Liter. Wenn die Meßwerte in diesem Bereich liegen und darüber hinaus klinisch die Zuordnung der Funktionslage der Schilddrüse beim Patienten schwierig ist, empfiehlt es sich, einen Stimulationstest für das

TSH durchzuführen. Dies ist heute einfach möglich, indem das normalerweise im Hypothalamus gebildete Releasinghormon TRH dem Patienten verabreicht wird, entweder als intravenöse Spritze, als Nasalspray oder als Tablette. Im Normalfall führt die Gabe dieses TRH zu einem Anstieg der TSH-Konzentration im Blut, die nach der Spritze oder Gabe als Nasenspray nach einem zeitlichen Abstand von 30 Minuten noch einmal bestimmt wird, nach der Einnahme der TRH-Tablette erfolgt die zweite Blutnahme nach drei bis vier Stunden. Bei Schilddrüsengesunden steigt die TSH-Konzentration um einen Betrag zwischen 2 und 20 mE/l an. Bei einem Anstieg um weniger als 2 mE/ml spricht der Befund für eine Unterdrückung der Funktion der Hirnanhangsdrüse, bei einem Anstieg um mehr als 25 mE/l spricht der Befund für eine Schilddrüsenunterfunktion.
Im Falle des TRH-Testes geht der untersuchende Arzt so vor, daß zunächst einmal Blut entnommen wird, dann wird das TRH in einer der drei angegebenen Möglichkeiten den Patienten verabreicht und die zweite Blutentnahme erfolgt dann nach 30 Minuten oder drei bis vier Stunden.
Das TRH selbst hat sehr kurzzeitige, aber manchmal für den Patienten lästige Nebenwirkungen, die aber nur für einige Minuten bis maximal eine halbe Stunde anhalten. Insbesondere dann, wenn das TRH gespritzt wird, tritt vorübergehend ein gewisses Übelkeitsgefühl auf oder auch ein Harndrang. Praktisch nie kommt es zu Erbrechen. Diese Nebenwirkungen betreffen etwa ein Drittel der untersuchten Patienten. Bei der Gabe des TRH als Nasenspray oder als Tablette sind die Nebenwirkungen sehr viel seltener und geringer ausgeprägt. Die meisten Patienten verspüren von diesem Test dann gar nichts mehr. Gefährlich sind diese Nebenwirkungen in keinem Fall.

a) Freie Schilddrüsenhormonkonzentrationen

Bei der Bestimmung der Schilddrüsenhormonkonzentrationen im Blut ist es heute grundsätzlich möglich, sowohl die Gesamthormonkonzentrationen zu bestimmen, d.h. die Summe dessen, was an die Bindungsproteine TBG, Albumin und Präalbumin gebunden ist, plus der kleine

Anteil (von unter einem Prozent), der als freies Hormon im Blut zirkuliert, als auch diesen kleinen freien Anteil selbst.
Da es Situationen und Erkrankungen gibt, bei denen die Bindungseiweiße verändert werden, z.B. in der Schwangerschaft oder bei Einnahme von Östrogenen, wo die TBG-Konzentration erhöht ist, wird die Gesamthormonkonzentration durch diese Faktoren ebenfalls beeinflußt. In solchen Situationen ist es vorteilhaft, die freien Hormonkonzentrationen direkt zu bestimmen. Andererseits gibt es eine Reihe von Erkrankungen und von Medikamenten, die auch die freie Hormonkonzentration bzw. die Bindung von Schilddrüsenhormon beeinflussen und somit die freie Homonfraktion verändern. Dies gilt vor allen Dingen für solche Patienten, die neben der Schilddrüsenkrankheit auch noch andere Organerkrankungen, z.B. der Leber, der Niere u. a. haben. Besonders betroffen von diesen Veränderungen sind auch Patienten auf Intensivstationen und solche, die bestimmte Medikamente erhalten. Deshalb kann es bei dieser Patientengruppe günstiger sein, die Gesamthormonkonzentration zu bestimmen.
Im allgemeinen wird aber heute, insbesondere bei ambulanten Patienten in den Praxen, der direkten Bestimmung der freien Hormonkonzentrationen der Vorzug gegeben.
fT4 = freies Thyroxin: Der Referenz- oder Normbereich des freien T4 liegt zwischen 0,8 und 2,0 ng/dl entsprechend 10 bis 26 pmol/l.
Bei Schilddrüsengesunden liegen die fT4-Konzentrationen in dem genannten Referenz- oder Normbereich, bei Schilddrüsenunterfunktionen sind die Konzentrationen vermindert, bei Schilddrüsenüberfunktionen erhöht.
Wenn ein Patient mit Thyroxin behandelt wird und unter dieser Therapie die freien Hormonkonzentrationen gemessen werden, dann findet sich die freie Thyroxinkonzentration oft leicht erhöht, während das freie T3 normal ist bzw. normal sein sollte. Eine gering erhöhte freie Thyroxinkonzentration unter Schilddrüsenhormontherapie bedeutet noch nicht, daß hier eine Überdosierung vorliegt.
fT3 = freies Trijodthyronin: Der Referenz- oder Normbereich für das freie Thyroxin liegt zwischen 2,5 und 6 pg/ml entsprechend 3,8 bis 9,2 pm/l. Auch hier liegen wieder die Konzentrationen von Schilddrüsengesunden innerhalb dieses Bereiches, bei Schilddrüsenunterfunktion sind die Werte erniedrigt, bei Schilddrüsenüberfunktion erhöht.

b) Gesamthormonkonzentrationen

Die gesamte T4-Konzentration bzw. Gesamtthyroxinkonzentration liegt normalerweise zwischen 5,0 und 12,0 µg/dl entsprechend 65 bis 155 nmol/l.
Schilddrüsengesunde haben Werte innerhalb dieses Normbereiches. Bei Schilddrüsenunterfunktion sind die Werte vermindert, bei Schilddrüsenüberfunktion erhöht. Insbesondere in der Schwangerschaft und unter Östrogentherapie, z. B. bei Einnahme der „Pille", sind die Gesamthormonkonzentrationen ebenfalls etwas höher als der angegebene Referenzbereich, die obere Normgrenze muß auf etwa 15 µg/dl oder 195 nmol/l angehoben werden.
Gesamt-T3 oder Gesamttrijodthyronin: Der Normal- bzw. Referenzbereich für Gesamt-T3 liegt zwischen 0,7 und 2 µg/l entsprechend 1,1 bis 3,1 nmol/l. Schilddrüsengesunde haben Werte innerhalb dieses Normbereiches, Patienten mit Schilddrüsenunterfunktion haben in der Regel verminderte Gesamt-T3-Konzentrationen, es sei denn, sie leben in einem ausgesprochenen Jodmangelgebiet, dann kann die T3-Konzentration kompensatorisch noch im Normbereich gehalten werden bei bereits vermindertem Gesamt-T4. Bei Schwangerschaft und unter Östrogeneinnahme sind auch die Gesamt-T3-Konzentrationen etwas höher als der angegebene Bereich, der Unterschied ist aber nicht so gravierend wie für das Gesamt-T4.

c) Bindungsparameter

Bei solchen Zuständen und Erkrankungen, bei denen die Bindungseiweiße im Blut deutlich verändert sein können, ist es ratsam, diese Bindungshormone auch direkt zu erfassen und sich nicht allein auf die Bestimmung der Gesamthormonkonzentrationen bzw. der freien Hormonfraktionen zu verlassen. Hier gibt es im wesentlichen zwei Möglichkeiten, nämlich die isolierte, direkte Bestimmung des thyroxinbindenden Globulins TBG und zum anderen ein Verfahren, mit dem die Gesamtbindungskapazität des Serums für Schilddrüsenhormone, also letztlich die Summe der Bindungsproteine TBG, Albumin und Präalbumin erfaßt wird.

Der Referenz- oder Normbereich für TBG liegt zwischen 13 und 30 mg/l entsprechend 220 bis 510 nmol/l.
In der Schwangerschaft, unter Östrogeneinnahme und bei akuten Lebererkrankungen ist diese TBG-Konzentration erhöht; bei seltenen, angeborenen Erkrankungen kann diese TBG-Konzentration erniedrigt sein und auch bei schwerer Einschränkung der Leberfunktion kann TBG absinken.
rT3U-Test: Der sog. rT3U-Test (U steht für Uptake = Aufnahme) dient der Bestimmung der Gesamtbindungskapazität für Schilddrüsenhormone (Thyroxin- Bindungskapazität = TBK). Er wird im Reagenzglas mit radioakiv markiertem T3 durchgeführt (deshalb rT3U-Test). Dieser Test mißt keine absolute Konzentration, sondern sein Ergebnis wird in einer relativen Zahl angegeben. Der mittlere Normalwert ist 1 oder 100%, der Normalbereich liegt etwa zwischen 0,85 und 1,1 bzw. 85 bis 110%. (Liegen die Meßwerte außerhalb dieses Referenzbereiches, so können die Gesamthormonkonzentrationen durch den entsprechenden Meßwert korrigiert werden.)
Im Zeitalter der Bestimmung der freien Hormone wird dieses an sich wertvolle Testverfahren immer seltener angewandt.

Tab. 9: *Weitere in vitro-Untersuchungen zur Charakterisierung von Schilddrüsenkrankheiten*

1. **Autoantikörper**
   a) Mikrosomale Antikörper (MAK)
   b) Antikörper gegen Peroxidase (TPO-AK)
   c) Thyreoglobulin-Antikörper (TgAK)
   d) TSH-Rezeptor-Antikörper (TRAK)
   e) Andere

2. **Tumormarker**
   a) Calcitonin
   b) Thyreoglobulin

2. Weitere In-vitro-Untersuchungen zur Charakterisierung von Schilddrüsenkrankheiten

Die prinzipiell möglichen weiteren Blutuntersuchungen im Reagenzglas zur Charakterisierung von Schilddrüsenkrankheiten sind in der Tabelle 9 aufgeführt. Es handelt sich zum einen um die Bestimmung von sog. Autoantikörpern, d.h. Antikörpern, die der Organismus gegen körpereigene Strukturen produziert, und zwar im Rahmen der immunologisch bedingten Schilddrüsenerkrankungen, zum anderen um zwei Eiweißkörper, die heute im Rahmen der Schilddrüsendiagnostik vor allen Dingen als Tumormarker verwendet werden. Hierbei handelt es sich um das Hormon Calcitonin aus den parafollikulären C-Zellen der Schilddrüse und um das Speicherprotein Thyreoglobulin, das normalerweise nur in sehr niedriger Konzentration im Blut zirkuliert.

a) Autoantikörper

Insbesondere bei den chronischen Schilddrüsenentzündungen finden sich im Serum außerordentlich hohe Konzentrationen oder „Titer" der Autoantikörper gegen ein Antigen aus Schilddrüsenmikrosomen. Diese sog. mikrosomalen Autoantikörper (MAK) haben eine ganz ähnliche Aussagekraft wie die neuerdings bestimmten Autoantikörper gegen eine Schilddrüsenperoxidase, ein Enzym, das ebenfalls in den Mikrosomen vorkommt.

Bei den gleichen chronischen Schilddrüsenentzündungen werden meist auch Autoantikörper gegen das Speicherprotein in den Schilddrüsenfollikeln, das Thyreoglobulin in hoher Konzentration nachweisbar.

Bei den akuten bis subakuten Schilddrüsenentzündungen spielt die Bestimmung dieser Autoantikörper nur eine untergeordnete Rolle, ebenfalls bei allen anderen Schilddrüsenerkrankungen.

Dagegen ist die Bestimmung der TSH-Rezeptor-Autoantikörper (TRAK) bei der Diagnose der immunogenen Schilddrüsenüberfunktion vom Typ der Basedow'schen Erkrankung ganz entscheidend. Es sind gerade diese Antikörper gegen den TSH-Rezeptor an der Schilddrüsenzelle, die die Schilddrüse stimulieren und die Überfunktion hervorrufen bzw. unterhalten. Insbesondere dann, wenn die klinische Diagnose der immuno-

genen Hyperthyreose nicht eindeutig ist, z.B. beim Fehlen der typischen Augensymptomatik, dann ist die Bestimmung dieser Antikörper für die Differenzierung zwischen autonomen Formen der Schilddrüsenüberfunktion und der immunologisch bedingten Form entscheidend.
Schließlich gibt es noch Autoantikörper, die z.B. das Wachstum der Schilddrüse stimulieren und somit ein Strumawachstum hervorrufen, es gibt darüber hinaus auch blockierende Antikörper, die zu einer Schilddrüsenunterfunktion führen können. Diese spielen allerdings heute in der Routinediagnostik von Schilddrüsenerkrankungen noch keine Rolle, sie sind aber von erheblichem wissenschaftlichem Interesse.

b) Tumormarker

Bei den seltenen, von den C-Zellen der Schilddrüse ausgehenden Karzinomen, den sog. medullären Schilddrüsenkarzinomen, wird das physiologische Hormon dieser Zellen, das Calcitonin, vermehrt hergestellt und ins Blut abgegeben. Beim medullären Schilddrüsenkarzinom sind also die Calcitoninkonzentrationen im Blut stark erhöht. Nach Entfernung der Schilddrüse im Rahmen der Therapie muß dieses Calcitonin eigentlich auf Null zurückgehen. Wenn dies nicht der Fall ist, spricht dies für das Bestehen von Restgewebe oder von bereits vorliegenden Metastasen dieses Schilddrüsenkarzinoms. Insofern spielt die Messung der Calcitoninkonzentrationen im Blut heute eine entscheidende Rolle, vor allem in der Nachsorge von Patienten mit medullären Schilddrüsenkarzinomen nach Operation.
Ähnliches gilt für die Bestimmung des Thyreoglobulins im Serum.
Bei den von den Schilddrüsenfollikelzellen ausgehenden Karzinomen gelangt Thyreoglobulin aus dem Speicherprotein vermehrt in die Zirkulation und ist im Blut nachweisbar. Auch hier muß nach operativer Entfernung der Schilddrüse und nach Radiojodtherapie das Thyreoglobulin eigentlich auf Null absinken. Weiterhin meßbare Thyreoglobulinkonzentration oder gar Erhöhungen sprechen für das Bestehen von Restgewebe oder Metastasen der Schilddrüsenkarzinome. Auch hier spielt heute das Thyreoglobulin eine wesentliche Rolle in der Verlaufskontrolle und in der Therapiekontrolle von Schilddrüsenkarzinompatienten.
Darüber hinaus wird die Bestimmung von Thyreoglobulin in den letzten

Jahren auch von einigen Schilddrüsenspezialisten in der Diagnostik und Verlaufskontrolle der Strumatherapie empfohlen. Die Ergebnisse sind für diese Fragestellung aber nicht eindeutig. Es wird im Rahmen künftiger wissenschaftlicher Untersuchungen zu klären sein, ob diese Bestimmung in der Verlaufskontrolle der Struma sinnvoll und notwendig ist.

3. Morphologische Schilddrüsenuntersuchungen

Eine Übersicht über die morphologischen Schilddrüsenuntersuchungen (Form und „Aussehen" der Schilddrüse) zeigt die Tabelle 10, wobei die an zweiter Position aufgeführte Schilddrüsenszintigraphie (die nuklearmedizinische Untersuchung der Schilddrüse unter Einsatz von radioaktiven Substanzen) keine reine morphologische Untersuchung ist, sondern darüber hinaus Informationen über die regionale Schilddrüsenfunktion liefert, d.h. darüber, ob die Schilddrüse gleichmäßig über das ganze Organ verteilt arbeitet oder ob Teile der Schilddrüse mit verminderter oder aufgehobener Aktivität und andere Teile mit verstärkter Aktivität Homon produzieren.

Tab. 10: *Morphologische Schilddrüsenuntersuchungen (Untersuchung der Größe, Form und Lage der Schilddrüse)*

1. **Ultraschall** (Sonographie)
2. **Szintigraphie**
3. **Punktionszytologie**
4. **Röntgenuntersuchungen**
   Brustkorb (Thorax)
   Luftröhren-Zielaufnahmen
   Speiseröhre (Breischluck)
   (Computertomographie)

a) Sonographie

Die Ultraschalluntersuchung (Sonographie) ist heute die wichtigste morphologische Untersuchung der Schilddrüse, und sie ist vor allem bei jungen Patienten, d.h. bei Kindern, Jugendlichen, jungen Erwachsenen, die nur eine geringe Vergrößerung der Schilddrüse aufweisen und die vor allem keine knotigen Veränderungen beim Tastbefund und bei der Ultraschalluntersuchung erkennen lassen, die einzige und ausreichende morphologische Untersuchung.
Die Sonographie ist ein einfach durchführbares, jederzeit wiederholbares Verfahren, das den Patienten in keiner Weise belastet, keine Schmerzen verursacht und mit keinerlei Strahlenbelastung verbunden ist. Wegen der oberflächigen Lage der Schilddrüse ist dieses Organ der Ultraschalluntersuchung sehr gut zugänglich. Das Auflösungsvermögen bei solchen oberflächlich gelegenen Organen ist sehr hoch, Strukturen von mehr als ein bis zwei Millimeter Durchmesser sind gut erfaßbar. Der Tastbefund der Schilddrüse, der ja selbst beim Erfahrenen nur mit einer erheblichen Fehlerbreite die Einschätzung der Schilddrüsengröße erlaubt, sollte heute in jedem Fall durch eine Ultraschalluntersuchung ergänzt werden. Das Schilddrüsenvolumen läßt sich auf einfache Weise messen bzw. errechnen, und zwar nach der mathematischen Formel eines Elipsoiden (Volumen $V = a \times b \times c \times \pi/6$). π ist die natürliche Zahl „pi" und entspricht 3,14; $\frac{\pi}{6}$ entspricht ca. 0,5. Es werden also die maximale Breite eines Schilddrüsenlappens mit der Länge und der Tiefe in Zentimeter multipliziert sowie mit dem Faktor 0,5. Dies ergibt das Volumen eines Schilddrüsenlappens. Der Fehler dieses Bestimmungsverfahrens für die Schilddrüsengröße liegt bei etwa 10% und ist somit erheblich genauer als der Tastbefund.
Die Ultraschalluntersuchung wird heute mit Schallköpfen mit einer Sendefrequenz von 5 – 7,5MHz (Megahertz) durchgeführt. Bei der Untersuchung liegt der Patient in der Regel auf dem Rücken, ein Polster unter den Schulterblättern führt zu einer leichten Überstreckung der Halswirbelsäule. Der Schallkopf wird dann zunächst vom Arzt in horizontaler Ebene über die Schilddrüse von oben nach unten geführt und die Schilddrüse im Querschnitt dargestellt. In der Bildmitte erkennt man gut die Luftröhre. Anschließend wird durch Drehung des Schallkopfes die

Untersuchung beider Schilddrüsenlappen im Längsschnitt fortgesetzt. Auch die benachbarten Strukturen (die Muskelgruppen, die Arterien und die Venen) sind gut erkennbar, ebenso z.B. vergrößerte Lymphknoten am Hals oder vergrößerte Nebenschilddrüsen.
Neben der Volumenbestimmung der Schilddrüse ist es mit der Ultraschalluntersuchung möglich, charakteristische Strukturveränderungen der Schilddrüse zu erkennen und sie bestimmten Schilddrüsenkrankheiten zuzuordnen. So finden sich z.B. typische Strukturveränderungen (sog. echoarmes Binnenreflexmuster) bei der Autoimmunkrankheit der Schilddrüse, d. h. sowohl beim Morbus Basedow als auch bei den Schilddrüsenentzündungen. Es lassen sich Knoten abgrenzen. Es können Knoten, die aus solidem Gewebe bestehen, von Knoten, die zystischen Hohlräumen entsprechen, einfach unterschieden werden. Auch Verkalkungen in Schilddrüsenknoten machen typische, im Ultraschall-

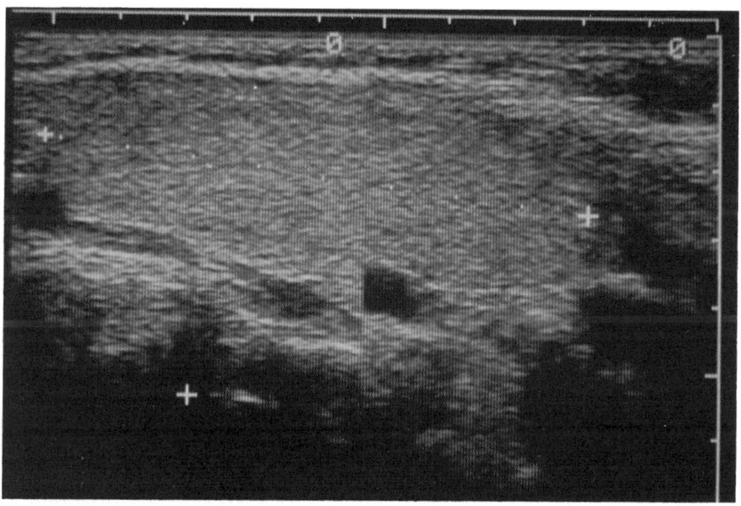

Abb. 7a: *Ultraschallbild eines gering vergrößerten Schilddrüsenlappens im Längsschnitt mit normalem Gewebsmuster.**

* (die eingeblendeten Kreuze sind Meßpunkte)

bild erkennbare Strukturveränderungen. Schließlich ist es möglich, unter Sicht des Ultraschalls gezielt bestimmte Befunde zu punktieren und damit eine Gewebeuntersuchung auch kleiner Knoten der Schilddrüse zu ermöglichen.

Bei diffusen Schilddrüsenvergrößerungen oder bei Identifikation einer normalen Schilddrüse reicht die sonographische Untersuchung als morphologische Untersuchung aus. Bei knotigen Veränderungen in der Schilddrüse muß allerdings in der Erstuntersuchung zumindest auch eine nuklearmedizinische Untersuchung, d. h. eine Szintigraphie, erfolgen.

Die Abbildungen 7 a, b, c zeigen ein Ultraschallbild einer normalen Schilddrüse mit normaler Struktur sowie das Beispiel eines echoarmen Strukturmusters beim Morbus Basedow und das typische Bild einer echofreien Schilddrüsenzyste. Weitere Ultraschallbilder werden bei den Schilddrüsenkrankheiten gezeigt.

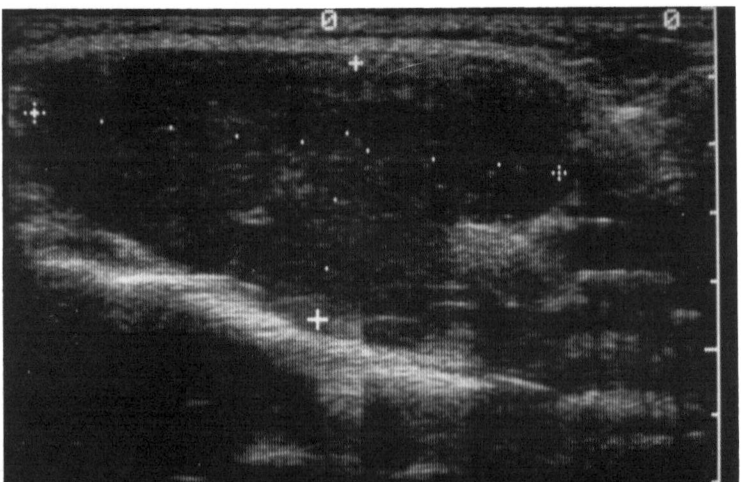

Abb. 7b: *Ultraschallbild eines vergrößerten Schilddrüsenlappens mit gleichmäßig echoarmem, „dunklem" Gewebsmuster, typisch für die Basedow'sche Krankheit.*

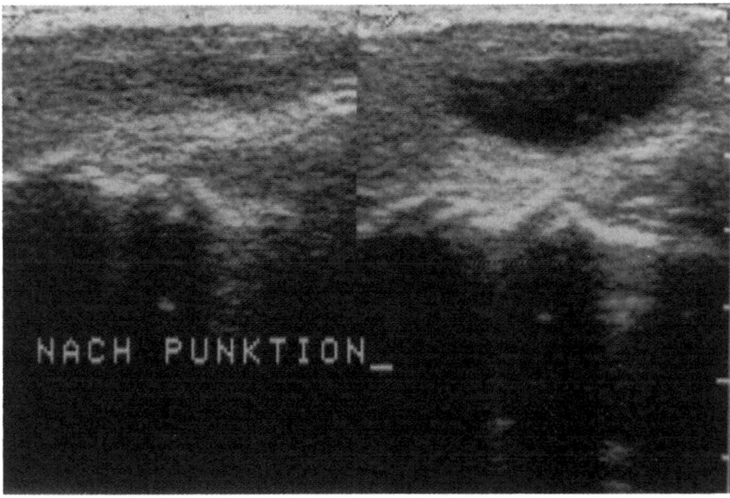

Abb. 7c: *Ultraschallbild eines kaum vergrößerten Schilddrüsenlappens mit einer zentralen, echoarmen, „dunklen" Zyste vor (rechts) und nach (links) nach Punktion von 7 ml flüssigem Inhalt.*

b) Schilddrüsenszintigraphie

Nachdem die Funktionsuntersuchung der Schilddrüse heute mit den bereits beschriebenen in-vitro-Verfahren, d. h. mit Untersuchungen aus dem Blut des Patienten möglich ist, liegt das Schwergewicht der nuklearmedizinischen in-vivo-Diagnostik von Schilddrüsenerkrankungen heute auf dem Gebiet der bildlichen Darstellung der Schilddrüse. Dies geschieht so, daß ein radioaktives Jodisotop, das Jod–123 oder ein jodähnliches, kurzlebiges Radioisotop, das Technetium-99-m-Pertechnetat dem Patienten verabreicht wird. Anschließend wird durch ein entsprechendes Meßgerät, einen Strahlendetektor, die Verteilung der radioaktiven Substanz in der Schilddrüse gemessen und bildlich aufgezeichnet. Dieses bildliche Dokument wird Szintigramm genannt. Die Szintigraphie dient der Aufzeichnung von Lage, Form und Größe der Schilddrüse in zwei Ebenen, und sie dient der Erkennung von Regionen mit gestei-

gerter oder verminderter oder fehlender Aktivität. Früher wurden Strahlendetektoren über der Schilddrüse des Patienten hin- und herbewegt und innerhalb von etwa 15 bis 30 Minuten ein Bild der Schilddrüse aufgezeichnet. Derartige Geräte (Scanner) werden heute nicht mehr hergestellt, und die Schilddrüsenszintigraphie wird zunehmend mit sog. Gamma-Kameras durchgeführt, bei denen der Detektor von vornherein die gesamte Schilddrüse erfaßt und daher über dem Patienten auch nicht bewegt werden muß. Der Patient sitzt vor oder liegt unter dem Detektor. In der Regel wird so vorgegangen, daß dem Patienten eine kleine Menge radioaktiv markierten Technetium-99-m injiziert wird. Dies wird in die Schilddrüse aufgenommen, und zwischen der 15. und 30. Minute wird ein Bild der Schilddrüse angefertigt.
Das Technetium-99-m hat eine sehr kurze Halbwertszeit von 6 Stunden, d.h. nach 6 Stunden ist bereits die Hälfte der zugeführten Radioaktivität abgeklungen. Die damit verbundene Strahlenbelastung ist sehr gering, sowohl was das Organ Schilddrüse, die Ganzkörperbelastung und die Keimdrüsenbelastung angeht.
Ein weiteres Radionuklid, das Jod-123 mit einer Halbwertszeit von 13 Stunden wird in den letzten Jahren zunehmend verwendet. Auch bei diesem Isotop ist die Strahlenbelastung sehr niedrig.
Das früher verwendete Jod-131 hat eine wesentlich längere Halbwertszeit von etwa 8 Tagen. Zwar war auch mit diesem Isotop die Strahlenbelastung für den ganzen Körper, für das Knochenmark und die Keimdrüsen sehr gering, aber die Strahlenbelastung für das Organ Schilddrüse selbst, in dem das radioaktive Jod gespeichert wurde, war relativ hoch. Aus diesem Grunde wird Jod-131 heute nur noch verwendet, wenn vor einer geplanten Radiojodtherapie die notwendige Dosis bestimmt werden soll. In diesem Fall ist die Strahlenexposition der Schilddrüse ja ohnehin erwünscht und Ziel der späteren Behandlung.
Mit der heutigen Technik der Gamma-Kamera-Szintigraphie ist die Szintigraphie keine rein morphologische Methode mehr. Denn es gelingt, Regionen der Schilddrüse mit vermindertem Jodstoffwechsel, sog. kalte Areale und solche mit gesteigertem Jodstoffwechsel, sog. heiße Areale oder Knoten zu identifizieren. Der an die Gamma-Kamera angeschlossene Rechner erlaubt darüber hinaus auch quantitative Angaben über den Grad der Aktivitätssteigerung oder Verminderung und auch darüber, ob sich die gesteigerte Nuklidaufnahme eines Knotens durch einen sog.

Suppressionstest unterdrücken läßt. Dieses Verfahren der sog. Suppressionsszintigraphie ist bei der Diagnosestellung von einzelnen autonomen Adenomen und von Knotenstrumen wichtig, die multiple autonome Knoten aufweisen können.
Mit der Szintigraphie ist es auch möglich, ungewöhnlich gelegenes Schilddrüsengewebe, z.B. die fehlentwickelten, dystopen Schilddrüsen, wie z.B. die Zungengrundstruma, zu erkennen, und es ist mit der Schilddrüsenszintigraphie auch möglich, bei Schilddrüsenkarzinomen nach der operativen Therapie kleine Schilddrüsenreste oder aber Metastasen zu erkennen und zu lokalisieren.
Insgesamt wird die Schilddrüsenszintigraphie immer dann eingesetzt, wenn es bereits zu knotigen Veränderungen der Schilddrüse gekommen ist. Sie wird ferner eingesetzt in der Vorbereitung zur Behandlung von Schilddrüsenerkrankungen mit radioaktivem Jod und in der Nachsorge von Schilddrüsenkarzinompatienten.
Die Abbildung 8 a, b, c zeigt das Beispiel eines normalen Schilddrüsenszintigramms sowie die szintigraphische Darstellung eines kalten und eines heißen Knotens mit der Scanner-Technik. Die Abb. 9 zeigt ein entsprechendes Szintigramm mit der modernen Gamma-Kamera-Technik. Weitere szintigraphische Abbildungen werden bei den Schilddrüsenkrankheiten folgen.

Selten wird im Rahmen von Schilddrüsenerkrankungen eine Szintigraphie mit anderen Radioisotopen, z. B. mit radioaktivem Thallium durchgeführt, um zwischen gutartigen und bösartigen Veränderungen zu unterscheiden!
Beim medullären Schilddrüsenkarzinom können heute mit einer Substanz DMSA (Dimerkaptobernsteinsäure), die mit Technetium-99-m radioaktiv markiert wurde, Primärtumoren bzw. Metastasen lokalisiert werden. Schließlich wird bei Patienten mit Schilddrüsenkarzinomen, bei denen Knochenmetastasen vorliegen können, neben der Ganzkörperszintigraphie mit Jod-131, auch eine Knochenszintigraphie mit Technetium-99-m-Methyldiphosphonat durchgeführt.
Die letzten drei genannten Untersuchungen kommen nur sehr selten bei außergewöhnlich gelegenen Fällen vor.

c) Punktionszytologie

Ein wesentliches, diagnostisches Problem bei Schilddrüsenerkrankungen sind Schilddrüsenknoten, die eine deutlich Wachstumstendenz zei-

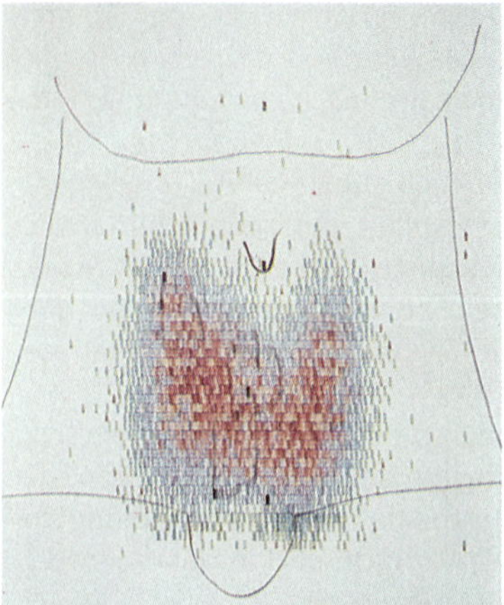

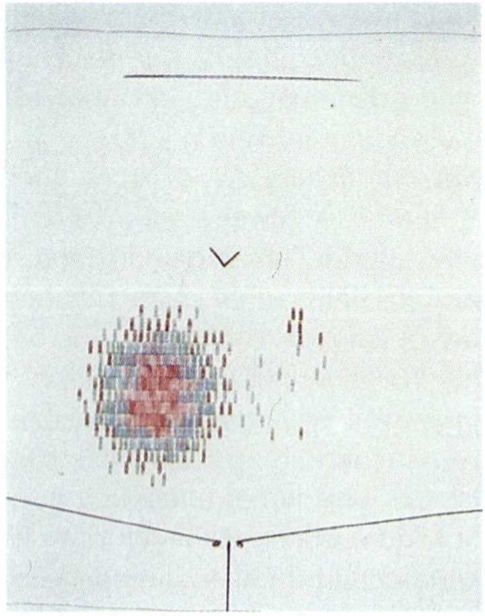

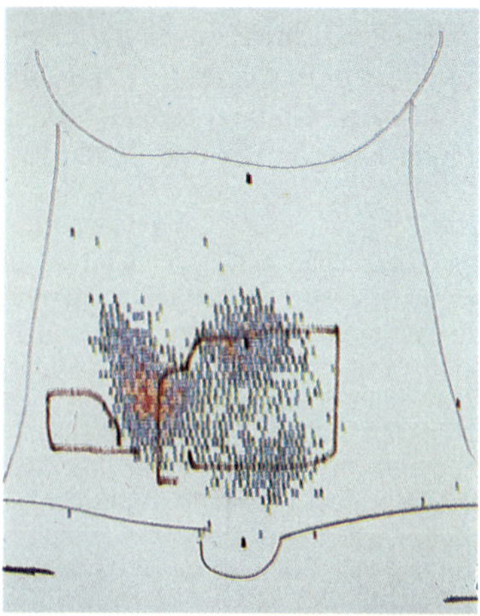

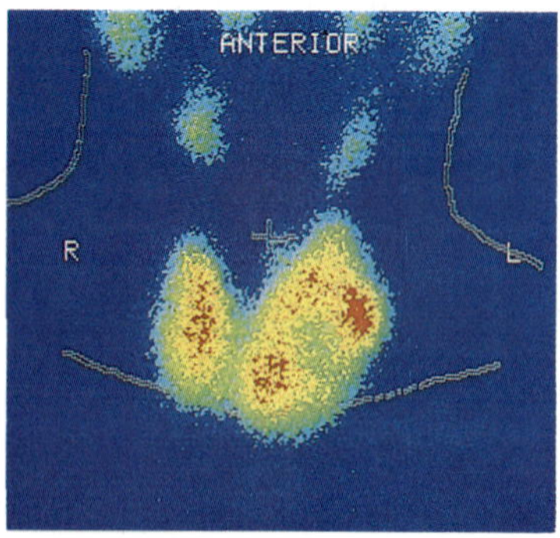

Abb. 8a (links): *Szintigraphische Darstellung einer gleichmäßigen, gering bis mäßig vergrößerten Schilddrüse (diffuse Struma).*
Abb. 8b (rechts): *Szintigraphisch eines „heißen" Knotens im rechten Schilddrüsenlappen (sog. autonomes Adenom).*
Abb. 8c (links unten): *Szintigraphische Darstellung eines „kalten" Knotens im vergrößerten, linken Schilddrüsenlappen.*
Abb. 9 (rechts unten): *Szintigraphische Darstellung der Schilddrüse mit der Gamma-Kamera-Technik: Gering vergrößerter rechter Schilddrüsenlappen (R), erheblich vergrößerter linker (L) Schilddrüsenlappen mit einem „kalten" Knoten im mittleren seitlichen Teil.*

gen und solche Knoten, die im Szintigramm eine verminderte Aktivität zeigen, also sog. kalte Knoten. Ein szintigraphisch kalter Knoten bedeutet zunächst nur, daß es sich um nicht normal funktionierendes Schilddrüsengewebe handelt. Es kann sich bei kalten Knoten auch um flüssigkeitsgefüllte Hohlräume, d.h. Zysten, handeln, aber es kann sich auch um solide, bösartige Knoten handeln. Aus diesem Grunde ist bei szintigraphisch kalten Knoten, insbesondere dann, wenn sie im Ultraschallbild ein echoarmes Binnenreflexmuster aufweisen, eine weitere Klärung nötig, um über die Therapiemaßnahmen gezielter entscheiden zu können. Diese weitere Klärung kann nur durch eine feingewebliche, d.h. mikroskopische Untersuchung von Schilddrüsengewebe erfolgen. Das Untersuchungsmaterial kann heute so gewonnen werden, daß ein Schilddrüsenknoten unter sonographischer Sicht mit einer sehr dünnen Nadel, die deutlich dünner ist als z.B. die zur Blutentnahme verwendeten Nadeln, punktiert wird. Mit einer aufgesetzten Spritze wird Zellmaterial in die Kanüle hineingesaugt und anschließend auf einem Objektträger ausgestrichen. Diese Zellen oder Zellgruppen werden dann nach entsprechender Anfärbung unter dem Mikroskop beurteilt, und es ist dann oft möglich festzustellen, ob es sich um eine gutartige Veränderung oder aber um ein Schilddrüsenkarzinom handelt.

Der Verdacht auf ein Schilddrüsenkarzinom besteht immer dann, wenn einzelne Schilddrüsenknoten schon bei jüngeren Patienten auftreten oder einzelne Knoten auch beim Erwachsenen Wachstumstendenz zeigen, bzw. wenn der Knoten szintigraphisch kalt und sonographisch echoarm ist. Diese Situationen sind auch die häufigsten Gründe für eine Punktion der Schilddrüse.

Die Untersuchung selbst ist nicht gefährlich. In ganz seltenen Fällen kommt es einmal zu einer unwesentlichen Nachblutung. Extrem selten ist eine durch die Punktion zustandekommende Infektion der Schilddrüse.

Zwar ist den meisten Patienten der notwendige Einstich am Hals weniger angenehm als ein entsprechender Einstich am Arm wie etwa bei der Blutabnahme, schmerzhafter ist der Einstich aber keineswegs.

Die bei der Punktion theoretisch mögliche Gefahr der Verschleppung von Krebszellen aus einem bösartigen Schilddrüsenknoten hat sich in zahlreichen Nachuntersuchungen nicht bestätigen lassen.

Die vom klinisch untersuchenden Arzt gewonnenen Ausstrichpräparate der Schilddrüsen müssen von einem erfahrenen Pathologen bzw. Zytologen untersucht werden. Dann ist die Treffsicherheit dieses Verfahrens hoch.

d) Röntgenuntersuchungen

Bei geringfügigen Vergrößerungen der Schilddrüse, die heute bei der Erstuntersuchung schon durch Ultraschall präzise erfaßt werden können, sind zusätzliche Röntgenuntersuchungen nicht notwendig. Wenn allerdings große Strumen bestehen, die besonders bei älteren Patienten weit nach unten und oft in den Brustkorb hineinreichen, dann sind

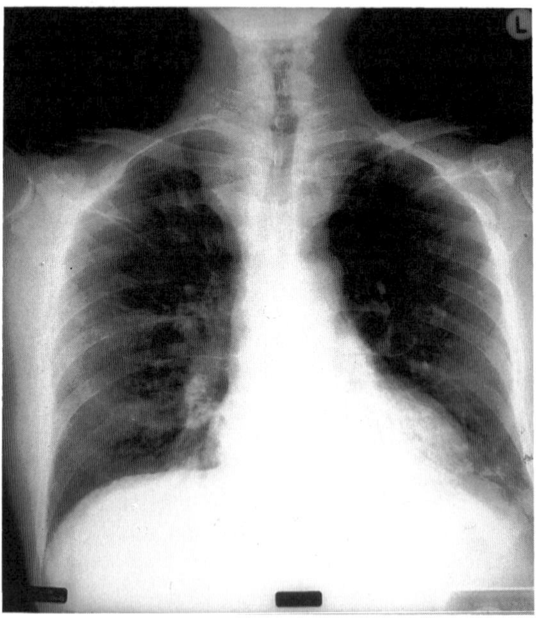

Abb. 10: *Röntgenbild des Brustkorbs mit einer deutlichen Verbreiterung des oberen Mitelfeldes durch eine in den Brustkorb hineinreichende große Struma.*

zusätzliche röntgenologische Untersuchungen erforderlich. Eine hinter das Brustbein und hinter die Schlüsselbeine nach unten reichende Schilddrüse läßt sich bei einer normalen Röntgenuntersuchung der Brustorgane, einer sog. Thoraxaufnahme am besten erkennen. Hier kann man z.B. eine Verbreiterung des oberen Mittelfeldes erkennen. Wenn diese auch noch Verkalkungen aufweist, dann handelt es sich fast immer um strumabedingte Veränderungen (s. Abb. 10).

Wegen der großen Nähe der Schilddrüse zur Luftröhre wird bei einer Größenzunahme der Schilddrüse und bei Knotenbildungen die Luftröhre entweder verlagert und verdrängt und/oder durch die Struma eingeengt. Dieses läßt sich am besten auf Zielaufnahmen der Luftröhre, die in der Regel in zwei Ebenen durchgeführt werden, erkennen

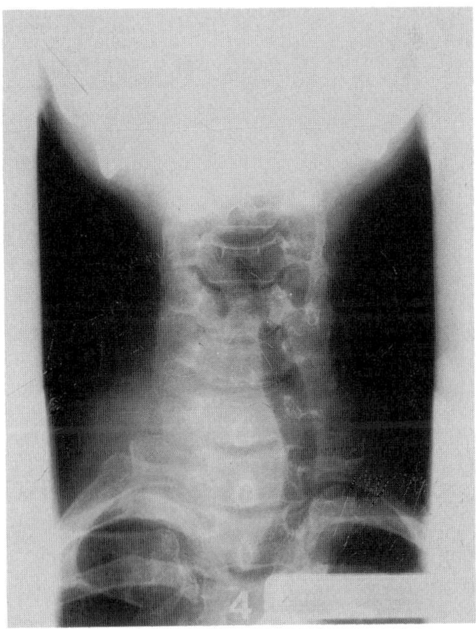

Abb. 11: *Röntgenzielaufnahme der Luftröhre mit einer deutlichen Verlagerung der Luftröhre nach links und Einengung von rechts durch eine rechtsseitige Knotenstruma.*

(s. Abb. 11). Für die Beantwortung der Frage, ob Luftnot eines Patienten tatsächlich durch eine Schilddrüsenvergrößerung bedingt ist, ist die Röntgenuntersuchung der Luftröhre wichtig, da es bei alten Patienten häufig vorkommt, daß eine Luftnot auch durch gleichzeitig bestehende andere Ursachen wie Herzschwäche, Asthma oder Lungenemphysem verursacht wird.

Gelegentlich reicht eine Schilddrüsenvergrößerung soweit nach hinten, daß auch die hinter der Luftröhre gelegene Speiseröhre verlagert, verdrängt oder eingeengt wird. Eine solche Einbeziehung der Speiseröhre in den Krankheitsprozeß der Struma wird durch eine Breischluckuntersuchung der Speiseröhre mit Kontrastmittel festgestellt und objektiviert.

Nur ganz selten sind im Rahmen von Schilddrüsenerkrankungen auch die technisch aufwendigeren Untersuchungen wie Computertomographie oder Kernspintomographie nötig, lediglich bei in den Brustkorb reichenden Strumarezidiven oder bei Schilddrüsenkarzinomen mit Verdacht auf Metastasierung in den Brustkorb hinein, sind computertomographische Untersuchungen dieser Region nötig.

Bei der Augenerkrankung im Rahmen der Basedow'schen Krankheit sind allerdings nicht selten computertomographische Untersuchungen der Strukturen der Augenhöhle (Orbita) und der hinter dem Augapfel gelegenen Augenmuskeln nötig (s. Kapitel A,5. „Endokrine Orbitopathie").

4. Indirekte Untersuchung von Auswirkungen der Schilddrüsenerkrankungen

Da sich die Schilddrüsenfunktionsstörungen insbesondere auch auf Stoffwechselprozesse auswirken, gibt es prinzipiell eine Reihe von Möglichkeiten, auch diese Auswirkungen zu erfassen. Allerdings sind die hier in Frage kommenden Veränderungen niemals spezifisch und somit nur bei Schilddrüsenerkrankungen vorhanden. Dies hat den Wert von Stoffwechseluntersuchungen in den letzten Jahren erheblich eingeschränkt.

Ein typisches Beispiel für eine solche Untersuchung war die sog. Grundumsatzbestimmung, die aber heute nur noch in den allerwenigsten Kliniken und Zentren überhaupt durchgeführt wird. Zwar war es hiermit möglich, eine Steigerung des Grundumsatzes bei der Schilddrüsenüberfunktion, z.B. meßbar am Sauerstoffverbrauch und an der Kohlendioxidabgabe zu messen, (oder umgekehrt eine Senkung des Grundumsatzes bei der Schilddrüsenunterfunktion) zu erfassen, wegen der fehlenden Spezifität für die Diagnostik von Schilddrüsenerkrankungen und des relativ hohen Aufwandes wurde dieses Verfahren aber praktisch verlassen.

Eine weitere Untersuchung spielt heute durchaus noch bei der Diagnosestellung von Schilddrüsenfunktionsstörungen im Kindesalter und bei deren Verlaufskontrolle eine Rolle. Es handelt sich um die sog. Achillessehnenreflexzeit. Diese Reflexzeit ist meßbar, und sie ist bei einer Schilddrüsenüberfunktion verkürzt, bei einer Schilddrüsenunterfunktion verlängert.

Da sich – wie oben aufgeklärt – die Schilddrüsenfunktionsstörungen auch auf den Fettstoffwechsel auswirken, ist bei einer Schilddrüsenüberfunktion in aller Regel eine Verminderung des Serumcholesterins meßbar und bei einer Unterfunktion eine Erhöhung.

Da aber die Fettstoffwechselstörungen, die schilddrüsenunabhängig sind, wesentlich häufiger sind, als durch die Schilddrüsenfunktionsstörungen hervorgerufenen Veränderungen, spielen auch diese Laboruntersuchungen keine nennenswerte Rolle mehr, weder in der primären Diagnostik von Schilddrüsenfunktionsstörungen noch in der Verlaufskontrolle. Zwar normalisieren sich unter der Behandlung von Schilddrüsenfunktionsstörungen auch häufig wieder die Cholesterinkonzentrationen, für die Verlaufskontrolle sind aber die Bestimmung der Schilddrüsenhormonkonzentrationen und des TSH wesentlich aussagekräftiger als die Bestimmung der Blutfette.

F Therapiemöglichkeiten bei Schilddrüsenkrankheiten

Wie schon im Kapitel D: „Symptome und Organmanifestationen bei Schilddrüsenkrankheiten“ ausgeführt, können morphologische Veränderungen der Schilddrüse, insbesondere eine Vergrößerung, also ein Kropf, relativ unabhängig vom Vorliegen einer Funktionsstörungen, also einer Schilddrüsenunterfunktion bzw. einer Schilddrüsenüberfunktion vorkommen. Dies bedeutet, daß auch bei der Therapie ganz unterschiedliche Therapieziele bestehen, je nachdem, welche Schilddrüsenveränderung vorliegt.
So werden bei Schilddrüsenkrankheiten folgende Therapieziele angestrebt:

1. Die Verkleinerung einer Struma.
2. Die Verhinderung eines weiteren oder erneuten Wachstums einer Struma.
3. Die Beseitigung einer Schilddrüsenunterfunktion durch den Ersatz von Schilddrüsenhormon.
4. Die Beseitigung bzw. Normalisierung einer Schilddrüsenüberfunktion.
5. Die Beseitigung von Schilddrüsenüberfunktion und Struma.
6. Die Entfernung von Schilddrüsentumoren bzw. tumorverdächtigen Veränderungen der Schilddrüse.

Zur Erreichung dieser Therapieziele stehen folgende grundsätzliche Möglichkeiten zur Verfügung:

1. Medikamentöse Behandlung.
2. Chirurgische Behandlung durch Operation.
3. Strahlentherapie durch Radiojodbehandlung.
4. Keine Behandlung, sondern abwarten und beobachten.

1. Medikamentöse Therapie

Die Behandlung von Schilddrüsenerkrankungen auf „konservativem Wege", d.h. mit Medikamenten, erfolgt je nach der Funktionslage und der zugrundeliegenden Schilddrüsenerkrankung. Folgende prinzipielle Möglichkeiten stehen zur Verfügung:

- Die Behandlung mit Jod.
- Die Behandlung mit der Kombination von Jod und Schilddrüsenhormonen.
- Die Behandlung mit Schilddrüsenhormonen allein.
- Die Behandlung mit Medikamenten, die die Schilddrüsenfunktion bremsen (sog. Thyreostatika).

a) Behandlung mit Jod

Die Behandlung mit Jod – meist in der Form einer Jodverbindung wie Kaliumjodid (KJ) ist von allen Möglichkeiten die physiologischste, „normalste" Behandlung, da sie lediglich die Schilddrüse in einer ausgeprägten Jodmangelsituation wieder in die Lage versetzt, ausreichende Mengen von Schilddrüsenhormon zu produzieren. Hierdurch wird die Jodarmut der Schilddrüse beseitigt und die gesteigerte Sekretion von Thyreotropin (TSH) aus der Hypophyse wieder normalisiert, der Wachstumsreiz für die Schilddrüse entfällt, die Schilddrüse wächst nicht weiter oder verkleinert sich sogar wieder.
Eine Behandlung mit Jodid kann dann erfolgreich sein, wenn genügend Schilddrüsengewebe vorhanden ist, also die Schilddrüse nicht durch Operation oder Radiojodtherapie verkleinert oder gar vollständig entfernt worden ist. Im zuletzt genannten Fall nützt die Gabe von Jodid nichts mehr, da ja keine Schilddrüse für die Verwendung von Jod zum Einbau in das Schilddrüsenhormon mehr vorhanden ist.
Die Behandlung mit Jodid ist immer dann am wirksamsten, wenn eine Schilddrüsenvergrößerung noch nicht zu lange besteht, d.h. wenn der betroffene Patient noch nicht zu alt ist.
Ideal ist die Jodidbehandlung im Kindesalter in Jodmangelgebieten. Hier bilden sich Jodmangelstrumen innerhalb von wenigen Wochen bis Monaten vollständig zurück, sofern nicht schon knotige Umbauvor-

gänge oder Zystenbildungen in der Schilddrüse stattgefunden haben. Auch Jugendliche und junge Erwachsene mit einer gleichmäßigen, diffusen Struma sprechen auf die Jodidbehandlung noch sehr gut an, die Ausgangsvolumina der Schilddrüse lassen sich im Mittel um 20 bis 40 Prozent reduzieren, bei Kindern und Jugendlichen um noch größere Beträge.

Bei älteren Patienten, bei seit Jahrzehnten bekannter und bestehender Struma und insbesondere bei bereits eingetretenen knotigen Veränderungen in der Schilddrüse, ist eine Jodidbehandlung in den allermeisten Fällen nicht mehr wirksam, d.h. sie wird zu keiner Verkleinerung der vergrößerten Schilddrüse mehr führen.

Andererseits kann eine Jodidbehandlung bei älteren, insbesondere bei sehr alten Patienten mit Knotenstrumen sogar gefährlich sein, wenn bei diesen Patienten bereits der Zustand einer mehrknotigen Autonomie eingetreten ist (s. Kapitel C: „Systematik von Schilddrüsenkrankheiten" und Kapitel G: „Überfunktionszustände der Schilddrüse").

Die Behandlung mit Jodid erfolgt in solchen Dosierungen, die dem täglichen Jodbedarf ähnlich sind bzw. gering darüber liegen, d.h. mit 100 bis maximal 300 µg/Tag. Die Behandlung kann durch die tägliche Einnahme einer Jodtablette erfolgen. Es gibt aber auch Präparate, bei denen die einmalige Einnahme einer Tablette pro Woche ausreicht. Sie sind entsprechend höher dosiert (1,5 mg KJ/Woche), so daß im Mittel 200 µg/Tag an Jodid auch auf diese Weise verabreicht werden. Da die Schilddrüse in der Lage ist, Jod zu speichern, ist eine solche Intervalltherapie in wöchentlichen Abständen möglich.

In der Regel wird eine Behandlung mit Jodid bei meist jungen Patienten durchgeführt, bei denen eine solche Schilddrüsenvergrößerung, ausgelöst durch die Jodmangelsituation, eingetreten ist, ohne daß eine Schilddrüsenfunktionsstörung besteht. Diese Patienten haben normale Schilddrüsenhormonkonzentrationen. Nur bei sehr stark ausgeprägtem Jodmangelgrad III kann durch diesen extremen Jodmangel auch eine Schilddrüsenunterfunktion bei gleichzeitig bestehender Struma hervorgerufen werden. Auch in diesen Fällen von Struma mit Schilddrüsenunterfunktion auf dem Boden eines extremen Jodmangels kann eine reine Jodidtherapie ausreichend sein.

b) Nebenwirkungen der Jodbehandlung

Da eine Jodbehandlung ja eigentlich nur den Mangel an Jodid in unserer Nahrung behebt, kann man im engeren Sinne eigentlich gar nicht von einer medikamentösen Therapie sprechen. Menschen, die in Skandinavien oder in den Vereinigten Staaten von Amerika leben, haben ohnehin in der Nahrung soviel Jod wie wir hier zusätzlich durch Tabletten zuführen müssen.

Insofern hat eine Jodidbehandlung in aller Regel auch keinerlei Nebenwirkungen.

Die sog. Jodallergien sind in den allermeisten Fällen keine Allergien auf das Element Jod selbst, sondern auf bestimmte Jodverbindungen. Diese werden aber in Form von Kaliumjodid nicht zugeführt. Das Jodid-Ion macht in den genannten Dosierungen keine Nebenwirkungen.

Lediglich bei den Patienten, die bereits als ungeeignet für die Therapie bezeichnet wurden, nämlich alte Menschen mit großen Knotenstrumen, kann durch eine zusätzliche Jodidtherapie eine Überfunktion der Schilddrüse begünstigt werden. Dies ist selbstverständlich unerwünscht, und die Jodidbehandlung wäre ja im Grunde genommen auch von vornherein fehl am Platz gewesen.

In manchen Büchern werden noch verschiedene Nebenwirkungen von Jodid aufgeführt, die aber bei den genannten Dosierungen praktisch nicht vorkommen. Noch die häufigste ist das Entstehen oder die Verschlechterung einer bereits bestehenden Akne, die aber meist erst bei der Verwendung sehr viel höherer Jodmengen auftritt als die hier in Frage kommenden 100 bis 300 µg/Tag.

Es sei hier noch einmal klargestellt, daß ein Behandlung mit Jodid bei einer Schilddrüsenunterfunktion nur dann sinnvoll ist, wenn die Unterfunktion eindeutig Folge eines extremen Jodmangels ist und deshalb auch gleichzeitig mit einer Struma einhergeht. Bei allen anderen Formen der Schilddrüsenunterfunktion reicht aber eine Behandlung mit Jod nicht aus, und die Schilddrüsenunterfunktion muß in der Regel mit Schilddrüsenhormonen behandelt werden.

c) Behandlung mit einer Kombination aus Jod und Schilddrüsenhormon

Seit dem Beginn der Kropfbehandlung bis Ende der 50er Jahre waren Tabletten im Handel, die Auszüge von tierischen Schilddrüsen, meist von Rindern oder Schweinen, enthielten. Diese Präparate enthielten sowohl die Schilddrüsenhormone T4 und T3 selbst als auch Jod sowie eine Reihe anderer Jodverbindungen. Diese Behandlung hat man Ende der 50er Jahre zugunsten einer besser definierten und exakter quantifizierten Behandlung mit synthetischen, also chemisch hergestellten Schilddrüsenhormonen verlassen. Die chemisch hergestellten Schilddrüsenhormone sind im übrigen absolut identisch mit dem Hormon, das unsere Schilddrüse selbst herstellt.
In den letzten Jahren ist eine Behandlung mit der Kombination von Schilddrüsenhormon + Jodid wieder aufgelebt. Sie wird bei den gleichen Erkrankungen eingesetzt, bei denen auch eine Jodidbehandlung d.h. bei Schilddrüsenvergrößerungen und bei Schilddrüsenunterfunktionen auf dem Boden eines ausgeprägten Jodmangels. Der Jodzusatz hat keinen Sinn bei solchen Patienten, die nur einen kleinen Schilddrüsenrest oder gar keine Schilddrüse mehr haben.
Bei manchen Patienten läßt sich mit der Kombination von Schilddrüsenhormon + Jodid eine stärkere Verkleinerung der Struma erzielen als mit einer reinen Schilddrüsenhormonbehandlung bzw. einer reinen Jodidbehandlung.
Die bei der Kombinationsbehandlung verabreichten Dosierungen liegen bei 100 bis max. 200 µg/ Jodid und bei 100 bis 150 µg/ Schilddrüsenhormon.

d) Nebenwirkungen der Behandlung mit Schilddrüsenhormon plus Jod

Da – wie oben angeführt – das Jodid selbst praktisch keine Nebenwirkungen hervorruft, gehen die Nebenwirkungen dieser Kombinationsbehandlung meistens à Konto des Schilddrüsenhormonanteils. Bei zu schneller Steigerung der Dosis kann es vorübergehend für einige Tage zu vermehrter innerer Unruhe, Nervosität, Neigung zum Schwitzen,

gelegentlich Herzklopfen kommen insbesondere zwei bis drei Stunden nach Einnahme der Tablette. Wenn die Schilddrüsenfunktion des behandelnden Patienten wirklich völlig normal ist, dann bilden sich diese Nebenwirkungen nach wenigen Tagen zurück. Sie sind also nur vorübergehend. Man kann diese Nebenwirkungen vermeiden oder vermindern, indem man nicht vom ersten Tag der Therapie an die volle Dosis von z.B. 100 µg Thyroxin appliziert, sondern mit einer kleineren Dosis wie 50 µg für 14 Tage anfängt und dann auf z.B. 75 und schließlich 100 µg/Tag steigert.
Sollten nach längerer Anwendung, d.h. nach mehr als zwei bis drei Wochen unter dieser Therapie unerwünschte Nebenwirkungen weiterbestehen, dann muß der Arzt konsultiert werden, und es muß geklärt werden, ob nicht möglicherweise doch eine Situation besteht, in der diese Behandlung eigentlich nicht berechtigt ist. Dies gilt wiederum für solche älteren Patienten mit vorbestehenden Knotenstrumen, bei denen sich bereits eine Autonomie der Schilddrüsenfunktion entwickelt hat.

e) Therapie mit Schilddrüsenhormon

Der häufigste Grund für eine Behandlung mit Schilddrüsenhormon ist – wie für die Behandlung mit Jodid oder die Kombination von beiden Substanzen – eine Struma bei normaler Schilddrüsenfunktion.
Darüber hinaus ist aber die Schilddrüsenhormonbehandlung die einzig richtige kausale und wirksame Behandlung bei Schilddrüsenunterfunktion, die sich ja durch einen Mangel an Schilddrüsenhormon im Blut und an allen Geweben und Organen ausgezeichnet. Im Falle der Behandlung einer Schilddrüsenunterfunktion gibt es auch keine Alternative zur Schilddrüsenhormontherapie. Eine primäre Schilddrüsenunterfunktion durch Zerstörung oder Fehlen des Schilddrüsengewebes ist durch keine andere Therapie behandelbar.
Andererseits kann der Schilddrüsenhormonmangel bei der Schilddrüsenunterfunktion relativ einfach durch die Einnahme von synthetischem Schilddrüsenhormon ersetzt werden. Zwar wird die zugrundeliegende Krankheit, die zur Zerstörung der Schilddrüse geführt hat, nicht geheilt, aber die Patienten können durch die Behandlung völlig beschwerdefrei und somit bedingt gesund sein.

Grundsätzlich gibt es natürlich die Möglichkeit, mit beiden Schilddrüsenhormonen, d.h. mit Thyroxin (T4) oder/und mit Trijodthyronin (T3) zu behandeln.
Wie schon früher ausgeführt, ist das T3 das eigentliche stoffwechselaktive Hormon, das an den Organen die typischen Wirkungen der Schilddrüsenhormone entfaltet. Behandelt man mit T3-Präparaten, so führt die Einnahme einer Tablette mit Trijodthyronin nach ein bis zwei Stunden zu einem kräftigen Anstieg der Konzentrationen von T3, die vorübergehend dann auch die obere Normgrenze übersteigen. Dies kann zu nicht unerheblichen Nebenwirkungen wie Herzklopfen, innerer Unruhe, Zittern, Schweißausbruch etc. führen. Die Nebenwirkungen entsprechen Symptomen einer leichten Schilddrüsenüberfunktion. Aus diesem Grund wird heute in aller Regel (mit ganz seltenen, begründeten Ausnahmen) mit reinen Thyroxinpräparaten behandelt. Hierdurch kommt es zwar zu gewissen Schwankungen der Thyroxinkonzentration im Blut, die aber nicht für die biologische Wirkung verantwortlich sind. Der Körper macht dann durch bestimmte Enzyme aus dem T4 selbst das T3 und dies in so wohlregulierter Form, daß Konzentrationsschwankungen des T3 im Blut fast nicht auftreten. Aus diesem Grund ist eine Behandlung mit Thyroxin auch in den allermeisten Fällen nebenwirkungsfrei.
Die Dosierung einer Thyroxinbehandlung liegt zwischen 100 bis 150 µg/Tag, bei wenigen Patienten mit Schilddrüsenunterfunktion oder mit Schilddrüsenkarzinomen kann die Dosis auch einmal höher liegen.

Bei Therapiebeginn empfiehlt es sich, nicht sofort mit der vollen Dosis zu behandeln, sondern mit der Hälfte oder einem Drittel der angestrebten Dosis zu beginnen und in Abständen von ein bis zwei Wochen die Dosis zu erhöhen. Auf diese Weise werden Nebenwirkungen fast immer vermieden. (Es gibt aber durchaus viele Menschen, die eine Dosis von 100 bis 150 µg Thyroxin auch sofort ohne Nebenwirkungen vertragen.)

Bei der Behandlung einer Jodmangelstruma mit Schilddrüsenhormonen hat man bis vor wenigen Jahren eine Langzeittherapie über viele Jahre, oft lebenslang, durchgeführt. Dieses Konzept wird heute in der Regel nicht mehr verfolgt. Wir wissen aus den ultraschallgestützten Untersuchungen der Strumabehandlung, daß der verkleinernde Effekt der Schilddrüsenhormonbehandlung innerhalb von vier bis sechs Monaten eintritt, und daß nach spätestens einem Jahr der maximal mögliche Effekt erreicht ist. Eine längere Behandlung führt dann nicht mehr zu einer weiteren Größenabnahme der Schilddrüse. Wenn dieser Zeitpunkt erreicht ist, was in aller Regel nach ein bis max. zwei Jahren einer Schilddrüsenhormonbehandlung der Fall ist, dann geht man heute in der Regel auf die oben genannte Jodidbehandlung, etwa 200 µg Jodid pro Tag, über. In der Regel zeigt sich dann bei weiteren Untersuchungen mit der Ultraschallmethode, daß die Schilddrüse nicht wieder an Volumen zunimmt. Bei einem kleineren Prozentsatz ist dies aber dennoch der Fall. Bei solchen Patienten kommt dann in der Tat auch weiterhin eine langjährige Behandlung mit Schilddrüsenhormon in Frage.

Eine sehr häufige Indikation für die Behandlung mit Schilddrüsenhormon ist eine vorausgegangene Strumaoperation. Bei einigen Patienten, die noch einen etwa normal großen Schilddrüsenrest zurückbehalten haben, weil die Struma nicht vollständig knotig verändert war, ist es möglich, ein Wiedernachwachsen der Struma durch reine Jodidbehandlung zu verhindern. Wenn die Restschilddrüse aber wegen ausgeprägter knotiger Veränderungen sehr klein geworden ist und der Chirurg nur einen winzigen Schilddrüsenrest zurücklassen konnte, dann ist in jedem Fall eine dauerhafte, d.h. auch lebenslange Schilddrüsenhormonbehandlung erforderlich, um zum einen ein erneutes Nachwachsen der Schilddrüse zu verhindern und zum anderen auch, weil bei einer sehr kleinen Restschilddrüse keine normale Hormonproduktion aufrechterhalten werden kann und dann ohne Schilddrüsenhormonbehandlung eine Unterfunktion mit all ihren Symptomen auftreten würde.

Schließlich ist eine lebenslange Schilddrüsenhormonbehandlung bei Patienten notwendig, die wegen eines Schilddrüsenkrebses operiert und mit radioaktivem Jod nachbestrahlt wurden. Diese Patienten haben keinerlei Schilddrüsengewebe mehr und müssen daher bis auf die kurzen Unterbrechungen bei den Kontrolluntersuchungen Schilddrüsenhormone lebenslang einnehmen, und zwar in einer Dosierung, die in der Regel gering höher liegt als bei der Strumabehandlung oder bei der Behandlung einer Schilddrüsenunterfunktion. Hier liegt die Thyroxindosis meist zwischen 150 und 200 bis selten 250 µg pro Tag.

f) Nebenwirkungen der Schilddrüsenhormonbehandlung

Wenn die richtige Indikation zur Schilddrüsenhormonbehandlung besteht, d.h. entweder eine Schilddrüsenunterfunktion vorliegt oder eine Struma mit normaler Schilddrüsenfunktion ohne Entwicklung einer Schilddrüsenautonomie, dann ist die Behandlung mit Schilddrüsenhormon, insbesondere mit den reinen Thyroxinpräparaten, in den allermeisten Fällen nebenwirkungsfrei. Das synthetische Schilddrüsenhormon entspricht exakt dem normalen physiologischen Hormon der Schilddrüse, so daß Nebenwirkungen eigentlich nur durch falsche, meist zu hohe Dosierung zustande kommen können.
Bei der Behandlung der Unterfunkion mit Schilddrüsenhormon werden die Beschwerden der Unterfunktion allmählich innerhalb von Wochen bis wenigen Monaten verschwinden und andere Nebenwirkungen treten so gut wie nie auf.
Bei der Behandlung der Struma mit Schilddrüsenhormon kann bei Therapiebeginn mit relativ hohen Dosen doch einige Tage eine gewisse Unruhe, Nervosität, Reizbarkeit, Herzklopfen und Schwitzen auftreten. Diese Nebenwirkungen lassen sich durch eine einschleichende Behandlung vermeiden. Sollten sie dennnoch länger als zwei bis drei Wochen anhalten, muß überprüft werden, ob die Schilddrüsenhormonbehandlung tatsächlich richtig indiziert war.

2. Chirurgische Behandlung durch Schilddrüsenoperation

Strumaoperationen sind heute in der Bundesrepublik Deutschland die dritthäufigste Operation nach der Entfernung des Blinddarms und der Leistenbruchoperation und noch vor der operativen Entfernung der Gallenblase. Das heißt, es handelt sich bei der Strumaoperation um ein standardisiertes, häufig durchgeführtes Verfahren, das in der Hand eines versierten und erfahrenen Schilddrüsenchirurgen nur sehr geringe Risiken aufweist. Die Sterblichkeit nach Schilddrüsenoperationen liegt praktisch heute bei Null, d.h. daß im Prinzip niemand mehr an den unmittelbaren Folgen einer Schilddrüsenoperation stirbt.
Aus diesem Grund kann eine operative Verkleinerung der Schilddrüse auch relatv großzügig empfohlen werden, insbesondere dann, wenn

große Strumen zu erheblichen mechanischen Beschwerden und Beeinträchtigungen führen. Diese Beeinträchtigungen bestehen einmal in subjektiven Beschwerden des Patienten wie Engegefühl, Kloßgefühl im Hals, Schluckbeschwerden, Luftnot, verminderte Belastbarkeit bzw. Luftnot bei Belastung. Ein Grund zur Operation besteht auch, wenn die an die Schilddrüse angenzenden Organe mechanisch beeinträchtigt werden, insbesondere bei einer Einengung und Verlagerung der Luftröhre, bei Einengung und Verlagerung der Speiseröhre und bei Verdrängung und Einengung der die Hals– und Kopforgane versorgenden Blutgefäße.

Da bei einer jahrelang bestehenden und knotig umgebauten, großen Schilddrüse kaum noch Chancen bestehen, sie mit den oben genannten Medikamenten zu verkleinern, ist bei solchen Patienten von vornherein eine Operation anzustreben. Meist ist eine medikamentöse Vorbehandlung nicht sinnvoll und nicht aussichtsreich, und erst nach der Operation ist dann die Gabe von Schilddrüsenhormon zur Rezidivprophylaxe angezeigt.

Weitere Gründe für die operative Strumabehandlung sind neben den mechanischen Beschwerden und Beeinträchtigungen der Nachbarorgane vor allen Dingen *an Größe zunehmende Knoten,* weil diese auch einem Schilddrüsenkarzinom entsprechen können. Auch Knoten in der Schilddrüse, die im Szintigramm bzw. im Ultraschall bestimmte Eigenschaften aufweisen, z.B. solche, die im Szintigramm als *kalte Knoten* imponieren und im Ultraschall als *echoarme Knoten* auffallen, sind zu einem relativ hohen Prozentsatz von etwa 15 bis 20 Prozent bösartige Schilddrüsenknoten. Hier erfolgt also die Operation auch zur endgültigen Klärung. Sollte sich bei der Operation herausstellen, daß es sich um einen gutartigen Knoten handelt, dann ist eine Operation mit der Entfernung des Knotens bzw. mit der Entfernung allen knotigen Gewebes ausreichend. Handelt es sich bei dem Knoten tatsächlich um ein Karzinom, dann ist eine vollständige Entfernung der Schilddrüse notwendig.

Ein weiterer Grund für die operative Strumabehandlung ist eine gleichzeitig bestehende Schilddrüsenüberfunktion, insbesondere dann, wenn die Ursache ein einzelnes, großes autonomes Schilddrüsenadenom ist und dies bei einem jungen Patienten vorkommt. (Bei älteren Patienten kommt hier durchaus auch alternativ die noch zu besprechende Radiojodbehandlung in Frage.) Auch bei Patienten mit mehrknotigen Strumen

und gleichzeitiger Schilddrüsenüberfunktion ist oft die Operation das beste und rascheste Verfahren zur Normalisierung der Schilddrüsenfunktion und bei gleichzeitiger Entfernung des vergrößerten Organs.
Schließlich werden auch die immunogenen Formen der Schilddrüsenfunktion bei Morbus Basedow operativ behandelt, insbesondere dann, wenn die Schilddrüsen sehr groß und stark durchblutet sind und deshalb schwirren, pulsieren. Bei diesen Patienten weiß man, daß nach einer langfristigen medikamentösen Therapie die Rezidivrate hoch ist, d.h. das Wiederauftreten einer erneuten Schilddrüsenüberfunktion sehr häufig vorkommt. Die Patienten werden deshalb besser mit einem definitiven Therapieverfahren wie der Operation behandelt.

a) Nebenwirkungen und Risiken

Die spezifischen Risiken der Schilddrüsenoperation sind die Schädigung des Stimmbandnervs mit der Folge von Heiserkeit oder tonloser Stimme, die aber später durch Training wieder gebessert werden kann. Ein weiteres Risiko ist die Entfernung und/oder Schädigung der Nebenschilddrüsen mit dem Auftreten einer Übererregbarkeit, der sog. Tetanie als Folge der zu niedrigen Kalziumkonzentration im Blut.
Beide Risiken liegen bei ein bis zwei Prozent in der Hand eines geübten Schilddrüsenchirurgen und bei Erstoperationen. Bei Zweiteingriffen, also bei Jahre zurückliegender, bereits erfolgter Strumaoperation, ist das Risiko wegen der Vernarbung und der schlechten Übersichtlichkeit bei der Operation deutlich größer.
Nicht für die Schilddrüsenoperation spezifische Risiken und Nebenwirkungen sind z. B. Nachblutungen oder Wundinfektionen, wie sie natürlich auch im Rahmen anderer Operationen vorkommen können. Auch diese Komplikationen sind aber selten und fast nie lebensbedrohlich.
Die übrigen Risiken einer Operation wie z.B. Thrombose oder Lungenembolien sind nach Schilddrüsenoperationen außerordentlich selten. Dies liegt vor allem daran, daß mit der Schilddrüsenoperation eine Immobilisierung, d.h. eine Bettlägrigkeit nicht verbunden ist. Die Patienten stehen bereits am Tag der Operation abends noch auf, können trinken, am nächsten Tag wieder essen. Thrombose und Embolie sind Folgen von Immobilisierung und Aktivierung des Gerinnungssystems. Dies tritt bei Strumaoperationen in nur geringem Umfang auf.

3. Strahlenbehandlung mit radioaktivem Jod (Radiojodtherapie)

Die Behandlung mit radioaktivem Jod beruht auf der Tatsache, daß im Körper ausschließlich im Organ Schilddrüse Jodatome gespeichert werden. Wenn dem Körper radioaktives Jod verabreicht wird, so wird auch dieses allein in der Schilddrüse gespeichert und setzt in der Schilddrüse seine Strahlungsenergie frei. Dies führt dazu, daß Schilddrüsenzellen, zumindest teilweise, durch die Bestrahlung zerstört werden, zerfallen und anschließend von körpereigenen Mechanismen aufgelöst werden. Auf diese Art und Weise kann die Funktion der Schilddrüse herabgesetzt und auch die Organgröße kann reduziert werden, wenngleich nicht auf die gleiche drastische und effektive Weise, wie bei der Schilddrüsenoperation. Im großen und ganzen nimmt die Größe der Schilddrüse nach der Radiojodtherapie in unterschiedlichem Ausmaß ab, selten um mehr als die Hälfte des Ausgangsvolumens, meist deutlich weniger.
Die Strahlentherapie mit radioaktivem Jod ist insofern außerordentlich elegant, als die Nachbarstrukturen und die übrigen Organe des Körpers nur gering mit Strahlung belastet werden. Dies ist ein erheblicher Vorteil gegenüber allen anderen Formen der Strahlentherapie, die wir heute zur Verfügung haben. Diese ganz spezifische Bestrahlung, ausschließlich des Organs Schilddrüse, beruht darauf, daß die Reichweite der für den Strahleneffekt verantwortlichen Beta-Strahlung lediglich etwa 2 mm beträgt, daß also nur in den speichernden Zellen selbst und in einem geringfügigen Gewebsmantel von etwa 2 mm um die Schilddrüse herum überhaupt ein Strahleneffekt eintreten kann. Das einzige Organ, was somit praktisch oder theoretisch noch im Strahlenfeld liegt, ist die Luftröhre, der ja die Schilddrüse meist unmittelbar anliegt. Nur bei sehr großen, dicken Strumen, bei denen die Strahlungsintensität dann auch für die Luftröhre sehr hoch werden kann, können klinisch relevante Strahleneffekte am Knorpel der Luftröhre eintreten.
Im übrigen ist die Behandlung völlig nebenwirkungsfrei. Der Patient merkt von dieser Bestrahlung überhaupt nichts. Er muß lediglich aus Strahlenschutzgründen für einige Tage bis max. etwa zehn Tage in der Klinik bleiben. Die Dauer hängt davon ab, wann eine bestimmte Grenzdosis an Radioaktivität im Körper unterschritten wird, nach der der Patient dann wieder entlassen werden darf. Die sehr strengen Strahlen-

schutzbestimmungen in der Bundesrepublik Deutschland erlauben eine Entlassung erst bei einer Restaktivität im Körper von unter 2 Millicurie (mCi) Jod-131. (In anderen Ländern kann eine Radiojodtherapie mit sehr viel höheren Dosierungen sogar ambulant durchgeführt werden, z.B. in den Vereinigten Staaten mit bis zu 30 mCi, in der Schweiz und in Holland bis zu 5 mCi).

Die Notwendigkeit der stationären Behandlung bei der Radiojodtherapie resultiert also einzig und allein aus der Strahlenschutzgesetzgebung in Deutschland. Die Behandlung selbst macht dem betroffenen Patienten keinerlei subjektive Beschwerden, er kann während des stationären Aufenthalts ohne Beeinträchtigung z. B. lesen, andere geistige Arbeiten verrichten, handarbeiten etc. Aus den genannten Strahlenschutzgründen ist lediglich seine Bewegungsfreiheit eingeschränkt und auf die mit entsprechenden Strahlenschutzeinrichtungen ausgerüstete Station begrenzt.

Die Radiojodtherapie ist die ideale Behandlung bei Schilddrüsenüberfunktionen, bei denen gleichzeitig keine allzugroße Struma besteht; sie ist ideal bei älteren Menschen, die eine Operation nicht mehr durchführen lassen wollen oder solche Patienten, bei denen wegen Begleiterkrankungen doch ein erhöhtes Operationsrisiko besteht.

Die Radiojodbehandlung ist darüber hinaus eine außerordentlich effektive Behandlungsform bei Schilddrüsenkarzinomen und auch bei bereits vorhandenen Metastasen. Bei ausreichender Jodspeicherung können auch bereits weit fortgeschrittene, metastasierte Schilddrüsenkarzinome effektiv behandelt und nicht selten geheilt werden. Durch die Radiojodbehandlung ist die Prognose der differenzierten Schilddrüsenkarzinome heute weit besser als die der meisten Karzinome anderer Organsysteme.

Die heute weit verbreitete Angst vor radioaktiver Strahlung ist bei dieser sehr gezielten Form der Therapie unberechtigt. Weder entsteht durch die Radiojodbehandlung ein erhöhtes Risiko an Blutkrebs bzw. an Karzinomen anderer Organe zu erkranken, noch besteht ein erhöhtes genetisches Risiko, d.h. das Risiko von Strahlenschäden der Keimzellen und damit der Nachkommenschaft.

Eine Radiojodtherapie wird heute so vorbereitet, daß zunächst durch Vormessungen die geeignete Dosis des Jod-131 ermittelt wird, damit durch die Strahlentherapie die bestehende Schilddrüsenüberfunktion zuverlässig beseitigt wird, andererseits aber nicht durch zuviel Bestrahlung der Schilddrüse eine Schilddrüsenunterfunktion entsteht. Bei den autonomen Schilddrüsenadenomen und bei den multifokalen Autonomien der Schilddrüse gelingt die Behandlung in aller Regel, so daß nach der Radiojodtherapie wieder eine normale Schilddrüsenfunktion besteht. Lediglich bei den immunogenen Hyperthyreosen vom Typ Morbus Basedow liegt es im Wesen der Grundkrankheit, daß es kaum möglich ist, nur soviel von der Schilddrüse zu bestrahlen, daß anschließend noch eine normale Restfunktion besteht. Da bei der Basedow'schen Erkrankung sämtliche Zellen überaktiv sind, speichern sie auch das Radiojod sehr intensiv, so daß in sehr vielen Fällen nach der Radiojodbehandlung eines Morbus Basedow schließlich eine Schilddrüsenunterfunktion entsteht. Nur in den Fällen, in denen die Radioaktivität nicht ausgereicht hat, entsteht keine Schilddrüsenunterfunktion. Dann bleibt aber meist die eigentlich zu behandelnde Überfunktion bestehen, d.h. der Patient hat von dieser Behandlung dann auch nicht profitiert. Eine Unterfunktion nach Radiojodtherapie kann ohne Probleme mit Schilddrüsenhormon behandelt werden. Eine Schilddrüsenunterfunktion nach Radiojodtherapie wird daher zwar nicht angestrebt, sie kann aber ohne allzugroße Probleme in Kauf genommen werden.

4. Abwarten; keine Behandlung, nur Beobachtung

Nicht in jedem Fall ist eine feststellbare *Schilddrüsenvergrößerung* auch behandlungsbedürftig.

Jede *Schilddrüsenfunktionsstörung*, d.h. jede Schilddrüsenunterfunktion und jede Schilddrüsenüberfunktion muß behandelt werden, da das Fortbestehen der Erkrankung zu dauerhaften Organschädigungen führt.

Bei einer geringen Schilddrüsenvergrößerung mit normaler Schilddrüsenfunktion kann aber insbesondere bei älteren und alten Menschen, die keine subjektiven Beschwerden durch die Schilddrüsenvergrößerung haben, auf die Therapie verzichtet werden. Meist hat bei dieser Patientengruppe eine medikamentöse Therapie ohnehin keinen wesentlichen Effekt. Allenfalls kann eine Größenzunahme verhindert werden. Nicht ganz selten sind bei alten Patienten mit Knotenstrumen Nebenwirkungen durch Schilddrüsenhormonbehandlung zu befürchten. Insofern sollte bei solchen Patienten, d.h. bei kleinen bis mäßigen Strumen ohne subjektive Beschwerden und bei normaler Schilddrüsenfunktion, lediglich eine Verlaufskontrolle erfolgen, wobei insbesondere durch die Ultraschalluntersuchung in Abständen von einem halben bis einem Jahr festgestellt wird, ob tatsächlich ein weiteres Wachstum der Schilddrüse eintritt oder nicht. Läßt sich eine Größenzunahme der Struma feststellen, dann wird man doch auf eine der genannten Behandlungsverfahren übergehen. Läßt sich die Konstanz der mäßigen oder geringen Schilddrüsenvergrößerung nachweisen, dann ist auch weiterhin eine medikamentöse oder andere Behandlung nicht erforderlich.

G Die Krankheiten der Schilddrüse

1. Struma (Kropf)

a) Definition

Jede Schilddrüsenvergrößerung, die nicht durch ein Schilddrüsenkarzinom und nicht durch eine Schilddrüsenentzündung hervorgerufen wird, wird als Kropf oder Struma bezeichnet.
In Jodmangelgebieten, zu denen vor allem auch Zentraleuropa gehört, ist die mit Abstand wichtigste Ursache einer Schilddrüsenvergrößerung der Jodmangel der Nahrung. Wenn in Jodmangelgebieten die Häufigkeit (Prävalenz) in der Regel über 10% der gesamten Bevölkerung ausmacht, spricht man auch von einer endemischen Struma.
In Gebieten ohne Jodmangel treten sehr viel seltener Schilddrüsenvergrößerungen auf, meist bei weit unter 3% der Bevölkerung. Diese seltenen Struma in Nicht-Jodmangelgebieten bezeichnet man als sporadische Strumen. Sie werden z.B. durch familiär vererbte Defekte der Schilddrüsenhormonsynthese, manchmal auch durch chemische Substanzen, einschließlich Medikamente hervorgerufen, die mit der Schilddrüsenhormonsynthese interferieren.
Wenn wir in unserem zentraleuropäischen Lebensraum von Struma oder Kropf sprechen, meinen wir in aller Regel die endemische, durch Jodmangel hervorgerufene Schilddrüsenvergrößerung.

b) Ursachen und Formen der Struma

Ursachen der Struma
Das von der Weltgesundheitsorganisation (WHO = World Health Organization) und von anderen Fachgesellschaften, z. B. auch von der Deutschen Gesellschaft für Ernährung (DGE) empfohlene Optimum für die tägliche Jodaufnahme, liegt zwischen 150 und 250 μg/Tag. Dieser Jodbedarf kann durch die Ernährung nicht gedeckt werden, da lediglich Seefisch ausreichende Jodmengen enthält. Die Tabelle 11 zeigt den

Tab. 11: *Jodgehalt von Nahrungsmitteln*

Nahrungsmittel	µg Jod/100 g	Menge, die 100 µg Jod enthält
Schellfisch roh	416	25 g
Schellfisch gekocht	74	135 g
Rotbarsch gekocht	65	150 g
Muscheln roh	130	75 g
Muscheln konserviert	5	2,0 kg
Vollmilch	4	2,7 l
Hühnerei	10	1,0 kg
Äpfel	4	2,5 kg
Spinat	6	1,6 kg
Roggenbrot	9	1,2 kg
Möhren	6	1,6 kg
Fleisch	3	3,7 kg
Käse	5	2,0 kg

Jodgehalt wichtiger Nahrungsmittel. Als Jodmangel wird die Ernährungssituation bezeichnet, in der täglich weniger als 100 µg Jod pro Tag aufgenommen werden.
Wiederum die Weltgesundheitsorganisation (WHO) hat den Jodmangel in verschiedene Schweregrade klassifiziert.

Stadieneinteilung des Jodmangels
Grad I: 50–100 µg Jod/Tag
Grad II: 25– 50 µg Jod/Tag
Grad III: 0– 25 µg Jod/Tag

Ein Jodmangelgrad I liegt dann vor, wenn die Jodaufnahme mit der Nahrung (und damit in Entsprechung die Jodausscheidung mit dem

Urin, die leichter zu messen ist als die Jodaufnahme mit der Nahrung) zwischen 50 und 100 µg Jod pro Tag liegt. Jodmangelgrad II bedeutet, daß die Jodaufnahme zwischen 25 und 50 µg pro Tag liegt und Jodmangelgrad III bedeutet eine Jodaufnahme mit der Nahrung von weniger als 25 µg pro Tag.

Diese unterschiedlichen Schweregrade des Jodmangels bedingen unterschiedliche *Risiken* für die betroffene Bevölkerung bzw. deren Schilddrüsen.

Beim Jodmangel Grad I findet sich eine Häufung von Strumen bei Erwachsenen, aber bei Neugeborenen und Kleinkindern in der Regel noch keine Struma und vor allen Dingen keine Schilddrüsenunterfunktion.

Beim Jodmangel Grad II steigt neben der Häufigkeit (Prävalenz) der Struma auch die Zahl der Patienten mit Schilddrüsenunterfunktion und die Zahl der Säuglinge mit angeborener Schilddrüsenvergrößerung an.

Beim Jodmangel Grad III haben bereits Neugeborene und Kinder nicht nur eine Struma, sondern auch eine Schilddrüsenunterfunktion. Diese angeborene und im Kindesalter sich weiter ausprägende Schilddrüsenunterfunktion mit körperlicher und geistiger Entwicklungsverzögerung nennt man auch Kretinismus.

Nach einer Reihe von Untersuchungen in den letzten zwei Jahrzehnten gibt es in der gesamten Bundesrepublik Deutschland keine Region, in der der Durchschnitt der Bevölkerung mehr als 100 µg Jod pro Tag zu sich nimmt. Die Meßwerte liegen zwischen 30 und 70 µg Jod pro Tag, das bedeutet, daß ein Teil der Bevölkerung einem Jodmangelgrad I, ein weiterer Teil der Bevölkerung einem Jodmangelgrad II unterliegt.

Hierbei findet sich ein sog. Nord-Süd-Gefälle, d. h. im Norden, insbesondere in den küstennahen Regionen, ist die Jodversorgung mit der Nahrung besser als im Süden und in den Mittelgebirgsregionen. Dort ist die Jodverarmung der Böden am Ende der letzten Eiszeit vor etwa 30 000 Jahren durch Ausschwemmung des Jodgehaltes mit dem schmelzenden Gletscherwasser besonders ausgeprägt.

Eine aktuelle Untersuchung zur Strumahäufigkeit und zur Jodversorgung im Raum Stuttgart hat gezeigt, daß nur 7,5% der Bevölkerung über 100 µg Jod pro Tag ausscheiden und damit vermutlich eine ausreichende Jodversorgung haben. 32% der Untersuchten haben einen Jodman-

gelgrad I, 43% einen Jodmangelgrad II und 17% der Untersuchten liegen sogar knapp unter 25 µg Jod pro Tag.
Die gleiche Untersuchung hat gezeigt, daß die Strumahäufigkeit im Stuttgarter Raum sehr viel höher ist als bisher für Süddeutschland angenommen. So haben 42% aller männlichen und 54% aller weiblichen Probanden eine Struma selbst dann, wenn man den sehr fragwürdigen, in Deutschland akzeptierten Normbereich für die Struma von bis zu 18 ml bei Frauen und bis zu 25 ml bei Männern akzeptiert. Legt man den Normbereich der schwedischen Bevölkerung, die keinem Jodmangel ausgesetzt ist, zugrunde, dann haben 59% der Männer und 61% aller Frauen eine vergrößerte Schilddrüse.
Eine überregionale Untersuchung bei 11- bis 13jährigen Schulkindern hat gezeigt, daß selbst bei dieser jungen Altersgruppe bereits 40 bis 60% der untersuchten Kinder größere Schilddrüsen haben als es dem schwedischen Normbereich entspricht.
Den direkten Zusammenhang zwischen Jodmangel und Strumahäufigkeit haben vor allem auch die Nachuntersuchungen in jenen Ländern bewiesen, bei denen gesetzliche Maßnahmen zur Behebung des Jodmangels ergriffen wurden. Insbesondere in unseren südlichen Nachbarländern, in der Schweiz und in Österreich, die in den Alpenregionen früher eine sehr hohe Strumahäufigkeit hatten, hat die Strumaprävalenz seit der generellen und gesetzlichen Jodierung des Speisesalzes auf Werte abgenommen, die nur noch gering über der Häufigkeit der sporadischen Struma liegen. Auch die Strumahäufigkeit in den skandinavischen Ländern, die eine ausreichende Jodversorgung von etwa 200 µg Jod pro Tag haben, liegt unter 3%.

Für die *seltenen, nicht durch Jodmangel verursachten Strumen* gibt es noch eine Reihe von Ursachen. Im wesentlichen ist all diesen verschiedenen Ursachen gemeinsam, daß eine normale Schilddrüsenhormonsynthese nicht möglich ist oder behindert wird und dadurch eine vermehrte Stimulation der Schilddrüse durch das übergeordnete TSH zustande kommt.
Meist bereits im Kindesalter werden die sog. Jodfehlwertungen diagnostiziert. Hier handelt es sich um sog. Enzymdefekte, d. h. in der Schilddrüse fehlen die „biochemischen Katalysatoren", die in der Schilddrüsenzelle den regelrechten Jodeinbau und die Hormonsynthese garantie-

ren. Diese Enzymdefekte werden familiär vererbt, meist besteht also eine familiäre Belastung. Schon im Kindesalter entwickeln sich Strumen und eine mehr oder weniger ausgeprägte Schilddrüsenunterfunktion. Wichtig ist diese Gruppe von Erkrankungen deshalb, da bei langem Bestehen und weiterem Wachstum dieser Strumen Schilddrüsenkarzinome entstehen können. Die Krankheiten müssen als sog. Präkanzerosen (Vorläufer einer Krebskrankheit) aufgefaßt werden.

Weitere seltene Ursachen für sporadische Strumen sind chemische Stoffe, die mit der Hormonsynthese interferieren. Hier gibt es z. B. in Kohlarten Rhodanidionen oder Thiozyanationen, die mit der Jodaufnahme in die Schilddrüse konkurrieren. Allerdings müssen erhebliche Mengen dieser Kohlarten, wie z.B. Blumenkohl oder in Afrika Maniok (Cassava, das in manchen Regionen Afrikas als Grundnahrungsmittel verwendet wird) aufgenommen werden, um eine Struma und Hypothyreose hervorzurufen. Thiozyanot steigt auch durch Zigarettenrauchen an. Raucher haben häufiger Strumen als Nichtraucher.

Schließlich gibt es auch eine Reihe von Medikamenten, die auf ähnlichem Wege zu einer Struma führen. Hierzu gehörte ein heute kaum noch verwendetes Rheumamittel, das sog. Pyrazolon. Bei langem Gebrauch in höherer Dosierung entstanden die sog. Pyrazolon-Strumen. Weitere Medikamentengruppen sind Tuberkulosemittel, Mittel gegen Diabetes mellitus und einige andere.

Natürlich gehören zu diesen Medikamenten auch die sog. Thyreostatika, d. h. die Medikamente, die bewußt zur Bremsung einer Schilddrüsenüberfunktion eingesetzt werden. Auch diese führen ja zu einer Blockade der Schilddrüsenhormonsynthese. Wenn sie lange genug und genügend hoch dosiert verwendet werden, ohne gleichzeitige Gabe von Schilddrüsenhormon, führen auch sie zu einer Struma. Dies kommt gelegentlich bei unkontrollierter, langfristiger Einnahme von Thyreostatika bei Patienten mit Hyperthyreose vor.

Einige epidemiologische Untersuchungen lassen vermuten, daß in manchen Regionen der Erde auch im Trinkwasser Substanzen enthalten sind, die die Schilddrüsenhormonsynthese hemmen können und somit zur Struma führen. Eine chemische Identifikation dieser Substanzen ist jedoch bisher nicht gelungen. Sie werden in der großen Gruppe der sog. Huminsäuren vermutet. Huminsäuren sind eine chemisch sehr unterschiedlich zusammengesetzte Gruppe von Substanzen, die letztendlich

aus dem Eiweißabbau in den oberflächlichen Bodenschichten stammen und somit ins Trinkwasser gelangen. Auf diesem Sektor ist eine weitere Forschung dringend erforderlich.
Insgesamt kann aber doch festgehalten werden, daß für über 95% der Strumen in unserer Region der Jodmangel verantwortlich ist. Dies bedeutet auch, daß in *Lebensphasen mit besonders hohem Bedarf an Jod* Strumen sich häufig zum ersten Male zeigen oder in dieser Phase bestehende Strumen an Größe zunehmen. Solche Lebensphasen sind die *Wachstumsphase* und die *Pubertät* sowie die *Schwangerschaft*. Hier liegt der tägliche Jodbedarf noch deutlich über 200 µg pro Tag.

Formen der Struma

Folgende Kropfformen können je nach der äußeren Beschaffenheit unterschieden werden:

1. Von einer *diffusen Struma* spricht man, wenn die Schilddrüse in allen Anteilen gleichmäßig vergrößert ist. In den allermeisten Fällen beginnt eine Struma als diffuse Struma, insbesondere im Kindesalter, im jugendlichen Alter und bei jungen Erwachsenen.
2. Als *Knotenstruma* werden alle Schilddrüsenvergrößerungen bezeichnet, bei denen neben der Vergrößerung auch einzelne oder mehrere knotige Veränderungen tastbar oder sichtbar werden oder mit den Untersuchungstechniken Ultraschall und Szintigramm darstellbar werden.

Die Weltgesundheitsorganisation hat eine einfache Klassifikation der Strumen nach ihrer Größe vorgenommen, die ausschließlich auf dem Boden von sichtbaren und tastbaren Veränderungen beruht. Es handelt sich hierbei um eine sehr grobe Einteilung, bei der auch Fehlschätzungen möglich sind, z. B. weil bei sehr schlanken Patienten mit langem, dünnem Hals auch nicht vergrößerte Schilddrüsen unter Umständen sichtbar bzw. tastbar werden, während bei Menschem mit kurzem, gedrungenem Hals auch größere Schilddrüsenvergrößerungen übersehen werden können.

Die Stadieneinteilung lautet wie folgt:

Struma 0: keine Struma tastbar oder sichtbar;
Struma Ia: ausschließlich tastbar geringe Vergrößerung der Schilddrüse;

Struma Ib: bei Streckung des Halses (Neigung des Kopfes in den Nakken) eben sichtbare Struma;

Struma II: deutlich sichtbare Struma

Struma III: deutlich sichtbare Struma mit mechanischen Auswirkungen auf Speiseröhre, Luftröhre, Gefäße des Halses.

Die kleinen, weichen, diffusen Strumen des Stadiums I bis II verursachen häufig keine oder nur geringe Beschwerden, und häufig kommen Patienten erst dann zum Arzt, wenn die Struma bereits mindestens das Stadium II erreicht hat oder durch knotige Veränderungen zusätzliche lokale und mechanische Beschwerden eintreten.

Bei großen Strumen des Stadiums III oder bei alten Patienten, bei denen die Schilddrüse oft ohnehin relativ tief vor der Luftröhre liegt, kann die Vergrößerung durch Eintreten in den oberen Brustkorb eine Einklemmung zwischen Brustbein und Luftröhre auslösen, die durch Druck auf die Luftröhre zu einer Verlagerung oder Einengung führt. Diese Verlagerung und Einengung kann gelegentlich auch die hinter der Luftröhre gelegene Speiseröhre betreffen (s. Abb. 12).

Die Einengung der Blutgefäße des Halses kann zu einer sog. oberen Einflußstauung führen. Hier fließt das Blut aus dem Kopf nicht über den normalen Venenweg zurück, sondern es bildet sich ein Umgehungskreislauf über die Hautvenen der oberen Thoraxregion aus. Diese vermehrte Venenfüllung der Haut am oberen Thorax kann dann sichtbar werden (s. Abb. 13).

c) Subjektive Beschwerden und objektive Befunde

Die lokalen Beschwerden durch morphologische Schilddrüsenveränderungen wurden bereits im Kapitel G: Symptome und Organmanifestation bei Schilddrüsenkrankheiten dargestellt. Die lokalen Beschwerden seien noch einmal zusammengefaßt:

- Engegefühl im Hals
- Druckgefühl
- Kloß- und Fremdkörpergefühl
- Verstärkung in Rücken- oder Seitenlage
- Schluckbeschwerden

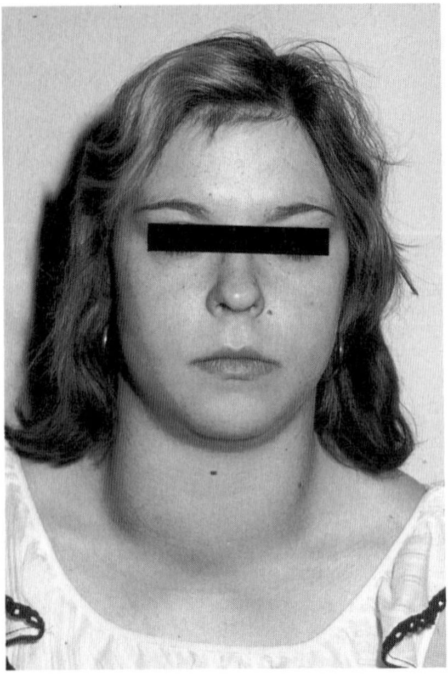

Abb. 12a: *Junge Patientin mit diffuser Struma Stadium Ib.*

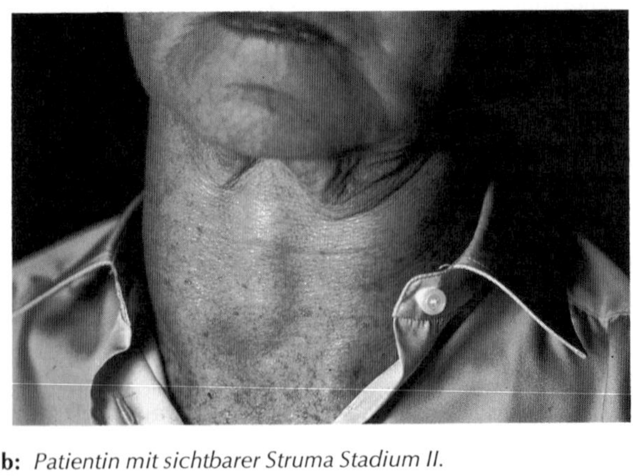

Abb. 12b: *Patientin mit sichtbarer Struma Stadium II.*

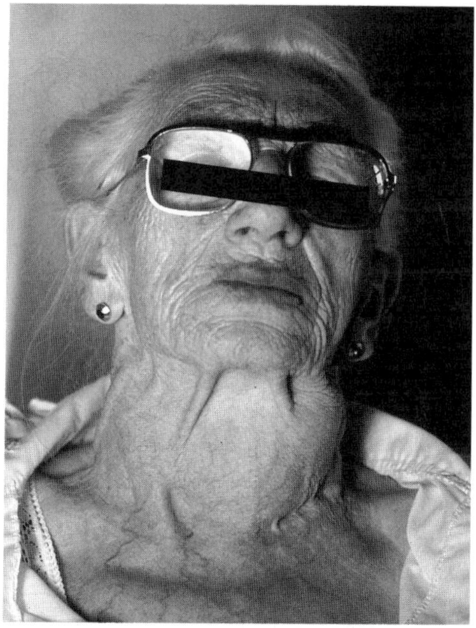

Abb. 13: *Betagte Patientin mit großer, sichtbarer Knotenstruma Grad III und Einflußstauung der Venen mit Umgehungskreislauf über die Hautvenen des Halses und des Brustkorbes.*

- Sogenanntes Globusgefühl
- Abneigung gegen enge Kragen, Rollkragenpullover oder Krawatten
- Berührungsempfindlichkeit am Hals
- Luftnot bei körperlicher Belastung
- Luftnot bei Aufregung und Anspannung
- Zunahme von Halsumfang und Kragenweite

Plötzlich auftretende schmerzhafte Schwellungen im Bereich der Schilddrüse sind meist Hinweise auf bereits eingetretene Komplikationen der Struma, z. B. bei einer Einblutung in Strumaknoten oder bei einer Einblutung in eine vorbestehende Schilddrüsenzyste.
Gelegentlich kommen auch Allgemeinsymptome vor, die offenbar

lediglich durch die Schilddrüsenvergrößerung bedingt sind. Hierzu gehören:

- Leistungsminderung
- Unruhe
- Angstgefühl
- Beklemmungsgefühl
- Schlafstörungen
- Verdauungsstörungen
- Menstruationsstörungen

Diese Symptome sind selbstverständlich unspezifisch, und es ist schwer zu beweisen, daß sie tatsächlich nur durch die Schilddrüsenvergrößerung hervorgerufen werden. Allerdings bilden sich bei manchen Patienten diese Beschwerden tatsächlich zurück, wenn lediglich die Struma behandelt wird.

Die objektivierbaren Befunde bei Patienten mit Schilddrüsenvergrößerungen sind im eindeutigsten und einfachsten Fall die sichtbare Vergrößerung der Schilddrüse, die sich entweder insgesamt als Schwellung ventral und seitlich am Hals abzeichnet, oder wenn einzelne knotige Veränderungen zu einer sichtbaren Vorwölbung der Haut und damit zu einer Störung der normalen Hautkontur führen. In der Regel sind diese sichtbaren Schwellungen verschieblich, wenn der Patient schluckt, d. h. daß sie sich beim Schluckakt zunächst nach oben bewegen und anschließend wieder in die Ausgangsposition zurückkommen. Manche tiefgelegene Schilddrüsenknoten werden erst beim Schluckakt sichtbar und tauchen beim Schluckakt aus der „Grube“ (Jugulargrube) unmittelbar oberhalb des Brustbeines auf.

Wenn eine tiefliegende, große Struma zu Verdrängungen und Einengungen des Gefäßsystemes des Halses geführt hat, dann werden die Umgehungskreisläufe als erweiterte, gut gefüllte Venen in der Haut des oberen Brustkorbes sichtbar, d.h. im Bereich der Haut über den Schlüsselbeinen und über dem Brustbein sowie den oberen Rippen.

Weniger eindrucksvolle Vergrößerungen der Schilddrüse können zu ausschließlich tastbaren Befunden führen. Der Geübte wird dann die Vergrößerung der Schilddrüse beim Abtasten des Halses feststellen können. Insbesondere Knoten sind in der Regel durch den Tastbefund erkennbar.

Allerdings soll nicht verschwiegen werden, daß hierbei auch Geübte erhebliche Fehleinschätzungen unterlaufen können, insbesondere dann, wenn die Schilddrüse lediglich diffus vergrößert ist, und wenn ihre Gewerbebeschaffenheit noch sehr weich ist. Dann kommt es in der Regel zu einer Unterschätzung der Schilddrüsengröße durch den Tastbefund, was ja heute durch die ultraschallgestützten Untersuchungen gut belegt werden kann. Die richtige Einschätzung einer Schilddrüsengröße durch den Tastbefund ist gerade bei jungen Patienten und bei Kindern und Jugendlichen sehr schwer.Hier darf man sich eigentlich auf den Tastbefund allein nicht verlassen.
Ebenfalls nur ein sehr grobes Maß für die Schilddrüsengröße stellt die Messung des Halsumfanges dar. In der Regel wird mit einem einfachen Maßband der Halsumfang einmal relativ weit kaudal, d. h. im Bereich der Schilddrüse, gemessen. Zum anderen sollte man einen weiteren Meßwert weiter kranial, dem Schädel zu, etwa in Höhe des Adamapfels, durchführen. In dieser Höhe liegt gar kein Schilddrüsengewebe mehr, so daß Veränderungen des Halsumfangs an diesem Meßort eindeutig auf z.B. Veränderungen des Körpergewichtes insgesamt hinweisen. Das bedeutet auch, daß der Halsumfang eigentlich nur dann als Maß für die Schilddrüsengröße gewertet werden kann, wenn gleichzeitig das Körpergewicht gemessen wird. Die Zunahme des Körpergewichtes um etwa 3 kg führt auch bei jedem Menschen zu einer Zunahme des Halsumfanges um etwa 1 cm, ohne daß sich an der Schilddrüsengröße hierdurch etwas geändert hätte. Eine Zunahme des Halsumfanges kann also nur dann als Maß für eine Vergrößerung der Schilddrüse gewertet werden, wenn gleichzeitig das Körpergewicht konstant geblieben oder sogar abgefallen ist.
Insgesamt kommt dem Halsumfang heute in der Beurteilung der Schilddrüsengröße keine sehr große Bedeutung mehr zu.

d) Untersuchungen bei Struma

Die wichtigsten Untersuchungen zur Objektivierung und zur Größenbeschreibung einer Struma sind heute die Ultraschalluntersuchung und die nuklearmedizinische Untersuchung in Form eines Schilddrüsenszintigramms.

Da die Ultraschalluntersuchung die einfachste, am wenigsten aufwendige, nicht mit Strahlenbelastung verbundene und jederzeit wiederholbare Untersuchung ist, steht sie heute in jedem Fall am Anfang der morphologischen Schilddrüsendiagnostik. Sofern es sich um rein diffuse Strumen handelt ohne Knotenbildungen, ist die Ultraschalluntersuchung auch die einzig notwendige morphologische Untersuchung im Rahmen der Strumendiagnostik. Wenn allerdings Knoten im Bereich der Schilddrüse tastbar oder sichtbar oder im Ultraschall erkennbar werden, dann ist, mindestens bei Erstuntersuchungen, auch ein Schilddrüsenszintigramm erforderlich. Man stellt damit fest, ob die nachweisbaren Knoten verstärkt oder vermindert oder gar nicht am Jodstoffwechsel und damit an der Hormonsynthese teilnehmen.

Sonographie (Ultraschalluntersuchung)

Die Ultraschalluntersuchung wird am liegenden oder sitzenden Patienten mit hochauflösenden Schallköpfen und einer Schallfrequenz von 5 bis 7,5 Megahertz durchgeführt. Diese Schallköpfe haben ein Auflösungsvermögen für Strukturen von 1 bis 2 mm Durchmesser. Dies bedeutet, daß auch sehr kleine Knoten, die dem Tastbefund entgehen und die auch im Szintigramm wegen Überlagerung durch normales Schilddrüsengewebe nicht erkennbar sind, ohne weiteres zur Darstellung kommen und dann im Verlauf bezüglich ihrer Größenzunahme kontrolliert werden können. Bei einer gleichmäßigen diffusen Struma unterscheidet sich das Gewebsmuster (das im Ultraschalljargon „Binnenreflexmuster“ genannt wird) nicht von einer normalen Schilddrüse. Das Ultraschallbild bzw. die Ultraschalluntersuchung zeigt lediglich die Vergrößerung. Diese wird durch Ausmessung der größten Längs-, Quer- und Tiefendurchmesser der Schilddrüsen in einfacher Weise berechnet und als Volumen in ml angegeben. (Siehe Kapitel E: Untersuchungsmethoden bei Schilddrüsenkrankheiten.) (Siehe Abb. 14).
Knotige Veränderungen an der Schilddrüse sind im Ultraschallbild einmal dadurch zu erkennen, daß die Knoten die normale Kontur der Schilddrüse überschreiten oder dadurch, daß ihr Gewebsmuster sich vom normalen Schilddrüsengewebe unterscheidet, z. B. weil diese Knoten eine Umhüllung, eine Kapsel, aufweisen, die sich im Ultraschallbild meistens als sog. echoarmer Randsaum darstellen. Auch die Struktur des Knotens insgesamt kann verändert sein z. B. wenn ein Knoten echoreich

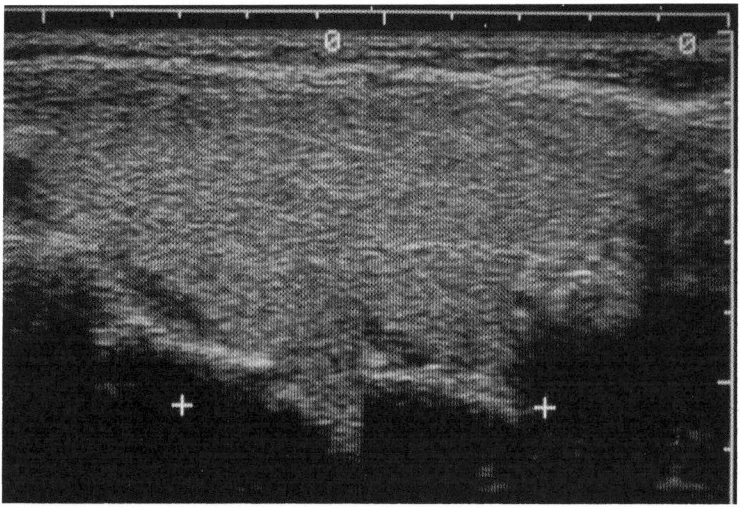

Abb. 14: *Ultraschallbild einer diffus vergrößerten Schilddrüse mit gleichmäßigem Gewebemuster.*

oder echoarm ist. Auch echofreie Knoten kommen vor. Sie entsprechen in der Regel zystischen Hohlräumen, die lediglich Flüssigkeit enthalten. Schließlich können sehr echodichte Strukturen als Knoten erkennbar werden. Echodicht bedeutet, daß die Schallwellen das Gewebe hinter dem Knoten nicht mehr weiter durchdringen. Solche echodichten Strukturen mit einem sogenannten „Schallschatten" entsprechen Kalkablagerungen in der Schilddrüse.
Zystische Hohlraumbildungen und Verkalkungen sind Zeichen regressiver, also degenerativer Veränderungen in der Schilddrüse (s. Abb. 15). Andererseits sind insbesondere die echoarmen Knoten in der Schilddrüse verdächtig auf eine Geschwulst . Diese kann einem gutartigen Adenom, aber auch einem bösartigen Schilddrüsenkarzinom entsprechen. Deshalb sind bei echoarmen Knoten, insbesondere dann, wenn sie im Szintigramm das Radiojod nicht speichern, d. h. wenn sie im Szintigramm sog. kalten Knoten entsprechen, Gewebeuntersuchungen

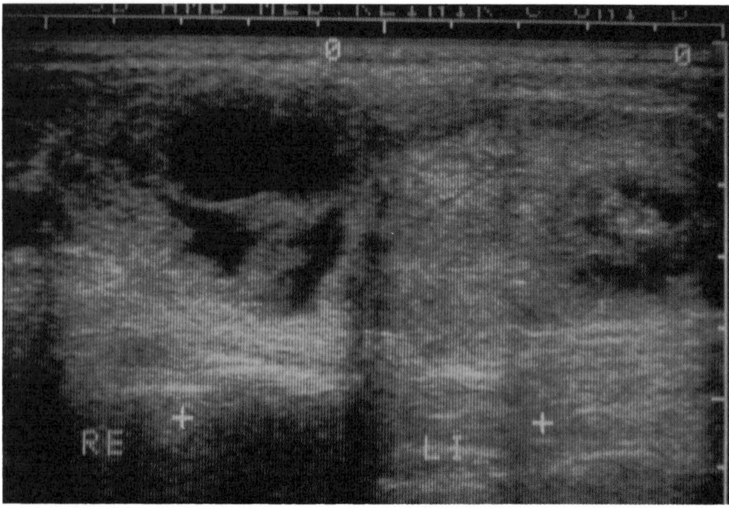

Abb. 15: *Ultraschallbild einer erheblich vergrößerten Schilddrüse im Querschnitt. Im rechten Lappen (linker Teil der Abbildung) dunkle, echofreie zystische Hohlräume; im linken Lappen (rechter Teil der Abbildung) echodichte Kalkeinlagerungen.*

notwendig. Dieses Gewebe oder Zellen aus der Schilddrüse werden wie beschrieben durch Punktion gewonnen und mikroskopisch untersucht.

Schilddrüsenszintigraphie

Wenn eine Schilddrüsenvergrößerung nicht mehr diffus, sondern knotig geworden oder von vornherein knotig ist, dann ist – zumindest bei der Erstuntersuchung – auch eine Schilddrüsenszintigraphie erforderlich. Das Prinzip der Schilddrüsenszintigraphie wurde im Kapitel E: „Untersuchungsmethoden bei Schilddrüsenkrankheiten" dargestellt.

Konkret wird heute bei der Schilddrüsenszintigraphie das Element Technetium eingesetzt, das von der Schilddrüse ganz ähnlich wie das Jod aufgenommen, dann allerdings nicht in die Schilddrüsenhormone eingebaut wird. Technetium verläßt also die Schilddrüse wesentlich schneller als das Jod selbst und dies hat den Vorteil einer sehr viel

geringeren Strahlenbelastung für den Patienten. Außerdem hat das Isotop Technetium-99 m eine Halbwertszeit von nur 6 Stunden.
Eine moderne Alternative stellt auch das Jodisotop Jod-123 dar. Dies hat eine physikalische Halbwertszeit von ca. 13 Stunden, zerfällt also sehr rasch und bedingt somit auch nur eine sehr geringe Strahlenbelastung der Schilddrüse bzw. des Gesamtorganismus.
Im Vergleich zu den sehr kurzen Halbwertszeiten von Technetium-99 m und Jod-123 liegt die Halbwertszeit des früher verwendeten Jod-131 bei sieben Tagen. Jod-131 wird heute nur noch dann verwendet, wenn ohnehin eine Strahlentherapie, d.h. eine Radiojodbehandlung der Schilddrüse, geplant ist.
Konkret wird bei der Szintigraphie so vorgegangen, daß die zur Diagnostik notwendige Testdosis von Technetium-99 m bzw. Jod-123 dem Patienten injiziert wird, und daß nach einem zeitlichen Intervall (bei Technetium 20 bis 30 Minuten nach der Injektion) die Aufnahme der Radioaktivitätsmenge in die Schilddrüse quantitativ bestimmt werden kann. Darüber hinaus wird dann ein szintigraphisches Abbild der Schilddrüse angefertigt. Derzeit wird das Szintigramm entweder noch mit einem Scanner angefertigt, einem Gerät, das den Meßkopf über dem liegenden Patienten gleichmäßig hin- und herbewegt und damit die Schilddrüsenregion „abtastet“ oder aber mit der moderneren sog. Gamma-Kamera, bei der der Meßkopf so groß ist, daß er die Schilddrüse insgesamt erfaßt und daher das Gerät nicht mehr über dem Patienten oder vor dem Patienten bewegt werden muß (siehe Abb. 16).
Die sog. Scanner werden nicht mehr hergestellt und werden damit künftig eine abnehmende Rolle in der szintigraphischen Diagnostik von Schilddrüsenerkrankungen spielen. Künftig werden die Schilddrüsenszintigramme überwiegend mit den sog. Gamma-Kameras durchgeführt.
Die Szintigraphie ist keine rein morphologische Methode, sondern sie erfaßt auch den Funktionszustand von Schilddrüsenknoten. Solche Knoten, die weniger radioaktives Jod oder Technetium aufnehmen als das übrige Schilddrüsengewebe, werden als kalte, inaktive Knoten bezeichnet. Solche, die vermehrt Nuklid aufnehmen, werden als heiße Knoten bezeichnet. Heiße Knoten können eine Schilddrüsenüberfunktion hervorrufen und sind nur als ausgesprochene Rarität einmal bösartig. Kalte Knoten stellen allgemein gesprochen nicht funktionstüchtiges, nicht

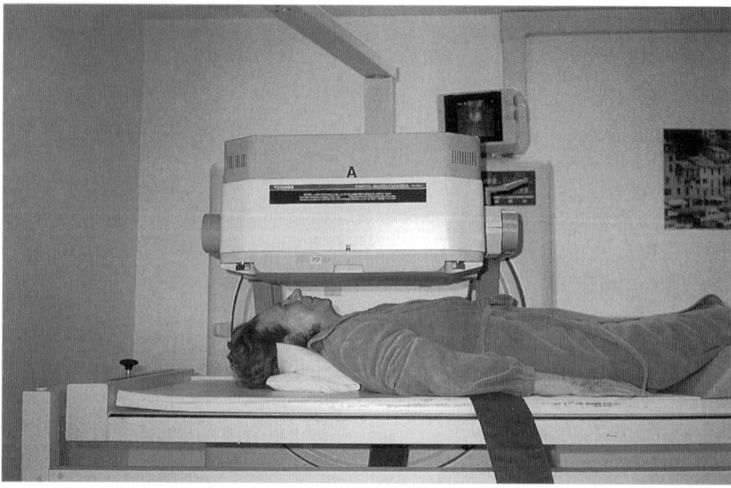

Abb. 16: *Anfertigung eines Schilddrüsenszintigramms mit der Gamma-Kamera bei liegender Patientin.*

aktives Schilddrüsengewebe dar. Hierbei kann es sich um harmlose, degenerativ veränderte, verkalkte Knoten handeln oder um Knoten, in denen sich zystische Hohlraumbildungen entwickelt haben, oder einfache Schilddrüsenzysten. Kalte Knoten können aber auch aus solidem Gewebe bestehen, das nicht aktiv am Jodstoffwechsel beteiligt ist. Diese soliden kalten Knoten können Schilddrüsenkarzinomen entsprechen. Statistisch gesehen sind etwa vier bis acht Prozent von szintigraphisch kalten Knoten bösartige Neubildungen in der Schilddrüse. Wenn der szintigraphisch kalte Knoten gleichzeitig im Ultraschall echoarm ist, dann steigt die Wahrscheinlichkeit eines Schilddrüsenkarzinoms auf etwa 10 bis 20 Prozent an.

Gewebe- bzw. Zelluntersuchung nach Punktion (Punktionszytologie)

Szintigraphisch kalte Knoten, insbesondere wenn sie solitär sind und wenn sie im Ultraschall solidem, echoarmem Gewebe entsprechen, sind karzinomverdächtig und müssen deshalb einer weiteren Klärung zugeführt werden. Diese kann erfolgen, indem durch Punktion mit einer

feinen Nadel aus dem Knoten unter Ultraschallsicht winzige Gewebsanteile bzw. einzelne Zellen entnommen werden. Diese so gewonnenen Zellen werden dann auf einem Objektträger ausgestrichen, angefärbt und unter dem Mikroskop untersucht. Es gibt sehr eindeutige Hinweise und Kriterien für das Vorliegen von Schilddrüsenkarzinomen.
Es ist für den operierenden Chirurgen von Vorteil, wenn er bereits vor der Operation weiß, daß es sich bei einem Schilddrüsenknoten um ein Karzinom handelt, da dann von vornherein die Operationstaktik auf diese Tatsache eingestellt wird. Es besteht ein wesentlicher Unterschied zwischen der Operation eines gutartigen Strumaknotens und der Operationstechnik bei Vorliegen eines Schilddrüsenkarzinoms.

Röntgenuntersuchungen
Bei sehr großen, inbesondere bei tiefliegenden und bis in den Brustkorbraum hineinreichenden Schilddrüsen ist heute noch eine Röntgenuntersuchung des Brustkorbes sinnvoll, auf der man dann am besten das Ausmaß des nach unten reichenden Weichteilschattens einer vergrößerten Schilddrüse erkennen kann (s. Abb. 10). Außerdem kann auf zusätzlichen Zielaufnahmen der Luftröhre und nach einem Breischluck mit dem Röntgenkontrastmittel Barium auch die Speiseröhre in ihrem Verlauf beurteilt werden. Hierbei geht es vor allen Dingen darum, ob Luftröhre und Speiseröhre verdrängt und eingeengt werden. Bestehen erhebliche mechanische Beeinträchtigungen, z. B. eine Verengung der Luftröhre auf weniger als 50% der normalen Weite, dann ist dies ein starkes Argument für eine operative Strumabehandlung (s. Abb. 11). Auch läßt sich mit dieser Untersuchung einschätzen, ob die vom Patienten empfundene Luftnot tatsächlich nur durch die Schilddrüse hervorgerufen wird oder ob hier möglicherweise andere Ursachen, wie z. B. eine Herzschwäche, eine Rolle spielen.
Nur außerordentlich selten und meist nur bei den bösartigen Tumoren der Schilddrüse ist eine Computertomographie oder gar eine Kernspintomographie der Halsorgane und des oberen Brustkorbes sowie des Mittelfelds angezeigt.

Untersuchungen zur Schilddrüsenfunktion
Natürlich muß im Rahmen der Abklärung einer Struma auch eine Bestimmung der Funktionslage der Schilddrüse erfolgen.

Da die allermeisten Patienten mit einer Struma lediglich die oben genannten lokalen Beschwerden aufweisen kann bereits bei der Erhebung der Krankengeschichte und der klinischen Untersuchung eine Schilddrüsenfunktionsstörung, d.h. eine Überfunktion oder eine Unterfunktion der Schilddrüse weitgehend ausgeschlossen werden.
Wenn also der Arzt am Ende der Befragung und der klinischen Untersuchung zu der Erkenntnis kommt, daß eine Funktionsstörung der Schilddrüse nicht vorliegt, dann reicht in der Regel eine einfache Blutabnahme zur Bestimmung entweder des Thyroxins oder des freien Thyroxins (oder des Trijodthyronins) bzw. des basalen TSH aus, um die normale Stoffwechsellage eindeutig zu bestätigen. Es sind also bei dieser Fragestellung eine einzige oder max. zwei Hormonbestimmungen nötig. Ein weiterer diagnostischer Aufwand, der ja auch Kosten verursacht, ist hier nicht erforderlich.
Bestehen allerdings mehrere Symptome, die auf eine Schilddrüsenfehlfunktion hinweisen, und kann der Arzt am Ende der Untersuchung nicht eindeutig eine normale Stoffwechsellage annehmen, dann ist es notwendig, mit etwas größerem diagnostischem Aufwand eine Funktionsstörung mit großer Sicherheit auszuschließen. Hierzu ist dann die Bestimmung beider peripherer Schilddrüsenhormonkonzentrationen, also von T4 und T3 als auch das basale TSH erforderlich. In Zweifelsfällen und bei Grenzwerten kann auch der TRH-Test notwendig werden, d.h. nach der ersten Blutentnahme wird entweder in die Vene oder über die Nasenschleimhaut das stimulierende Hormon TRH verabreicht. Nach 30 Minuten wird eine weitere Blutabnahme zur erneuten Bestimmung des TSH nach der Stimulation durchgeführt. Wenn dieser sog. TRH-Test positiv ausfällt, d.h. einen normalen Anstieg der TSH-Konzentration aufweist, dann ist eine Funktionsstörung der Schilddrüse mit absoluter Sicherheit ausgeschlossen.
Wichtig ist die Untersuchung des TSH- bzw. der TRH-Testes auch dann, wenn Patienten Medikamente einnehmen, die die Bestimmung der Schilddrüsenhormonkonzentration beeinflußen oder stören. Hierzu gehören auch die häufig von jungen Frauen eingenommenen Östrogene, die häufig als Antikonzentivum („Pille") oder zur Regulierung einer unregelmäßigen Periode eingenommen werden oder bei älteren Frauen zur Verhütung einer Osteoporose.
In jedem Fall führen die Östrogene zu einem Anstieg der Gesamthor-

monkonzentrationen T3 und T4, weil sie eine Erhöhung des Bindungsproteins TBG durch Mehrsynthese in der Leber hervorrufen.
Es gibt noch eine Reihe von anderen Medikamenten und Erkrankungen, die zu einer Veränderung der Schilddrüsenhormonkonzentrationen führen können, ohne daß die Funktionslage der Schilddrüse verändert ist.
Zusammenfassend kann festgehalten werden, daß bei der Untersuchung von Patienten mit einer Struma bei normaler Stoffwechsellage die morphologischen Untersuchungen ganz im Vordergrund stehen. Insbesondere bei jüngeren Patienten mit diffusen Strumen ist die Ultraschalluntersuchung als einzige Untersuchung ausreichend. Bei den knotigen Strumen ist das Szintigramm zusätzlich erforderlich. Die Laboruntersuchungen zur Sicherung einer normalen Stoffwechsellage können in der Regel auf einen minimalen Aufwand, d. h. auf die Bestimmung eines einzelnen Hormones begrenzt werden.

e) Behandlung

Nicht jede Person, bei der die Schilddrüse über den Normbereich hinaus vergrößert ist, fühlt sich krank oder klagt über Beschwerden. Dennoch ist diese Situation behandlungsbedürftig, da die Schilddrüse als einziges Organ auch bis ins hohe Alter hinein weiter wächst, wenn sie unverändert dem bestehenden Jodmangel ausgesetzt bleibt. Die neuen epidemiologischen Untersuchungen zeigen eindeutig, daß das Schilddrüsenvolumen mit zunehmendem Alter, und zwar über das 70ste Lebensjahr hinaus, immer noch kontinuierlich an Größe zunimmt.
Es ist also sinnvoll, die Vergrößerung der Schilddrüse frühzeitig zu behandeln und dies umsomehr, da die Behandlung in ihrer Form mit den möglichen Maßnahmen zur Vorbeugung und Verhütung einer Struma praktisch identisch sind.

Als Behandlungsmöglichkeiten für eine Struma mit normaler Stoffwechsellage kommen in Frage:

1. Die medikamentöse Therapie mit
   a) Jod,
   b) mit Schilddrüsenhormon,
   c) mit der Kombination von Jod und Schilddrüsenhormon;

2. die Operation;
3. (selten) die Radiojodtherapie.

Bei Kindern und Jugendlichen mit diffusen, noch nicht knotig umgewandelten Strumen wird man die Behandlung immer zunächst mit dem physiologischen Jodid beginnen. Die Dosierung liegt für Säuglinge und Kleinkindern mit Strumen bei 50 bis 100 µg Jod pro Tag, bei Kindern über sechs Jahren und Jugendlichen bei 100 bis 200 µg pro Tag und diese Dosierung wird in der Regel auch bei jungen Erwachsenen ausreichen.
In manchen Untersuchungen und Studien zur Wirksamkeit der Jodbehandlung bei jungen Erwachsenen sind auch höhere Dosierungen bis zu 500 µg Jod pro Tag eingesetzt worden. Diese können aber derzeit als regelhafte Behandlung nicht empfohlen werden.
Der verkleinernde Effekt auf die Schilddrüse tritt in der Regel relativ rasch ein, d.h. bereits in den ersten sechs Monaten der Behandlung. Dieser Behandlungseffekt wird durch die Ultraschalluntersuchung und die ultraschallgestützte Volumenbestimmung der Schilddrüse objektiv festgestellt und gemessen.
Bei weiterlaufender Behandlung mit Jodid nimmt die Schilddrüse nach sechs Monaten Therapie kaum noch an Volumen ab. Dies darf jedoch nicht dazu führen, die Therapie zu beenden, da sonst recht bald, d.h. wiederum innerhalb von wenigen Monaten, eine Wiederzunahme des Schilddrüsenvolumens eintritt.
Da eine Dosis von 100 bis 200 µg Jod pro Tag als Therapie einer Struma praktisch auch den prophylaktisch geforderten täglichen Jodmengen entsprechen, die mit der Nahrung aufgenommen werden müßten, besteht hier zwischen der individuellen Strumatherapie und der eigentlich zu fordernden allgemeinen Prophylaxe keinerlei Diskrepanz.
Je älter die Patienten werden und je länger die Strumen bestehen, umso geringer wird in der Regel der Effekt der Therapie. Auch bereits eingetretene regressive Veränderungen wie Zystenbildungen, Verkalkungen, Bindegewebsvermehrung sind einer Behandlung mit Jodid (und auch mit Schilddrüsenhormon) kaum noch zugänglich. Dies zeigt umsomehr, daß eine Strumatherapie so früh wie möglich einsetzen muß, d.h. auch dann, wenn keinerlei Beschwerden bestehen, da sonst die Erfolgsaussichten dieser Therapie immer geringer werden und ein Zustand der Un-

beeinflußbarkeit der Struma erreicht wird, der schließlich nur noch die Operation als mögliche Therapiemaßnahme erscheinen läßt.
Die Behandlung mit Schilddrüsenhormon, heute in aller Regel mit dem Schilddrüsenhormon Thyroxin, ist über zwei bis drei Jahrzehnte praktisch die Standardtherapie der Struma gewesen. Sie wird auch heute bei der Feststellung einer behandlungsbedürftigen Struma anfangs noch am häufigsten eingesetzt. Die notwendige Dosis des Schilddrüsenhormons liegt, bis auf Ausnahmen, zwischen 100 und 150 µg L-Thyroxin pro Tag. Zur Vermeidung der meist ohnehin nur vorübergehenden Nebenwirkungen wird man im Falle der Thyroxintherapie nicht sofort mit der vollen Dosis von 100 bis 150 µg beginnen, sondern z.B. mit 50 µg für etwa ein bis zwei Wochen und dann steigernd auf 100 und schließlich bis zu 125 oder 150 µg pro Tag.
Auch diese Therapie führt ganz ähnlich wie die Jodbehandlung junger Patienten mit diffusen Strumen zu einer Volumenabnahme der Schilddrüse innerhalb der ersten sechs Monate der Therapie. Auch hier bewirkt die weitere Therapie nur noch eine geringe zusätzliche Volumenabnahme. Deshalb ist man heute auch der Ansicht, daß nach einer einmal erreichten Volumenverminderung einer Struma durch Behandlung mit Schilddrüsenhormon nach Ablauf von ein bis max. zwei Jahren auf die physiologischere Substitution von Jodid übergegangen werden sollte, d.h. daß nach einer ein- bis zweijährigen Behandlung mit Thyroxin dann die Weiterbehandlung mit Jodid erfolgt. In der Regel bleibt die einmal erreichte Verminderung des Schilddrüsenvolumens auch unter weiterlaufender Jodbehandlung erhalten. Dies wird durch regelmäßige, etwa ein- bis zweijährige Kontrolluntersuchungen der Schilddrüse mit Ultraschall dokumentiert.
Bei den seltenen sporadischen Strumen, die andere Ursachen haben als den Jodmangel, ist eine Behandlung mit Jodid weder bei der Therapieeinleitung noch im späteren Verlauf sinnvoll. Sporadische Strumen müssen in aller Regel mit Schilddrüsenhormonen behandelt werden, sofern nicht die auslösende Ursache, z.B. die Einnahme von Medikamenten, beseitigt werden kann.
In den letzten Jahren ist auch eine Kombinationsbehandlung von Jodid und Schilddrüsenhormon mit etwa gleichem Erfolg wie die Einzeltherapie mit den beiden Substanzen durchgeführt worden. Es gibt auf dem Markt heute eine feste Kombination von z.B. 100 µg L-Thyroxin +

100 µg Jodid pro Tablette, oder es lassen sich beide Medikamente, d.h. L-Thyroxin und Jodid auch frei miteinander kombinieren. Die Dosierungen entsprechen denen der o.g. Einzelbehandlung, d.h. L-Thyroxin zwischen 100 und 150 µg und Jodid zwischen 100 und 200 µg pro Tag.
Je älter die Patienten mit einer Struma sind, je länger die Struma besteht und je stärker die degenerativen Veränderungen und auch die Knotenbildungen in der Schilddrüse sind, umso geringer wird der Effekt der medikamentösen Behandlung. Oft ist es sogar so, daß mit dieser Behandlung überhaupt keine Beeinflussung des Schilddrüsenvolumens mehr feststellbar wird.
In diesen Fällen sollte nach einem zeitlich begrenzten Behandlungsversuch von etwa einem halben bis max. einem Jahr die Therapie dann auch konsequenterweise beendet werden.
Bei älteren Patienten mit Knotenstrumen, bei denen sich Areale mit autonomer Funktion in der Schilddrüse entwickelt haben, ist eine Behandlung mit Jodid oder mit Schilddrüsenhormon nicht nur nicht mehr effektiv, sondern sie kann den Patienten auch schaden, da durch die Behandlung die Symptomatik einer gering bis stärker ausgeprägten Überfunktion hervorgerufen werden kann. Dies bedeutet, daß bei älteren Menschen die medikamentöse Behandlung der Struma eigentlich nur mit großer Zurückhaltung durchgeführt werden sollte, und daß bei diesen Patienten nach Therapieeinleitung baldige Kontrolluntersuchungen notwendig sind, um die Entwicklung einer Hyperthyreose frühzeitig zu erkennen. Bei solchen Patienten wird nach sechs Wochen und nach drei Monaten eine Blutuntersuchung notwendig sein. Sollten sich die Schilddrüsenhormonkonzentrationen während der Behandlung erhöhen, dann verbietet sich die weitere medikamentöse Therapie.

Operative Therapie

Leider kommen sehr viele Patienten erst zur Untersuchung und Behandlung, wenn eine konservative Behandlung mit Medikamenten überhaupt nicht mehr aussichtsreich erscheint. Eine große, mehrknotige Struma im Stadium III mit mechanischen Auswirkungen auf Luftröhre, Speiseröhre und Gefäßsystem hat so gut wie keinerlei Aussicht auf eine erfolgreiche Behandlung mit Medikamenten und sollte daher auch von vornherein der einzig sinnvollen Therapie, nämlich der Operation, zugeführt werden.

Glücklicherweise sind die Operationstechniken immer weiter verbessert worden, so daß eine Strumaoperation auch von der Dauer her nicht mehr so belastend ist, wie dies vor 20 bis 30 Jahren der Fall war. Auch haben sich die Narkosetechniken erheblich verfeinert und verbessert, so daß Schilddrüsenoperationen auch bei alten und betagten Patienten noch durchgeführt werden können, ohne ein hohes Risiko in Kauf nehmen zu müssen.

Darüber hinaus sind bei Schilddrüsenoperationen die allgemeinen Operationsrisiken, wie z.B. eine Beinvenenthrombose oder eine Lungenembolie in den Tagen nach der Operation eine extreme Seltenheit. Dies liegt vor allem auch daran, daß nach einer Strumaoperation eine sehr rasche Mobilisation noch am Operationstag möglich ist, so daß keine längere Bettlägrigkeit entsteht und auch die Nahrungszufuhr sehr rasch wieder normalisiert werden kann. Aus diesem Grunde ist eine zu große Zurückhaltung bei der Indikationsstellung für eine Strumaoperation gerade bei großen Strumen mit erheblichen Beschwerden und mechanischen Auswirkungen nicht mehr gerechtfertigt.

Wenn der Arzt eine operative Behandlung einer Struma für notwendig und indiziert hält, dann liegen die notwendigen Untersuchungen der Schilddrüse und auch die Untersuchungen zur allgemeinen Operationsfähigkeit (z.B. Blutdruck, Herz- und Lungenuntersuchung, Elektrokardiogramm, evtl. Lungenfunktion) bereits vor. Der zur Schilddrüsenoperation notwendige stationäre Aufenthalt in der Klinik liegt dann nur noch bei etwa einer Woche, vorausgesetzt, daß keine Komplikationen auftreten.

Solche Komplikationen sind – wie bei anderen Operationen auch – evtl. Nachblutungen, die eine nochmalige Operation erfoderlich machen oder auch ein größerer Bluterguß, der zwar nicht mehr operiert werden muß, der sich dann aber dann nur langsam auflöst. Auch Wundinfektionen können im Prinzip als Komplikation auftreten.

Die für die Schilddrüsenoperation spezifischen Komplikationen sind die Beschädigung der Stimmbandnerven und die Beschädigung oder Entfernung der Nebenschilddrüsen. In der Hand des erfahrenen Schilddrüsenoperateurs liegt die Wahrscheinlichkeit für eine solche Komplikation aber nur bei ein bis zwei Prozent. Nur bei wiederholten Eingriffen, wenn also bereits früher an der Schilddrüse operiert wurde und eine Zweitoperation notwendig ist, liegt die Komplikationsrate höher und kann auch bei erfahrenen Operateuren fünf bis zehn Prozent erreichen. Nach der Entlassung aus dem Krankenhaus (bei etwa ein- bis anderthalbwöchigem Aufenthalt) braucht man noch etwa ein bis zwei Wochen zur Erholung. Schon fünf bis sechs Tage nach der Operation kann man wieder spazierengehen und langsam Treppensteigen. Nach Entfernung der Fäden oder Klammern (nach etwa einer Woche) kann man wieder duschen und baden. Arbeitsfähig ist man in der Regel nach zwei bis vier Wochen.

Die Operationsnarbe ist in den ersten Wochen etwas gerötet, und das Gewebe unter der Haut ist noch etwas verfestigt. Meist blaßt die Narbe nach zwei bis sechs Monaten deutlich ab und ist später oft kaum noch sichtbar, da der Chirurg den Operationsschnitt so durchführt, daß er praktisch in einer querverlaufenden bogenförmigen Hautfalte oder parallel dazu verläuft.

Bei der Strumaoperation ist der Chirurg bemüht, alles knotig veränderte Gewebe zu entfernen und nur noch normal erscheinendes Schilddrüsengewebe zurückzulassen. Dies kann bei großen Knotenstrumen dazu führen, daß nur noch winzige Schilddrüsenreste zurückbleiben. Diese reichen dann nicht mehr aus, um den Körper ausreichend mit Schilddrüsenhormon zu versorgen. Aus diesem Grunde wird bei Patienten mit fast vollständiger Entfernung des Schilddrüsengewebes ein Ersatz durch Schilddrüsenhormon notwendig. Dies entspricht aber auch der medikamentösen Behandlung der Struma ohne Operation, d.h. der Einsatz besteht in der Gabe des Schilddrüsenhormons L- Thyroxin.

Bleiben größere Schilddrüsenreste zurück, so besteht auch die Gefahr des Rezidivs, d.h. des erneuten Wachstums der Schilddrüse, da ja der Jodmangel nicht behoben ist. Das bedeutet, daß jeder Patient, der einmal an der Schilddrüse operiert wird, entweder mit Jod behandelt werden muß, wenn er eine ausreichend große Restschilddrüse hat, oder aber mit Schilddrüsenhormon, wenn die Restschilddrüse sehr klein ist. Die Dosierungen dieser Medikamente entsprechen den oben angegebenen.

Radiojodtherapie

Nur ganz selten und in Ausnahmefällen wird auch bei einer Struma ohne Schilddrüsenfunktionsstörung eine Radiojodtherapie zur Verkleinerung durchgeführt. Dies ist aber auch wegen der Beschränkung der Radiojodtherapie durch die geringe zur Verfügung stehende Bettenzahl eine Rarität. Die Domäne der Radiojodtherapie ist die Behandlung der Schilddrüsenüberfunktion und der autonomen Knotenstrumen. Sie wird dort ausführlicher beschrieben.

2. Überfunktion der Schilddrüse (Hyperthyreose)

a) Definition

Unter Schilddrüsenüberfunktion bzw. Hyperthyreose verstehen wir die Auswirkungen des Überschusses an Schilddrüsenhormon an den verschiedenen Organen. Der Begriff umschreibt also nicht nur den Funktionszustand der Schilddrüse, sondern ein komplexes, klinisches Krankheitsbild, das durch die Auswirkungen des Hormonüberschusses an den verschiedensten Organsystemen entsteht. Diese Organsysteme sind bereits in der Tabelle 6 und 7 des Kapitels D: „Symptome und Organmanifestationen bei Schilddrüsenkrankheiten" zusammengefaßt.

Da nicht immer alle Organe in gleicher Weise betroffen sind und natürlich auch verschiedene Schweregrade der Organbeteiligung möglich sind, ist die Hyperthyreose keineswegs ein einheitliches, gleichförmiges Krankheitsbild, sondern sie kann sehr vielgestaltig sein und damit auch Probleme bei der Diagnosestellung machen. Bei manchen Patienten steht oft nur ein Organsystem ganz im Vordergrund, z. B. das Herz mit einer ausgeprägten Herzschwäche oder der Magen-Darm-Trakt mit Gewichtsabnahme, Appetitlosigkeit und evtl. Durchfall, oder das zentrale periphere Nervensystem mit Apathie, Adynamie, Zittrigkeit, allgemeiner Schwäche usw. Solche Verlaufsformen, bei denen nur ein oder nur wenige Organsysteme betroffen sind, nennt man in der Medizin monosymptomatische („ein Symptom") oder oligosymptomatische („wenige Symptome") Verlaufsformen. Sie entgehen oft lange der Diagnosestellung.

Unter *thyreotoxischer Krise* versteht man eine meist akut einsetzende,

manchmal auch allmählich fortschreitende Verschlechterung einer bevorstehenden Schilddrüsenüberfunktion, die schließlich zu einem lebensbedrohlichen Krankheitsbild führt, das nur noch sehr schlechte Heilungschancen hat. Bei der thyreotoxischen Krise kommen zu den Symptomen einer schweren Schilddrüsenüberfunktion die Zeichen der „Vergiftung" des Gehirnes durch den Schilddrüsenhormonüberschuß hinzu mit Störungen des Bewußtseins wie Schläfrigkeit, Verwirrtheit, Desorientiertheit bis hin zur zunehmenden Eintrübung des Bewußtseins und zur Bewußtlosigkeit (Koma).
Das klinische Krankheitsbild der Hyperthyreose ist im wesentlichen unabhängig davon, welche Veränderungen an der Schilddrüse zu dem Überschuß an Schilddrüsenhormon führen, das heißt unabhängig davon, ob eine immunogene Form der Schilddrüsenüberfunktion wie der Morbus Basedow, ein autonomes Schilddrüsenadenom oder die sog. multifokale Autonomie der Schilddrüse zu einer Überfunktion führen.

b) Ursachen und Formen

Wie im Kapitel C: „Systematik von Schilddrüsenkrankheiten" bereits aufgeführt, gibt es verschiedene Entstehungsmechanismen einer Überproduktion von Schilddrüsenhormonen durch die Schilddrüse bzw. für den Schilddrüsenhormonüberschuß an den peripheren Organen.
Im Jodmangelgebiet und damit in einem Lebensraum mit hoher Strumahäufigkeit (Strumaendemiegebiet) sind die autonomen Formen der Schilddrüsenüberfunktion am häufigsten, insbesondere die sog. *multifokale oder mehrknotige Autonomie der Schilddrüse* bei älteren Menschen mit vorbestehenden Knotenkröpfen. Bei ihnen entwickelt sich meist langsam das Krankheitsbild der Schilddrüsenüberfunktion, manchmal aber auch rasch, besonders dann, wenn Jod in größerer Menge aufgenommen wurde, z. B. durch Medikamente, durch Röntgenkontrastmittel oder auch durch den Aufenthalt in Regionen mit hoher Jodzufuhr, z. B. in den Vereinigten Staaten von Amerika.
Bei jüngeren Menschen kommen einzelne Knoten in einer sonst nicht veränderten Schilddrüse vor, die ebenfalls selbständig (autonom) vermehrt Schilddrüsenhormon produzieren. Diese werden *solitäre autonome Adenome* genannt.

Schließlich gibt es noch eine Form der Autonomie, die die gesamte Schilddrüse gleichzeitig betrifft; sie wird als disseminierte, d. h. gleichmäßig verteilte Autonomie bezeichnet.
Eine weitere wichtige Ursache für eine Schilddrüsenüberfunktion ist die *Basedow'sche Krankheit,* eine Autoimmunerkrankung, bei der das Immunsystem „fälschlicherweise" Antikörper gegen körpereigene Substanzen bildet. Diese Antikörper binden sich an die Zelloberflächen der Schilddrüsenzellen, und zwar an die Zell-Rezeptoren, an die sich normalerweise das schilddrüsenstimulierende Hormon (TSH = Thyreotropin) bindet. Die Antikörper werden daher auch als Thyreotropinrezeptor-Antikörper bezeichnet. Einmal an die Schilddrüsenzelle gebunden, stimulieren sie die Aktivitäten, d. h. auch die Hormonsynthese dieser Zellen, ähnlich wie das thyreotrope Hormon.
Bei diesen Patienten ist wegen der vermehrten Stimulation durch zirkulierende Antikörper immer die gesamte Schilddrüse überaktiv. In den meisten Fällen, insbesondere bei jüngeren Patienten, besteht somit auch eine diffuse Struma. Nur bei älteren Patienten, die schon vor Auftreten der Immunerkrankung eine Knotenstruma hatten, kann der Morbus Basedow auch mit einer Knotenstruma einhergehen.
Darüber hinaus manifestiert sich die Autoimmunerkrankung auch an anderen Organsystemen, vor allen Dingen am Auge bzw. den Strukturen der Augenhöhle. Dies ist im Kapitel H: Sondersituationen: H 5 dargestellt.
Die Beteiligung der Augen kommt ausschließlich bei der immunogenen Form der Hyperthyreose, also bei Morbus Basedow vor und bei keiner anderen Form der Hyperthyreose.
Auch Schilddrüsenentzündungen können in der frühen Phase ihres Verlaufes mit einer vorübergehenden Schilddrüsenüberfunktion einhergehen, die allerdings nicht sehr stark ausgeprägt ist.
Die Hyperthyreose durch vermehrte Zufuhr von Schilddrüsenhormonen in Form von Tabletten kommt kaum noch vor, da wir heute fast ausschließlich reine Thyroxinpräparate in der Behandlung von Schilddrüsenerkrankungen verwenden. Früher, als auch noch T3-haltige Präparate eingesetzt wurden, war eine Schilddrüsenüberfunktion durch Medikamenteneinnahme durchaus möglich.
Interessanterweise ist in den Vereinigten Staaten von Amerika eine „Hyperthyreose-Epidemie" beobachtet worden, die durch den Verzehr von

Hackfleisch in Form von Beefburgern in einer Fastfood-Kette zustande gekommen war. Wie sich durch Nachuntersuchungen herausstellte, waren in diesem Hackfleisch große Mengen von Rinderschilddrüsen verarbeitet worden, die zu einer hohen Konzentration von Schilddrüsenhormonen in den Hackfleischprodukten geführt hatten.
Die außerordentlich seltenen Schilddrüsenüberfunktionen, die durch eine vermehrte Stimulation der Schilddrüse durch thyreotropes Hormon hervorgerufen werden, seien nur der Vollständigkeit halber erwähnt.

c) Subjektive Beschwerden und objektive Befunde

Die Organbeteiligungen bei Schilddrüsenüberfunktionen sind tabellarisch bereits in der Tabelle 7 zusammengefaßt.

Herz-Kreislauf-Symptome bei Schilddrüsenüberfunktionen
Die Beeinträchtigung der Herz-Kreislauf-Funktion gehört bei Schilddrüsenüberfunktion zu den häufigsten Organmanifestationen. Sie ist daher oft richtungsweisend und gibt Anlaß zur diagnostischen Abklärung.
Bei jungen Patienten besteht meistens ein schneller Pulsschlag, oft über 100/min. in Ruhe, der bei geringsten körperlichen Belastungen noch erheblich ansteigt. Die Patienten verspüren diesen raschen Puls als Herzjagen.
Bei alten Patienten mit oft schon vorgeschädigtem Herzen oder vorgeschädigten Herzkranzgefäßen besteht eine Herzrhythmusstörung, bei der der Pulsschlag völlig unregelmäßig ist (absolute Arrhythmie). Auch hier ist der Pulsschlag sehr häufig, also oft über 100 oder gar über 120 pro Minute in Ruhe. Diese rasche Pulsschlagfolge führt dazu, daß das Herz nicht mehr so effektiv pumpen kann wie bei ruhigem, regelmäßigem Pulsschlag. In der Konsequenz führt dies zu den Zeichen einer Herzschwäche mit Rückstau des Blutes und damit von Flüssigkeit in die Lunge und auch in die anderen Organe, insbesondere die Extremitäten. Klinisch äußert sich das darin, daß die Patienten über Luftnot klagen, zunächst bei geringer körperlicher Anstrengung, später dann auch schon in Ruhe oder z. B. im Liegen und in der Nacht. An den Extremitäten, besonderes an der unteren Extremität, den Beinen, Füßen und Knö-

cheln, treten eindrückbare Schwellungen (Ödeme) auf, die eine Wassereinlagerung in das Gewebe darstellen.
Der systolische Blutdruck ist in der Regel normal oder manchmal gering erhöht. Durch den niedrigen Gefäßwiderstand wird der zweite Blutdruckwert, der diastolische, ausgesprochen niedrig unnd damit die sog. Blutdruckamplitude, d.h. die Differenz zwischen dem systolischen und diastolischen Blutdruckwert wird besonders hoch. Dies bedingt ein hohes Schlagvolumen des Herzens und wegen der gleichzeitig hohen Herzfrequenz verspüren die Patienten den Pulsschlag, besonders im Hals und im Kopf, was man als Palpitationen bezeichnet.
Bei den diffusen Strumen im Rahmen der Basedow'schen Erkrankung wird die Schilddrüse selbst so stark durchblutet, daß sie tastbar pulsiert oder „schwirrt", oder daß der Arzt über ihr ein Strömungsgeräusch beim Abhören feststellen kann.
Bei zunehmender Herzschwäche wird das Herz vergrößert und erweitert, was man bei der klinischen Untersuchung und auf dem Röntgenbild leicht erkennen kann. Nach erfolgreicher Behandlung der Schilddrüsenüberfunktion bildet sich diese Herzvergrößerung bzw. -erweiterung auch wieder zurück.

Symptome des Magen-Darm-Traktes

Die Bewegung der glatten Muskulatur des Magens und des Darmes ist bei der Schilddrüsenüberfunktion gesteigert und führt zu beschleunigter Magen-Darm-Passage, zu häufigem Stuhlgang, bei manchen Patienten zwei- bis fünfmal pro Tag (bei Frauen mit vorbestehender Obstipation wird lediglich eine Normalisierung dieser Verstopfung angegeben.).
Wirklich Durchfall, also wäßriger, häufiger Stuhlgang, ist nur selten. Manchmal ist die beschleunigte Darmtätigkeit auch von Bauchschmerzen begleitet, die krampf- oder kolikartig sein können.
Die rasche Darmpassage führt auch zu einer schlechteren Ausnutzung der Nahrungsbestandteile und damit zu einem Verlust von Kalorien. Dies ist neben dem gesteigerten Energieverbrauch die Ursache für den auftretenden Gewichtsverlust, der bei fast allen Patienten mit Hyperthyreose typisch ist. Nur bei einigen jungen Patienten mit relativ mild ausgeprägter Schilddrüsenüberfunktion führt eine Appetitsteigerung und eine vermehrte Nahrungszufuhr gelegentlich sogar zu einer Gewichts-

zunahme, während bei alten Patienten Appetitverlust und damit verbunden eine rasche Gewichtsabnahme überwiegt.
Leider führt die Kombination von Gewichtsverlust und abdominellen Beschwerden oft dazu, daß bereits eine komplette Diagnostik des Magen-Darm-Traktes und der Verdauungsorgane durchgeführt wurde, noch bevor die Diagnose einer Schilddrüsenüberfunktion als Ursache erwogen wird. Damit ist aber die Gefahr verbunden, daß die Patienten im Rahmen der diagnostischen Maßnahmen jodhaltige Röntgenkontrastmittel erhalten, was dann durch den hohen Jodgehalt dieser Substanzen zu einer Verschlimmerung der Schilddrüsenüberfunktion führen kann.
Deshalb ist es wichtig, bei Beschwerden des Magen-Darm-Traktes frühzeitig an eine Schilddrüsenüberfunktion zu denken, die einfach abgeklärt werden kann, noch bevor sehr viel eingreifendere Untersuchungen durchgeführt werden.

Symptome des Energiestoffwechsels
Bei Schilddrüsenüberfunktion ist der Energieverbrauch erheblich gesteigert, die Verstoffwechselung von Kohlenhydraten, Fetten und Eiweiß ist beschleunigt. Dies führt auch zu einer vermehrten Wärmeproduktion im Körper, und ist schließlich die Ursache dafür, daß die meisten Patienten Wärme meiden, daß sie sich im Winter nur dünn bekleiden, daß sie Heizungen drosseln, Fenster öffnen und hierdurch auch mit Familienangehörigen und Arbeitskollegen in Konflikte geraten. Diese sog. Wärmeintoleranz ist von einer meist meßbaren Steigerung der Körpertemperatur begleitet, die über 37 °C, aber meist nicht über 38 °C liegt, also im Bereich der subfebrilen Temperaturen.
Außerdem schwitzen die Patienten ausgesprochen stark, und zwar am ganzen Körper, nicht nur an den Stellen, an denen auch vegetativ labile Patienten häufig schwitzen wie an den Handinnenflächen, den Achselhöhlen, den Fußsohlen etc. So erscheint denn auch die Haut von Patienten mit Schilddrüsenüberfunktion warm, gut durchblutet, also meist eher gerötet und feucht.
Der gesteigerte Energieverbrauch ist Ursache für die bereits genannte Gewichtsabnahme, und er ist durch die rasche Verstoffwechselung von Fetten auch die Ursache für meist niedrige Blutfettkonzentrationen. So liegen sowohl der Cholesterinspiegel als auch die Neutralfette meist im unteren Bereich der Norm.

Veränderungen der Haut und ihrer Anhangsgebilde

Bei der Hyperthyreose ist die Haut warm, feucht, gut durchblutet, rosig, samtartig. Dies fällt besonders bei alten Menschen auf, deren Haut ja physiologischerweise eher trocken, faltig und spröde wird. Die Haut alter Menschen mit Hyperthyreose wirkt wesentlich jünger. Es besteht eine Schweißneigung am ganzen Körper. Die Haut neigt zu fleckigen Rötungen, und wenn man Hautareale mit einem spitzen Gegenstand bestreicht, bildet sich of rasch ein roter Streifen (sog. Dermographismus).

Häufig klagen Patienten mit Hyperthyreose über starken Haarausfall, was bei Frauen mitunter als so gravierend empfunden wird, daß sie deshalb den Arzt aufsuchen und der Haarausfall als Hauptsymptom schließlich Anlaß zur Diagnose der Schilddrüsenüberfunktion wird.

Nur bei der immunologisch bedingten Form der Überfunktion, bei der Basedow'schen Krankheit, kommt gelegentlich eine zusätzliche Hautveränderung vor, die als infiltrative Dermopathie bezeichnet wird. Sie ist üblicherweise an der Vorderseite des Unterschenkels lokalisiert. Es handelt sich um leicht erhabene, rötlich-bläuliche Flecken, die nur selten Juckreiz hervorrufen und daher von den Patienten selbst meistens nicht bemerkt werden.

Alle immunologisch bedingten Schilddrüsenerkrankungen, auch die chronische Schilddrüsenentzündung, können mit einem großflächigen, meist scharf begrenztem Pigmentverlust der Haut assoziiert sein, der sog. Vitiligo. Diese nicht selten vorkommende Kombination ist Ausdruck einer genetischen Disposition für Autoimmunerkrankungen.

Symptome von seiten der Psyche und Persönlichkeit

Die innere Unruhe, Erregbarkeit, Reizbarkeit, emotionale Labilität und Rastlosigkeit von Patienten mit Schilddrüsenüberfunktion sind gelegentlich Leitsymptome, mindestens aber Begleitsymptom und können schon bei der Erhebung der Krankengeschichte und der Untersuchung durch den Arzt festgestellt werden. Oft haben diese Veränderungen auch schon in der Familie und mit Lebenspartnern zu Konflikten geführt.

Daneben findet sich häufig eine Unterschätzung bzw. Untertreibung von körperlichen Beschwerden. Die Patienten wollen mehr als sie können und überfordern sich leicht. Eine Konzentrationsschwäche kommt häufig vor, andere intellektuelle Funktionen sind nicht beeinträchtigt.

Manifestationen an Nervensystem und Muskulatur

Nicht selten tritt als erstes Symptom ein typisches, feinschlägiges Zittern der Hände auf, das bei alltäglichen Dingen wie beim Einschenken von Getränken, beim Halten einer Kaffeetasse auf einer Untertasse, beim Handarbeiten etc. auffällt. Dieses Zittern zusammen mit motorischer Unruhe und Rastlosigkeit ist ein außerordentlich typisches Symptom der Schilddrüsenüberfunktion.

Durch den hohen Energieverbrauch wird auch die Muskulatur bei der Schilddrüsenüberfunktion rasch abgebaut und zurückgebildet, die Muskeln fallen ein, werden atrophisch, insbesondere im Bereich des Schulter- und des Beckengürtels. Dies führt zu einer ausgeprägten Schwäche, die die Patienten bei körperlichen Tätigkeiten, z. B. beim Heben von Gewichten und Lasten beklagen.

Die Zurückbildung der Muskulatur am Schulter- und Beckengürtel übersteigt das Ausmaß der allgemeinen Gewichtsabnahme beträchtlich. Bei bettlägerigen Patienten mit schwerer Schilddrüsenüberfunktion kann innerhalb weniger Wochen die Muskulatur an der Schulter und am Oberschenkel völlig schwinden. Entsprechend langsam wird anschließend die Mobilisation dieser Patienten gelingen.

Gelegentlich kommen auch Gefühlsstörungen und Mißempfindungen durch Veränderungen der sensiblen Nerven vor, die aber nach Behebung der Schilddrüsenfunktionsstörung nicht mehr auftreten.

Symptome am Reproduktionssystem

Die Schilddrüsenüberfunktion ist bei der Frau häufig von Zyklusstörungen jedweder Art begleitet. Es kommen sowohl eine Verkürzung des Menstruationszyklus als auch eine Verlängerung oder ein völliges Ausbleiben der Regel vor. Bei beiden Geschlechtern kommt es zur Abnahme der Libido, bei Männern zur Abnahme der Potenz und wiederum bei beiden Geschlechtern zur Abnahme der Fruchtbarkeit. Dies kann Anlaß zur Erwägung einer Schilddrüsenkrankheit und zu entsprechenden Untersuchungen sein.

Sofern Frauen mit einer Schilddrüsenüberfunktion schwanger werden, sind die Komplikationen des Schwangerschaftsverlaufes wie Fehlgeburten im ersten und zweiten Schwangerschaftsdrittel, Frühgeburten, vorzeitige Wehentätigkeit, vorzeitige Lösung des Mutterkuchens etc. häufiger als bei gesunden Frauen.

Auch sind bei schwerer Schilddrüsenüberfunktion Mißbildungen bei den Kindern überzufällig häufig. Allerdings werden hyperthyreote Frauen wegen der gestörten Fruchtbarkeit nur selten schwanger.

Andere Organmanifestationen

Der gesteigerte Stoffwechsel betrifft bei Patienten mit Schilddrüsenüberfunktion auch das Skelettsystem, d. h. die Knochen. Es entwickelt sich ein höherer Knochenumsatz und damit auch die Gefahr eines beschleunigten Knochenabbaus. Dies ist bei lange bestehender Schilddrüsenüberfunktion eindeutig erwiesen und führt zu einer besonderen Form des Knochenschwundes (Osteoporose). Da eine einmal eingetretene Entkalkung der Knochen nur schwer wieder zu beheben ist, ist auch unter diesem Gesichtspunkt eine rasche Diagnosestellung und Behandlung einer Schilddrüsenüberfunktion wichtig.
Häufig ist bei Schilddrüsenüberfunktion auch die Leber betroffen. Dies läßt sich an bestimmten laborchemischen Veränderungen ebenso erkennen wie bei der Untersuchung von Lebergewebe. Da auch die Medikamente zur Behandlung der Schilddrüsenüberfunktion Leberveränderungen hervorrufen können, sollten deshalb die Leberwerte immer vor Beginn einer Behandlung der Schilddrüsenüberfunktion bekannt sein.
Auch Blutbildveränderungen kommen bei der Schilddrüsenüberfunktion vor. Häufig ist eine grenzwertige Verminderung der weißen Blutkörperchen. Auch dies ist im Hinblick auf die Nebenwirkung der schilddrüsenbremsenden Medikamente wichtig.

Thyreotoxische Krise

Die thyreotoxische Krise ist die kritische Steigerung der Symptomatik einer Hyperthyreose zu einem lebensbedrohlichen Krankheitsbild. Zu den Symptomen gehören: Schläfrigkeit, Verwirrtheit, Desorientiertheit bis hin zur Bewußtlosigkeit. Ansonsten besteht eine schnelle Pulsfolge von über 150/min. sowie Herzrhythmusstörungen, Überwärmung des Körpers, Adynamie und Schwäche, Durchfälle, Flüssigkeitsverlust, Zittern, Unruhe, Agitiertheit.
Die thyreotoxische Krise wird bei bereits vorbestehender Schilddrüsenüberfunktion durch eine Reihe von Faktoren und Streßsituationen ausgelöst wie emotionaler Streß, Infektionen, fieberhafte Erkrankungen, Entgleisungen einer Zuckerkrankheit, Unfälle, Operationen.

Außerdem ist bei der Auslösung einer thyreotoxischen Krise nicht selten die sog. Jodexposition, d.h. die Aufnahme großer Mengen von Jod ursächlich beteiligt.
Leider gibt es heute sehr viele Quellen, die eine solche Jodexposition verursachen können. Die meisten dieser Quellen liegen zwar im medizinischen Bereich, wo eine ganze Reihe von Medikamenten genügend große Mengen Jod enthalten, um die Entwicklung einer Schilddrüsenüberfunktion und einer thyreotoxischen Krisen auszulösen, aber es gibt auch durchaus Möglichkeiten, einer Jodexposition durch nicht rezept- und verschreibungspflichte Medikamente.
Die hier in Frage kommenden Medikamentengruppen sind:
- Röntgenkontrastmittel
- sekretlösende Medikamente, die bei Bronchitis und Asthma eingesetzt werden
- Medikamente gegen Herzrhythmusstörungen
- Desinfektionsmittel, deren Jodgehalt über die Haut gut aufgenommen wird
- Augentropfen
- sog. Geriatrika.

Insbesondere die beiden letzten Medikamentengruppen werden häufig von Patienten ohne Verschreibung verwendet. Alte Menschen nehmen z.B. oft Tropfen gegen den sog. grauen Star, die Jod als Desinfektionsmittel enthalten, und die in der Laienpresse oft angepriesenen Medikamente „gegen das Altern" (Geriatrika) enthalten nicht selten Jod.
Jodhaltige Augentropfen auf dem deutschen Medikamentenmarkt sind:
- Phospholinjodid
- Protagent SE
- Katarakton
- Durajod
- Ger N in der Ophtiole
- Pherajod
- Solan
- Vidirakt N
- Vitreolent N

Alle diese Augentropfen enthalten genügend Jod, das gut über die Bin-

dehaut in den Körper aufgenommen wird, um eine Schilddrüsenüberfunktion oder gar eine thyreotoxische Krise auszulösen.
Jodhaltige Geriatrika auf dem deutschen Markt sind:
Geriatric Pharmaton und
Poikigeron.
Beide Medikamente enthalten 260 bzw. 250 μg Kaliumjodid pro Kapsel. Bei einer Einnahme von drei Kapseln pro Tag bedeutet dies immerhin eine Jodexposition von etwa 750 μg pro Tag und damit das vierfache des normalen Jodbedarfes.
Manchmal reicht es zur Auslösung einer Schilddrüsenüberfunktion auch schon aus, daß sich Patienten mit einer Knotenstruma und einer Autonomie, die bisher noch nicht zu einer Überfunktion geführt hat, während eines Urlaubsaufenthaltes in Regionen fahren, in denen die Jodzufuhr wesentlich höher ist als bei uns. Dies gilt vor allen Dingen für die Vereinigten Staaten von Amerika; dort wird bei hohem Brotkonsum zusätzlich zum Jodsalz sehr viel Jod zugeführt. Nicht selten kommt es vor, daß dann nach der Rückkehr von einem USA-Aufenthalt innerhalb von wenigen Wochen oder Monaten eine Schilddrüsenüberfunktion entsteht.

d) Untersuchungen bei Verdacht auf Hyperthyreose

Wie schon im Kapitel E „Untersuchungsmethoden bei Schilddrüsenkrankheiten" dargelegt, kann die Abklärung der Schilddrüsenfunktionsstörung und damit auch der Schilddrüsenüberfunktion allein durch Untersuchungen des Blutes erfolgen. Diese Untersuchungen sind also für den betroffenen Patienten in keiner Weise aufwendig. Es reicht in der Regel eine Blutentnahme, gelegentlich eine zweite nach Stimulation mit TRH im sog. TRH-Test.
Wenn der Verdacht auf eine Schilddrüsenüberfunktion besteht und begründet ist, dann ist die Bestimmung beider peripherer Schilddrüsenhormone, also des T4 und des T3 erforderlich. Bei ambulanten Patienten in der Praxis des niedergelassenen Arztes wurden am häufigsten die Gesamthormonkonzentrationen von T3 und T4 bestimmt, bei der die freien Hormonkonzentrationen f T3 und f T4 miterfaßt werden.
Bei der Bestimmung der Gesamthormonkonzentrationen muß berück-

sichtigt werden, daß es Situationen gibt, in denen diese durch Veränderungen der Bindungsproteine der Schilddrüsenhormone, insbesondere des Thyroxin-bindenden Globulins TBG verändert sein können. Die häufigste vorkommende Situation ist die der Östrogeneinnahme bei jungen Frauen. Östrogene bewirken in der Leber eine Mehrsynthese von TBG und führen damit zu höheren Gesamthormonkonzentrationen. Wenn die Einnahme von Östrogenpräparaten bekannt ist, dann stellt dies bei der Interpretation der Werte in der Regel kein großes Problem dar. Außerdem kann die TBG-Konzentration selbst bestimmt werden. Die Erhöhung der Gesamthormonkonzentrationen wird dann durch die hohe TBG-Konzentration korrigiert, z. B. durch Berechnung des sog. T4: TBG-Quotienten.

Bei der Schilddrüsenüberfunktion ist wegen der sog. negativen Rückkopplung das thyreotrope Hormon TSH der Hypophyse unterdrückt, d. h. es ist nicht meßbar. Dies ist ein weiterer wichtiger Wert, insbesondere dann, wenn die Schilddrüsenhormonkonzentrationen nur grenzwertig verändert sind oder wenn durch Begleiterkrankungen oder Medikamenteneinnahme die Bestimmung der Schilddrüsenhormonkonzentrationen gestört werden kann. In ausgewählten, besonderen Fällen kann auch heute noch der sog. TRH-Stimulationstest wichtig sein, bei dem Patienten nach der ersten Blutentnahme TRH injiziert oder als Nasenspray verabfolgt wird. Nach einer halben Stunde wird dann eine zweite Blutentnahme durchgeführt. Im typischen Fall steigt die TSH-Konzentration im Serum von hyperthyreoten Patienten nicht an.

Alle diese laborchemischen Bestimmungen, die durch sog. Immuno-Assays durchgeführt werden, sind heute Routinemethoden, die in klinisch-chemischen oder in nuklearmedizinischen Labors selbstverständlich durchgeführt werden.

Dennoch ist damit die Diagnostik einer Schilddrüsenüberfunktion nicht abgeschlossen, da ja wegen der unterschiedlichen Behandlungsmöglichkeiten und Verlaufsformen die Ursache bzw. die Form der Hyperthyreose geklärt werden muß.

Zur Charakterisierung der Form der Schilddrüsenüberfunktion sind zum einen Antikörperbestimmungen notwendig, die ebenfalls aus dem Blut des Patienten durchgeführt werden. Die immunogene Form der Schilddrüsenüberfunktion in Form der Basedow'schen Erkrankung ist fast immer von der Erhöhung der sog. schilddrüsenstimulierenden Immunoglo-

buline begleitet, d.h. der Antikörper, die sich an den Thyreotropinrezeptor der Schilddrüsenzelle binden. Diese sog. Thyreotropinrezeptor-Antikörper werden in einem entsprechenden Testverfahren (TRAK-Test) bestimmt. Bei positivem Befund ist die immunologische Ursache der Erkrankung geklärt. Allerdings gibt es auch selten immunologisch bedingte Hyperthyreosen, bei denen diese Antikörper nicht erhöht sind.
Im Rahmen der vorübergehenden Schilddrüsenüberfunktion bei Schilddrüsenentzündungen können auch die mikrosomalen Antikörper und die Thyreoglobulinantikörper (MAK und TgAK) stark erhöht gemessen werden.
Am Patienten selbst müssen die Ultraschalluntersuchung und die szintigraphische Untersuchung der Schilddrüse durchgeführt werden, die ebenfalls zur Differenzierung der verschiedenen Formen der Schilddrüsenüberfunktion entscheidend beitragen.

Ultraschalluntersuchung bei Schilddrüsenüberfunktion
Ein ganz typisches, die Ursache beinahe beweisendes Gewebsmuster findet sich bei der Ultraschalluntersuchung von Patienten mit Basedow'scher Erkrankung.
Die Schilddrüse findet sich hier in der Regel nicht nur gleichmäßig vergrößert, sondern sie weist auch typische Veränderungen des Reflexverhaltens auf dem Ultraschallbild auf. Wir sprechen von einem echoarmen Binnenreflexmuster. Das bedeutet auf dem üblicherweise angefertigten Ultraschallbild, daß die Schilddrüse insgesamt sehr viel dunkler erscheint, als die normale Schilddrüse, die ein gleichmäßig graues Binnenreflexmuster hervorruft (s. Abb. 17). Ein ähnliches echoarmes, dunkles, manchmal fast schwarzes Binnenreflexmuster findet sich nur noch bei Schilddrüsenentzündungen. Eine Jodmangelstruma sieht schon auf den ersten Blick erkennbar völlig anders aus. Nur wenige Patienten mit Basedow'scher Erkrankung zeigen bei der Sonographie dieses typische Binnenreflexmuster nicht und können dann nur über die anderen Verfahren eindeutig identifiziert werden.
Bei den solitären autonomen Adenomen lassen sich im Ultraschallbild meistens innerhalb des sonst normalen Gewebemusters gut abgrenzbare, echoarme (d.h. dunklere) Knoten darstellen. Allerdings erlaubt die Ultraschalluntersuchung alleine diese Zuordnung nicht, sondern nur im Zusammenhang mit einem Szintigramm, das dann entsprechend einem

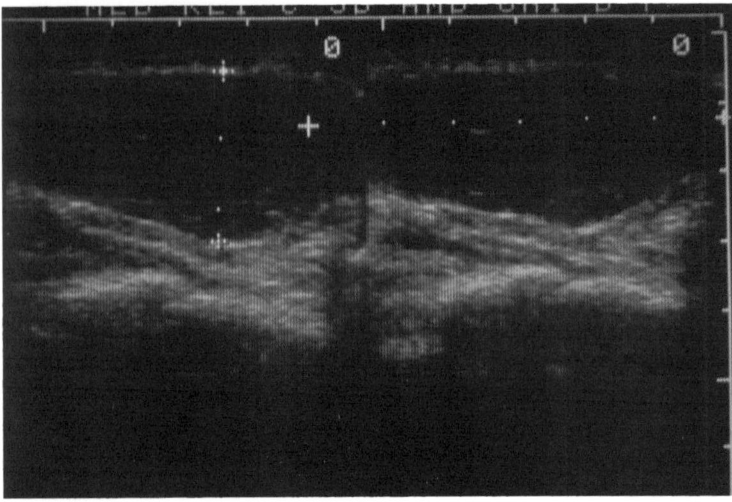

Abb. 17a: *Sonographisches Bild einer diffus echoarmen, „dunklen" Schilddrüse bei Basedow'scher Erkrankung.*

solchen Knoten im Ultraschallbild einen heißen Knoten im Szintigramm darstellt. Der sonographisch echoarme, szintigraphisch heiße Knoten ist der typische Befund des autonomen Schilddrüsenadenoms (s. Abb. 18). Bei der mehrknotigen Struma finden sich oft ganz bizarre Veränderungen des Gewebsmusters im Ultraschallbild, z. B. von Knoten, die durch eine umgebende Kapsel, die sich meist als echoarmer Randsaum darstellt, abgrenzbar werden, von Knoten, die Zeichen degenerativer oder regressiver Veränderungen aufweisen, wie z. B. zystische Hohlraumbildungen. Diese flüssigkeitsgefüllten zystischen Anteile sind im Ultraschallbild echofrei, d. h. schwarz. Kalkeinlagerungen stellen sich als echodichte Reflexe mit einem dahinter gelegenen „Schallschatten" dar. Die Ultraschalluntersuchung erlaubt in jedem Fall auch die relativ exakte Beschreibung der Größe der Struma und deren Ausdehnung.

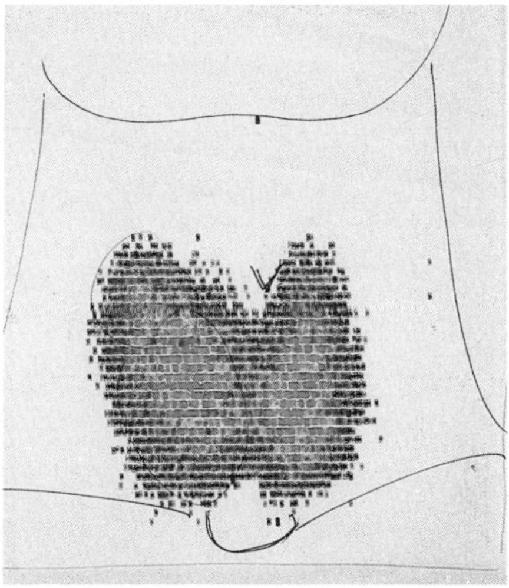

Abb. 17b: *Szintigraphische Darstellung der gleichen Patientin mit einer diffusen, intensiven Aufnahme des radioaktiven Jods durch die diffuse, rechtsbetonte Struma.*

Szintigraphische Untersuchungen bei Schilddrüsenüberfunktion

Zumindest bei der Erstuntersuchung eines Patienten mit einer Schilddrüsenüberfunktion sollte in der Regel auch ein Schilddrüsenszintigramm durchgeführt werden. Dieses ist unabdingbar bei Patienten mit Knotenstrumen; bei jungen Patienten mit diffuser Struma und klassischer Basedow'scher Erkrankung kann man heute über die Notwendigkeit der szintigraphischen Untersuchung geteilter Meinung sein.

In jedem Fall sollte bei der szintigraphischen Untersuchung nicht auf die Möglichkeit auch der quantitativen Funktionserfassung verzichtet werden. Dies geschieht, indem nach der Verabreichung der radioaktiven Substanz (entweder Technetium –99 m oder Jod –123) die Aufnahme dieser radioaktiven Substanz in die Schilddrüse quantitativ gemessen wird. Bei Schilddrüsenüberfunktion, insbesondere beim Morbus Basedow, ist diese Aufnahme des radioaktiven Nuklids deutlich gesteigert (s. Abb. 17).

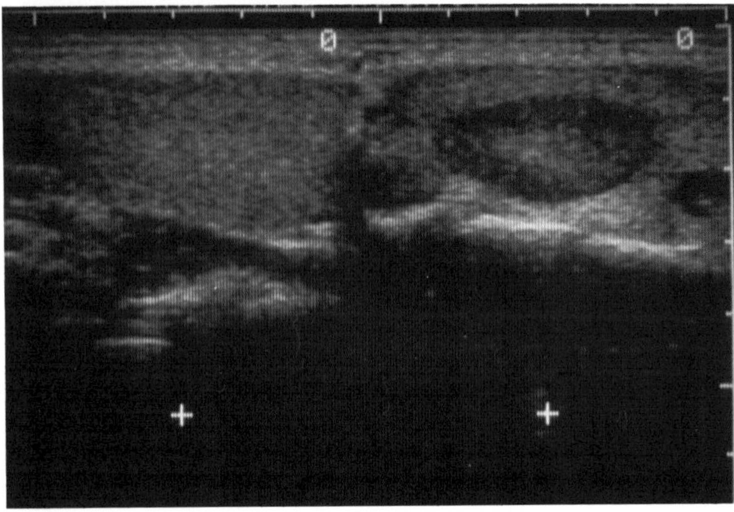

Abb. 18a:: *Sonographische Darstellung eines echoarmen, „dunklen" Knotens im linken Schilddrüsenlappen bei normalem rechten Schilddrüsenlappen.*

Während eine normale Schilddrüse von Technetium etwa bis 4% aufnimmt, liegt die Nuklidaufnahme bei Basedow deutlich höher, z.B. bis über 10%.

Nach Speicherung des radioaktiven Nuklids in der Schilddrüse wird dann die morphologische Aufzeichnung der Schilddrüse vorgenommen, entweder in Form eines statischen Szintigramms oder in Form der Kameraszintigraphie mit der Gammakamera. (Die unterschiedlichen Methoden sind bereits im Kapitel E „Untersuchungsmethoden bei Schilddrüsenkrankheiten" dargestellt).

Beim Morbus Basedow findet sich typischerweise eine gleichmäßige, diffuse, gesteigerte Aufnahme von Technetium oder Jod in die gesamte Schilddrüse. Beim solitären autonomen Schilddrüsenadenom findet sich ein heißer Knoten. Das übrige Schilddrüsengewebe nimmt in der Regel die radioaktive Substanz überhaupt nicht mehr oder nur so gering auf, daß dies im Szintigramm nicht zur Darstellung kommt. In einem sol-

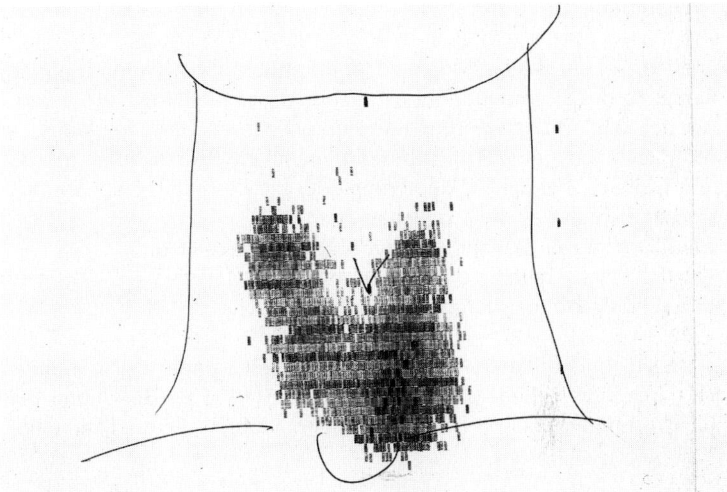

Abb. 18b: *Szintigraphische Darstellung der gleichen Patientin mit einem „heißen" Knoten in der Basis des linken Schilddrüsenlappens entsprechend einem kompensierten autonomen Schilddrüsenadenom.*

chen Fall, wo sich nur noch das Adenom als heißer Knoten darstellt, spricht man von einem dekompensierten autonomen Adenom (s. Abb. 19).

Wenn sich übriges Schilddrüsengewebe noch darstellen läßt, dann spricht man von einem sog. kompensierten Adenom. In diesen Fällen liegt aber meist noch keine eindeutige Schilddrüsenüberfunktion vor.

Bei den multifokalen Autonomien finden sich unregelmäßig über die Schilddrüse verteilt mehrere Areale von gesteigerter und intensiver Speicherung des Nuklids, während andere Bereiche der Schilddrüse kein Nuklid aufnehmen, also als sog. kalte Areale erscheinen.

(Siehe Abbildung 9).

e) Behandlung

Das erste Ziel der Behandlung einer Schilddrüsenüberfunktion muß die Beseitigung des Hormonüberschusses sein, damit die klinische Symptomatik der Schilddrüsenüberfunktion sich wieder zurückbilden kann. Sofern gleichzeitig eine Struma besteht, die lokale Beschwerden macht, ist ein weiteres Ziel die Verkleinerung oder die Beseitigung der Struma. Grundsätzlich gibt es die Möglichkeit der

- medikamentösen Behandlung mit sogen. Thyreostatika
- chirurgischen Therapie durch Operation
- Strahlenbehandlung durch Radiojodtherapie

Die zweite und dritte Behandlungsmöglichkeit stellen sog. definitive oder dauerhafte Behandlungsformen dar, die zu einer Beseitiung der Schilddrüsenüberfunktion auf Dauer führen, währen die medikamentö-

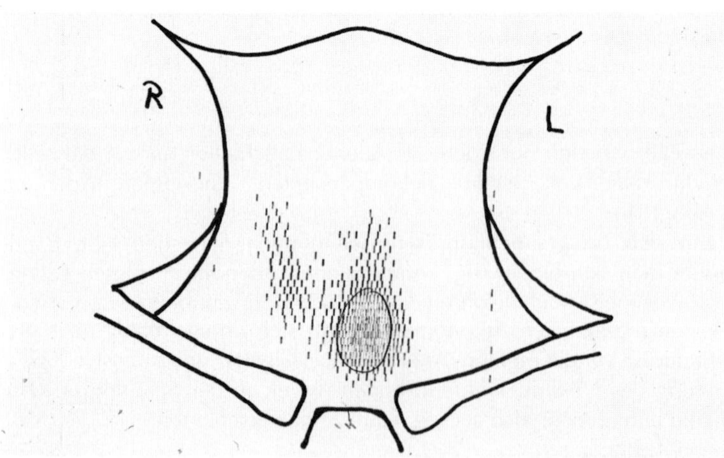

Abb. 19a: *Szintigraphische Darstellung eines kompensierten autonomen Schilddrüsenadenoms links (der rechte Schilddrüsenlappen stellt sich gerade noch dar).*

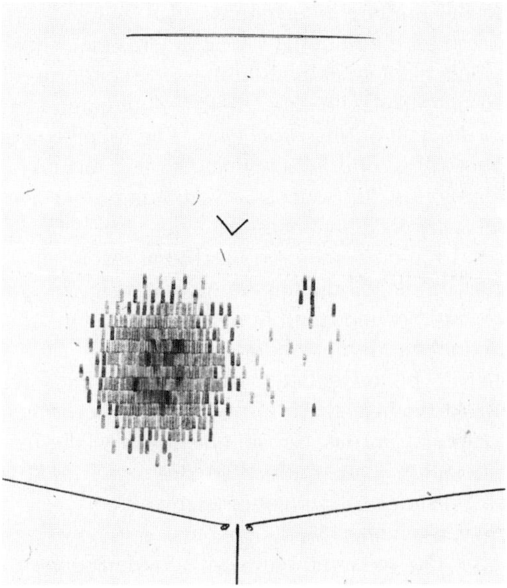

Abb. 19b: *Darstellung eines dekompensierten autonomen Schilddrüsenadenoms des rechten Lappens (fehlende Darstellung des linken Lappens).*

se Behandlung in der Regel nur vorübergehend, d.h. für die Dauer der Durchführung dieser Medikamentenbehandlung zu einer Beseitigung der Überfunktion führt.

Da aber die Durchführung der definitiven Verfahren, nämlich der Operation und der Radiojodtherapie, bei Bestehen einer klinisch ausgeprägten Hyperthyreose mit einer Reihe von Komplikationen behaftet ist, gilt es heute als Grundsatz, von dem nur in Ausnahmefällen abgewichen wird, daß bei jeder Schilddrüsenüberfunktion der Hormonüberschuß durch Medikamente behoben wird und zunächst die klinische Symptomatik der Schilddrüsenüberfunktion normalisiert werden muß. Erst danach kommen dann die definitiven Therapieverfahren wie Operationen und Radiojodtherapie in Frage.

Medikamentöse Behandlung mit Thyreostatika

Thyreostatika hemmen die Bildung von Schilddrüsenhormonen. Es gibt verschiedene Möglichkeiten, in die Bildung von Schilddrüsenhormonen in der Schilddrüsenfollikelzelle einzugreifen. Zum einen kann man die *Jodaufnahme in die Schilddrüse blockieren.* Die Medikamente werden aber nur ausnahmsweise und in Sondersituationen für die Behandlung der Schilddrüsenüberfunktion oder zur Verhütung einer Schilddrüsenüberfunktion bei Jodexposition eingesetzt. Eine dabei in Frage kommende Substanz ist das Kaliumperchlorat. Perchlorat ist ein einfach negativ geladenes Ion, das mit dem Jodid um die Aufnahme in die Schilddrüsenzelle konkurriert und bei genügend hoher Konzentration zu einer Blokkade der Jodidaufnahme in die Schilddrüse führt.

Die heute in aller Regel verwendeten Thyreostatika sind solche Arzneimittel, die in die Hormonsynthese in der Schilddrüsenzelle eingreifen, d.h. die den Jodeinbau in das Tyrosinmolekül bzw. die jenen chemischen Schritt blockieren, in dem die Thyroxin- und Trijodthyronin-Moleküle aus ihren Vorstufen zusammengesetzt werden.

Insofern sind die verwendeten Medikamente alle sog. *Synthesehemmer,* sie hemmen also die Neusynthese von Schilddrüsenhormonen, sie bremsen allerdings nicht die Abgabe und Sekretion des bereits in der Schilddrüse gespeichert vorliegenden Schilddrüsenhormons. Dies ist ein gewisser Nachteil, der zumindest dazu führt, daß die Wirkungen der Behandlung erst mit einer gewissen Verzögerung, d.h. nach einigen Tagen, manchmal sogar erst nach zwei bis drei Wochen einsetzen. Besserung der Beschwerden werden für den Patienten deshalb nicht sofort, sondern erst nach einer gewissen Zeit dann spürbar.

Die in Frage kommenden Substanzen sind

- Thiamazol (Handelsnamen: „Favistan, Thiamazol undd Thyrazol").
- Carbimazol (Handelsnamen: „Carbimazol, neo-morphazole").
- Propylthiouracil (Handelsname: „Propycil").

Üblicherweise wird so vorgegangen, daß anfangs eine relativ hohe Dosis dieser Medikamente verabreicht wird, um einen raschen Effekt zu erzielen. Die Medikamente werden in der Schilddrüse gespeichert und bewirken dort die Hemmung der Hormonsynthese. Anfangs werden z.B. 2 bis 4 Tabletten der oben genannten Medikamente entsprechend 10 bis 40 mg von Thiamazol und Carbimazol, bzw. 100 bis 400 mg von

Prophylthiouracil täglich verabreicht. Wenn die Beschwerden besser werden, und die Schilddrüsenhormonkonzentrationen im Blut eine abfallende Tendenz zeigen, dann wird die Dosis dieser Medikamente reduziert. Meist ist dieser Zeitpunkt zwei bis drei Wochen nach Therapiebeginn gekommen, so daß dann wesentlich niedrigere Dosierungen, z.B. 5 bis max. 20 mg von Thiamazol oder Carbimazol und 50 bis 150 mg von Prophylthiouracil als längerfristige Therapie gegeben werden.

Nebenwirkungen der Thyreostatika

Die Dosisreduktion ist wichtig, einmal, um eine zu starke Bremsung der Schilddrüsenfunktion im Sinne einer dann entstehenden Unterfunktion zu vermeiden, zum anderen auch wegen der Nebenwirkungen der Medikamente. Allen genannten Medikamenten ist gemeinsam, daß Patienten gegen sie *Allergien* entwickeln können, die sich dann in der Regel als juckender Hautausschlag zeigen. Außerdem haben die Medikamente mögliche *schädigende Wirkungen auf die Leber,* weshalb unter der Behandlung regelmäßig die Bestimmung zweier Leberenzyme notwendig ist (sog. Alkalische Phosphatase und gamma-GT). Wenn diese Werte während der Behandlung ansteigen, dann muß eine andere Behandlungsform gewählt werden.

Auch das *blutbildende Knochenmark* kann durch diese Thyreostatika in seltenen Fällen geschädigt werden. Dies ist eine sehr schwerwiegende Nebenwirkung, da sie zu einer Abwehrschwäche der Patienten führen kann (wenn die weißen Blutkörperchen betroffen sind) oder auch noch zu einer Gerinnungsstörung (Abfall der Blutplättchen) und zu einer ausgeprägten Anämie (Abfall der roten Blutkörperchen), wenn die Bildung sämtlicher Zellen des Knochenmarks durch diese Medikamente gebremst wird.

Solche gravierenden Nebenwirkungen zwingen dann zum Absetzen der Medikamente.

Nicht ganz selten kommt es vor, daß Patienten, die die genannten Medikamente einnehmen, über einen *bitteren, unangenehmen Geschmack im Mund* klagen. Dies ist zwar eine lästige, aber ungefährliche Nebenwirkung dieser Thyreostatika.

Die Entwicklung einer Schilddrüsenunterfunktion bei der Behandlung mit Thyreostatika kann durch Herabsetzung der Dosis nach entspre-

chenden Kontrollen verhindert werden. Sie kann aber auch verhindert werden, indem zusätzlich zu den bremsenden Medikamenten wieder das Schilddrüsenhormon Thyroxin gegeben wird. Beide Behandlungsmöglichkeiten – die Einzeltherapie mit Thyreostatika einerseits und die Kombinationsbehandlung mit Thyreostatika + Schilddrüsenhormon andererseits – sind prinzipiell möglich. Lediglich in der Schwangerschaft muß eine alleinige, niedrig dosierte Behandlung mit den Thyreostatika durchgeführt werden (s. Kapitel H „Sondersituationen").
Da die Basedow'sche Erkrankung als Autoimmunerkrankung dazu neigt, in Schüben zu verlaufen und bei dieser Erkrankung spontane Rückbildungen nach Monaten oder Jahren der Krankheit möglich sind, wird bei der Basedow'schen Erkrankung, wenn die Schilddrüse nicht zu groß ist, häufig eine sog. Langzeittherapie mit den genannten Medikamenten durchgeführt. Langzeittheraphie bedeutet einen Behandlungszeitraum von 1 bis 1½ Jahren. Leider gibt es keine Methode, mit der man während der Behandlung feststellen könnte, ob bei einem Patienten eine spontane Rückbildung oder Remission der Erkrankung eingetreten ist. Deshalb wird nach 1 bis 1½ Jahren die medikamentöse Behandlung beendet. Am klinischen Verlauf und an den weiteren Laboruntersuchungen kann man dann erkennen, ob die Erkrankung wirklich zur Ruhe gekommen ist oder ob sie erneut auftritt.
Bei allen anderen Fällen von Schilddrüsenüberfunktion, z. B. durch ein autonomes Schilddrüsenadenom oder durch eine multifokale Autonomie, sollte eine Langzeitbehandlung mit Thyreostatika nicht durchgeführt werden. Hier wird die Behandlung in der Regel nur solange erfolgen, bis die klinischen Beschwerden der Schilddrüsenüberfunktion verschwunden sind und die Laborwerte auch eine Normalisierung der Schilddrüsenhormonkonzentrationen anzeigen. Dann wird eines der definitiven Therapieverfahren, d. h. entweder die Operation oder die Radiojodtherapie durchgeführt.

Chirurgische Behandlung der Hyperthyreose durch Operation

Eine operative Entfernung bzw. Verkleinerung der Schilddrüse zur Behandlung einer Schilddrüsenüberfunktion wird immer dann angestrebt werden, wenn neben der Schilddrüsenüberfunktion gleichzeitig eine große Struma mit erheblichen, mechanischen Auswirkungen besteht oder aber, wenn z. B. bei einer Basedow'schen Erkrankung nach einer

durchgeführten Langzeitbehandlung mit Thyreostatika doch ein Rezidiv, also ein Wiederaufflackern der Erkrankung zustande kommt.
Die Operation wird erst dann durchgeführt, wenn die Stoffwechsellage des Patienten wieder normalisiert ist, wenn also die Beschwerden der Schilddrüsenüberfunktion verschwunden sind und die Schilddrüsenhormonwerte sich normalisiert haben. Bei der Operation wird im Falle der solitären autonomen Adenome bei sonst normaler Schilddrüse lediglich das Adenom entfernt unter Belassung einer normal großen Restschilddrüse. Bei der Basedow'schen Erkrankung wird heute eine weitgehende, fast vollständige Entfernung angestrebt, da das Wiederauftreten der Erkrankung zu einem späteren Zeitpunkt möglich ist, wenn man einen zu großen Schilddrüsenrest beläßt.
Auch bei den mehrknotigen Strumen muß in der Regel der größte Teil der Schilddrüse entfernt werden. Es wird versucht, etwas normales, nicht knotig verändertes und noch funktionstüchtiges Schilddrüsengewebe zurückzulassen.
Die Komplikationen der Strumaoperation wurden im Kapitel F „Therapiemöglichkeiten der Schilddrüsenkrankheiten" schon dargestellt. Es handelt sich vor allen Dingen um die Schädigung der Stimmbandnerven und um die Entfernung der Nebenschilddrüsen. Bei den alleinigen Entfernungen solitärer autonomer Adenome sind diese Komplikationen außerordentlich selten bzw. kommen überhaupt nicht vor, da hier nicht die Schilddrüse insgesamt, sondern lediglich der eine Knoten aus der Schilddrüse entfernt wird. Bei den ausgedehnteren, fast vollständigen Entfernungen der Schilddrüse allerdings kommen diese Komplikationen durchaus vor. Je größer die Erfahrung des Chirurgen ist, um so niedriger ist der Prozentsatz dieser Komplikationen. Sie liegen aber doch immerhin zwischen ein und drei Prozent bei Erstoperationen und bei drei bis zehn Prozent bei Zweitoperationen.
Der Anlaß für die chirurgische Behandlung der Schilddrüsenüberfunktion durch Operation ist also neben den großen Knotenstrumen mit mechanischen Auswirkungen auch die Rezidivhyperthyreose und natürlich sind auch bestehende kalte Knoten mit Wachstumstendenz und ein damit möglicherweise zusätzlich bestehender Verdacht eines Schilddrüsenkarzinoms eine weitere Operationsindikation.
Insgesamt ist aber das Vorkommen eines Schilddrüsenkrebses in einer Basedow-Struma oder in autonomen Knoten eher selten.

Radiojodtherapie wegen Schilddrüsenüberfunktion

Die Radiojodtherapie kommt insbesondere dann in Frage, wenn die Struma nicht zu groß ist, wenn die Patienten älter sind und wenn ein Rezidiv einer Hyperthyreose nach Operation oder nach thyreostatischer Therapie bei nicht zu großer Struma auftritt.

Auch die Radiojodtherapie wurde bereits in Kapitel F „Therapiemöglichkeiten bei Schilddrüsenkrankheiten" dargestellt. Hierauf sei an dieser Stelle verwiesen.

3. Unterfunktion der Schilddrüse (Hypothyreose)

a) Definition

Unter Hypothyreose verstehen wir ein Krankheitsbild, das durch den Mangel oder das Fehlen von Schilddrüsenhormonen an den verschiedenen Organen zustande kommt. Die häufigste Ursache für dieses Krankheitsbild ist die Unfähigkeit der Schilddrüse selbst, ihre Hormone zu produzieren, entweder weil sie durch den Krankheitsprozeß, meistens Schilddrüsenentzündungen, zerstört oder aber durch Behandlungsmaßnahmen wie Operation oder Radiojodbehandlung entfernt wurde.

Wenn eine Schilddrüsenunterfunktion durch derartige Veränderungen der Schilddrüse selbst bedingt ist, spricht man von einer primären Hypothyreose.

Wenn die Störung nicht in der Schilddrüse selbst, sondern in dem übergeordneten Steuerungszentrum der Hirnanhangsdrüse gelegen ist, dann spricht man von einer sekundären Hypothyreose. Über 95% aller Hypothyreosen sind primäre Formen.

b) Ursachen und Formen

Eine Schilddrüsenunterfunktion kann angeboren oder erworben sein (siehe auch Kapitel C: Einteilung der Schilddrüsenkrankheiten).

Die *angeborenen Hypothyreosen* sind entweder bedingt durch eine gestörte oder völlig fehlende Schilddrüsenanlage oder sie sind hervorgerufen durch einen Stoffwechseldefekt in der Schilddrüsenzelle, der dazu führt, daß trotz Vorhandensein einer zunächst normal großen Schilddrüse, Schilddrüsenhormone nicht richtig gebildet werden können. Angeborene Schilddrüsenunterfunktionen bestehen also auch schon während der Entwicklung des Kindes im Mutterleib. Insbesondere in der zweiten Schwangerschaftshälfte ist bei gesunden Kindern die Schilddrüse bereits in der Lage, den kindlichen Organismus zu versorgen. Wenn durch eine Entwicklungsstörung der kindlichen Schilddrüse dies nicht möglich ist, dann besteht bereits im Mutterleib, während der zweiten Schwangerschaftshälfte, ein Mangel an Schilddrüsenhormon für das Kind.

Da Schilddrüsenhormone jedoch für die Entwicklung, insbesondere des zentralen Nervensystems wichtig sind, kommt es bei diesen Erkrankungen bereits vor der Geburt zu Entwicklungsverzögerungen, die wahrscheinlich nicht mehr völlig rückgängig zu machen sind. Deshalb ist es ganz besonders wichtig, daß diese angeborenenn Schilddrüsenunterfunktionen unmittelbar bei oder nach der Geburt erkannt werden, damit die Behandlung möglichst frühzeitig einsetzen kann. Um eine solche frühzeitige Erkennung grundsätzlich zu ermöglichen, auch dann, wenn die angeborene Schilddrüsenunterfunktion des Kindes klinisch nicht sofort erkannt wird, wird heute grundsätzlich bei jedem Neugeborenen am 5. Lebenstag ein aus der Ferse entnommener Blutstropfen für die Untersuchung auf das schilddrüsenstimulierende Hormon TSH verwendet, das bei den angeborenen Schilddrüsenunterfunktionen immer stark erhöht ist. Auf diese Weise ist es heute möglich, die angeborene Schilddrüsenunterfunktion in aller Regel innerhalb der ersten zwei Lebenswochen sicher zu erkennen und mit der Behandlung unverzüglich zu beginnen.

Die *erworbenen Formen der Schilddrüsenunterfunktion,* die meist im errwachsenen Alter entstehen, haben folgende Ursachen:

1. Sie können Folge einer chronischen Schilddrüsenentzündung, der sog. Hashimoto-Thyreoiditis, sein.
2. Sie können nach chirurgischer Verkleinerung von Knotenstrumen entstehen, wenn die Schilddrüsenreste sehr klein sind.
3. Sie entstehen immer, wenn wegen eines Schilddrüsenkarzinoms eine vollständige Entfernung der Schilddrüse erfolgen muß.
4. Sie können nach der Radiojodbehandlung einer Schilddrüsenüberfunktion entstehen, insbesondere dann, wenn es sich um die immu-

nogene Form der Schilddrüsenüberfunktion, die sog. Basedow'sche Erkrankung, gehandelt hat.

5. Sie können durch langfristige, unkontrollierte und zu hoch dosierte Behandlung mit den die Schilddrüse bremsenden Medikamenten entstehen (sog. Thyreostatika).

Die Konsequenz all der aufgeführten Veränderungen der Schilddrüse ist die mangelnde Produktion von Schilddrüsenhormon und damit in der Folge ein Mangel von Schilddrüsenhormonen an den Körperorganen. Das eigentliche klinische Krankheitsbild setzt sich daher aus Symptomen von verschiedenen Organsystemen zusammen. Das Krankheitsbild ist grundsätzlich gleich, unabhängig von der zugrunde liegenden krankhaften Veränderung an der Schilddrüse selbst.

c) Subjektive Beschwerden und objektive Befunde

Die Symptome und Befunde bei Schilddrüsenunterfunktion sind gewissermaßen die Spiegelbilder der Symptomatik bei der Schilddrüsenüberfunktion. Prinzipiell sind die gleichen Organsysteme betroffen, und sie werden daher auch in der gleichen Reihenfolge erläutert (s. auch Kapitel D „Die Symptome und Organmanifestationen bei Schilddrüsenkrankheiten" bzw. Tabelle 7).

Herz-Kreislauf-Symptome

Nicht so eindrucksvoll wie bei der Hyperthyreose sind bei Schilddrüsenunterfunktion die Symptome des Herz-Kreislauf-Systems. Typisch ist eine Verlangsamung der Herzschlagfolge, also ein langsamer Pulsschlag, der aber oft von den Patienten gar nicht bemerkt oder empfunden wird. Als Folge der Steigerung des peripheren Gefäßwiderstandes besteht oft ein Bluthochdruck. Bei längerem Bestehen einer Schilddrüsenunterfunktion entwickelt sich meistens auch eine über das Altersmaß hinausgehende Gefäßverkalkung, wobei hier der Bluthochdruck und die gesteigerten Blutfettwerte eine besondere Rolle spielen. Deshalb finden sich auch nicht selten bei älteren Menschen mit Schilddrüsenunterfunktion Beschwerden wie bei der koronaren Herzerkrankung (Herzkranzgefäßverkalkung). Symptome, die man mit dem Begriff „Angina

pectoris" zusammenfaßt, sind Enge- und Druckgefühl sowie Schmerzen in der linken Brustkorbhälfte bzw. der Herzgegend, manchmal verbunden mit Ausstrahlung in den linken Arm, in die Schulter oder in den Hals, die in der Regel bei körperlicher Belastung verstärkt auftreten. Bei den meisten Patienten mit Hypothyreose ist auch das Herz deutlich vergrößert. Dies ist ebenfalls Folge des Bluthochdrucks, aber auch der Einlagerung von Flüssigkeit zwischen die Herzmuskelzellen und manchmal auch durch eine Flüssigkeitsansammlung im Herzbeutel, also einen Herzbeutelerguß (Perikarderguß). Weitere objektive Befunde, die bei der ärztlichen Untersuchung gefunden werden, sind EKG-Veränderungen, wobei die Amplitude der Zacken im EKG abnimmt.
Außerdem kann man eine Verlängerung der Pulswellenerscheinungszeit messen, und es sind oft auch die Herzmuskelenzyme erhöht meßbar (CPK und LDH).

Symptome des Magen-Darm-Traktes
Typisch für die Hypothyreose ist eine Verlangsamung der Magen-Darm-Passage und damit oft eine Neigung zur Verstopfung. Meist haben die betroffenen Patienten wenig Appetit und nehmen auch nur wenig Nahrung zu sich, trotzdem nehmen sie meist noch an Gewicht zu. Dies liegt an dem niedrigen Energieverbrauch bei der Schilddrüsenunterfunktion, bei der ja alle sauerstoff- und energieverbrauchenden Prozesse verlangsamt bzw. reduziert sind. Die Schilddrüsenunterfunktion ist die einzige Erkrankung, bei der in der Tat trotz geringer Kalorienzufuhr eine Gewichtszunahme vorkommt.

Symptome des Energiestoffwechsel
Wegen des gedrosselten Sauerstoff- und Energieverbrauchs und der geringen Wärmeproduktion neigen Patienten mit Schilddrüsenunterfunktion zum Frieren; sie halten sich am liebsten in sehr warmen Räumen auf. Ihre Körpertemperatur ist niedrig, manchmal unter 36°C. Auch die Haut ist auffallend kühl, blaß und trocken. Die Blutfette sind bei Patienten mit Schilddrüsenunterfunktion erhöht. Wie bereits erwähnt, ist diese Fettstoffwechselstörung zusammen mit dem Bluthochdruck ein wesentlicher Risikofaktor für das Entstehen einer frühzeitigen Gefäßverkalkung.

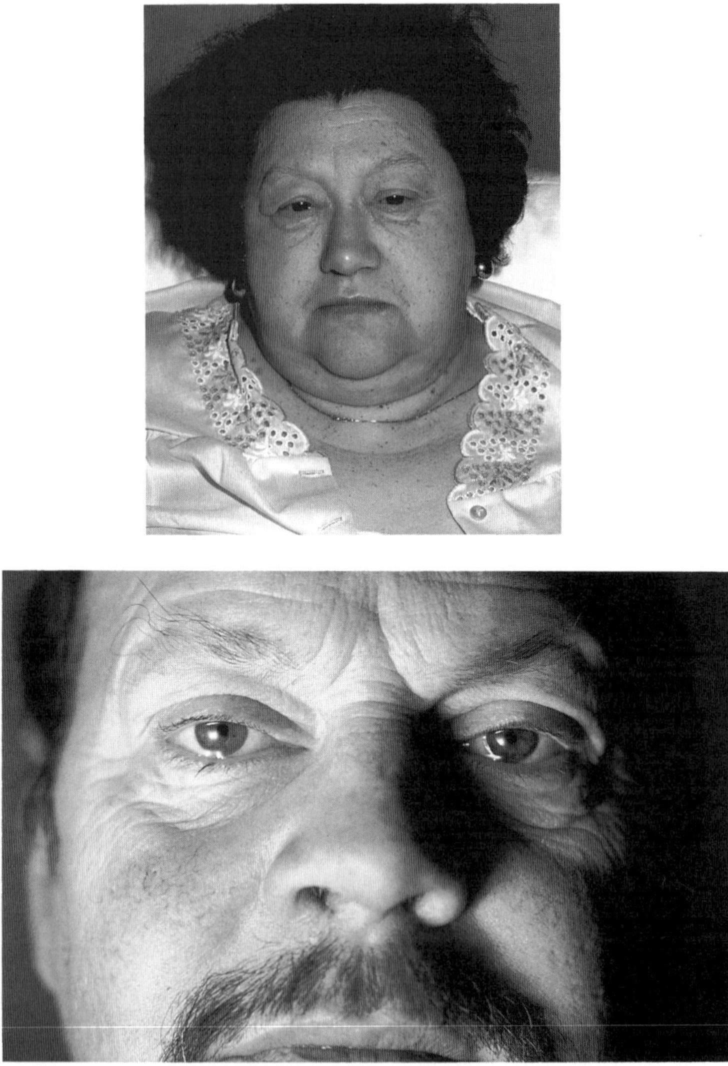

Abb. 20a, b: *Klinische Bilder zweier Patienten mit Schilddrüsenunterfunktion (Myxödem) mit typischer, teigiger Schwellung der Gesichtshaut, insbesondere im Bereich der Ober- und Unterlider.*

Veränderungen der Haut und Anhangsgebilde

Während die Symptome des Herzens und Verdauungstraktes kaum so dominierend sind, daß sie zur Diagnose der Schilddrüsenunterfunktion führen, finden sich die charakteristischsten Veränderungen der Erkrankung gerade an der Haut. Sie können so eindrucksvoll sein, daß eine Diagnosestellung auf den ersten Blick („prima vista") möglich ist. Die kühle, trockene, blaß-graue bis braune Haut zeigt bei schwerer Schilddrüsenunterfunktion eine teigig-weiche, nicht eindrückbare Schwellung, insbesondere der Gesichtshaut mit Betonung um die Augen herum, aber auch an den Extremitäten. Diese Schwellung kommt durch die Einlagerung von teigig-schleimigen Substanzen zustande. Deshalb sind die Schwellungen auch nicht eindrückbar. Im medizinischen Sprachgebrauch wird für die Veränderung der Begriff „Myxödem" verwendet, der als Synonym für eine schwere Schilddrüsenunterfunktion benutzt wird (Abb. 20).

Eine ähnliche Schwellung der Haut und ein ähnliches gelb-braun-gräuliches Hautkolorit kommt sonst nur noch bei schweren Nieren- und Leberfunktionsstörungen vor.

Verdickte, brüchige Fingernägel, oft mit Rillen und Flecken, können ebenso auf eine Schilddrüsenunterfunktion hinweisen wie trockenes, sprödes und brüchiges Haar, das verstärkt ausfällt.

Selten kommen bei Schilddrüsenunterfunktionen auch andere Hautveränderungen vor, die für das Vorliegen einer Autoimmunerkrankung sprechen, z.B. das großflächige Fehlen von Pigmenten in der Haut. Diese großflächigen, landkartenartigen Depigmentierungen werden als Vitiligo bezeichnet. Diese Hautveränderung ist Ausdruck einer Autoimmunerkrankung, ebenso wie die Schilddrüsenentzündung vom Typ Hashimoto. Letztlich ist das gemeinsame Vorkommen aber wohl lediglich Ausdruck einer genetischen Prädisposition für solche Erkrankungen. Ein Kausalzusammenhang zwischen der Schilddrüsenunterfunktion und diesen Hautveränderungen kann nicht hergestellt werden.

Symptome von seiten der Psyche und der Persönlichkeit

Die charakteristischsten Veränderungen bei der Schilddrüsenunterfunktion sind: Allgemeine Verlangsamung, die manchmal im Gespräch aufreizenden Charakter annehmen kann; Müdigkeit und Leistungsabfall können bei undifferenzierter Betrachtung sogar eine Demenz, also ei-

nen intellektuellen Abbau vortäuschen, der aber in Wirklichkeit fast nie besteht. Die Patienten sind meist sehr gut orientiert. Ihre Auskünfte sind aber stark verlangsamt, ebenso wie alle anderen differenzierten Hirnleistungen. Häufig ist bei schweren Schilddrüsenunterfunktionen eine gewisse friedliche Apathie, seltener eine depressive Reizbarkeit.
Die Stimme von Patienten mit Hypothyreose bzw. Myxödem ist tief und rauh, die Sprache ebenfalls verlangsamt und manchmal kloßig. Auch dies kann ein charakteristisches Leitsymptom sein.

Manifestationen an Nervensystem und Muskulatur

Typisch bei Schilddrüsenunterfunktion ist eine Verlangsamung der Bewegungsabläufe. Gelegentlich kommt es auch zu Störungen der Koordination, z. B. am Gangbild erkennbar. Objektiv läßt sich eine Verlängerung der Reflexzeiten und der Nervenleitgeschwindigkeit messen. Schwerhörigkeit ist ebenfalls häufig mit einer Schilddrüsenunterfunktion vergesellschaftet.
Die Muskulatur wirkt bei der Schilddrüsenunterfunktion eher kräftig. Sie ist dies aber nicht durch eine Vermehrung der Muskelmasse, sondern nur auf Kosten einer Einlagerung von Flüssigkeit zwischen den Muskelfasern; deshalb besteht auch muskuläre Schwäche und Adynamie. Hinzukommt aber auch die psychisch bedingte Antriebslosigkeit.

Symptome von seiten des Reproduktionssystems

Bei Frauen mit Schilddrüsenunterfunktion kommt es zu Zyklusstörungen, meist im Sinne einer Verlängerung des Menstruationszyklus bzw. zum völligen Ausbleiben der Regel. Die hormonelle Regulation ist so gestört, daß in der Regel Eisprünge nicht stattfinden und somit ist bei Frauen mit Schilddrüsenunterfunktion die Fruchtbarkeit stark eingeschränkt. Bei beiden Geschlechtern kommt es auch zu einer Abnahme der Libido und bei Männern der Potenz.
Nur selten werden Patientinnen mit schwerer Schilddrüsenunterfunktion schwanger. Manchmal sind die Störungen des Zyklus und der Fruchtbarkeit aber auch schon nachweisbar, wenn nur eine geringfügige, kaum feststellbare Einschränkung der Schilddrüsenfunktion besteht. Deshalb gehört die Untersuchung der Schilddrüsenfunktion heute mit zu den notwendigen Untersuchungnen bei Störungen der Fruchtbarkeit.

Andere seltene Organmanifestationen
Bei Schilddrüsenunterfunktionen kommt nicht selten eine gewisse Blutarmut vor, manchmal auch eine Assoziation mit einer autoimmunen Form der Blutarmut, der sog. perniziösen Anämie.
Auch eine Kombination mit der immunologisch bedingten Schädigung anderer Drüsen, z. B. der Nebennierenrinde, kommt gelegentlich vor.
Da bei der Schilddrüsenunterfunktion der Knochenumsatz eher vermindert ist, kommt es hier in der Regel nicht zur Entwicklung einer Knochenentkalkung.

Insgesamt ist eine Schilddrüsenunterfunktion bei ausgeprägter Symptomatik relativ leicht zu erkennen, bei den milderen Formen oder solchen, wo nur ein oder wenige Organsysteme betroffen sind, ist die Diagnose jedoch sehr schwierig, und sie wird deshalb meist auch nur mit ganz erheblicher Verzögerung gestellt.
Hinzu kommt die Tatsache, daß die eigentlichen typischen Veränderungen der Haut und der Anhangsgebilde sowie der Psyche und der Persönlichkeit Veränderungen sind, die dem physiologischen Alterungsprozeß ähnlich sind. Deshalb fällt die Diagnose der Hypothyreose bei älteren Erwachsenen außerordentlich schwer. Hierauf wird später noch einmal besonders eingegangen.

d) Untersuchungen bei Verdacht auf Hypothyreose

Die Feststellung einer Schilddrüsenfunktionsstörung kann einfach durch Blutuntersuchungen mit Bestimmungen der Schilddrüsenhormonkonzentrationen sowie des TSH erfolgen.
Lediglich die Ursache der Schilddrüsenunterfunktion muß durch zusätzliche Verfahren geklärt werden.
Bei der Hypothyreose ist typischerweise die Thyroxinkonzentration im Blut deutlich erniedrigt, die T3-Konzentration kann, insbesondere in Regionen mit starkem Jodmangel, noch im unteren Normbereich liegen oder nur gering vermindert sein. In jedem Fall ist aber die TSH-Konzentration, also die Konzentration des kompensatorisch von der Hirnanhangsdrüse ausgeschütteten schilddrüsenstimulierenden Hormons erhöht. Diese charakteristische TSH-Erhöhung belegt auch die Tatsache,

daß es sich um eine primäre Hypothyreose handelt. (Bei den seltenen sekundären Hypothyreosen ist das TSH vermindert und auch im TRH-Test [siehe Kapitel E „Untersuchungsmethoden bei Schilddrüsenkrankheiten"] nicht stimulierbar.)
Wenn aus der Vorgeschichte eines Patienten mit einer gesicherten Schilddrüsenunterfunktion eine Schilddrüsenoperation oder eine Radiojodtherapie bekannt ist, dann ist auch die verursachende Grunderkrankung bereits ausreichend geklärt und weitergehende Untersuchungen sind nicht erforderlich.
Bei den Patienten, bei denen eine Vorerkrankung im Bereich der Schilddrüse nicht bekannt ist, liegt als Ursache meistens eine chronische Schilddrüsenentzündung vor. Bei diesen lassen sich zirkulierende Antikörper gegen Schilddrüsenzellen bzw. -zellbestandteile und gegen Thyreoglobulin nachweisen. Typischerweise sind bei der chronischen Schilddrüsenentzündung vom Typ Hashimoto die Antikörper gegen Schilddrüsenmikrosomen und gegen das Thyreoglobulin stark erhöht nachweisbar.

Ultraschalluntersuchung (Sonographie)

Die Ultraschalluntersuchung kann klären, ob die Schilddrüse an normaler Stelle überhaupt vorhanden ist. Dies ist bei den angeborenen oder kindlichen Unterfunktionen wichtig, die durch Entwicklungsstörungen der Schilddrüse hervorgerufen werden. Wenn z. B. die Schilddrüsenanlage am Zungengrund liegen bleibt und nicht an die typische normale Stelle wandert, dann findet sich dort sonographisch kein Schilddrüsengewebe und am Zungengrund kann z. B. szintigraphisch die Schilddrüsenanlage identifiziert werden.
Auch eine Verkleinerung der Schilddrüse nach mehreren abgelaufenen Schüben einer chronischen Schilddrüsenentzündung, eine sog. Schilddrüsenatrophie, läßt sich sonographisch einfach nachweisen, ebenso sehr kleine Schilddrüsenreste nach Operation oder Radiojodbehandlung.
Bei der Hashimoto-Thyreoiditis findet sich darüber hinaus eine typische Strukturveränderung im Ultraschall, die ebenfalls richtungsweisend für die Diagnose bzw. für die Ursache der Schilddrüsenunterfunktion wird. Das sog. Binnenreflexmuster ist typischerweise echoarm, d. h. deutlich dunkler als normal (Abb. 21).

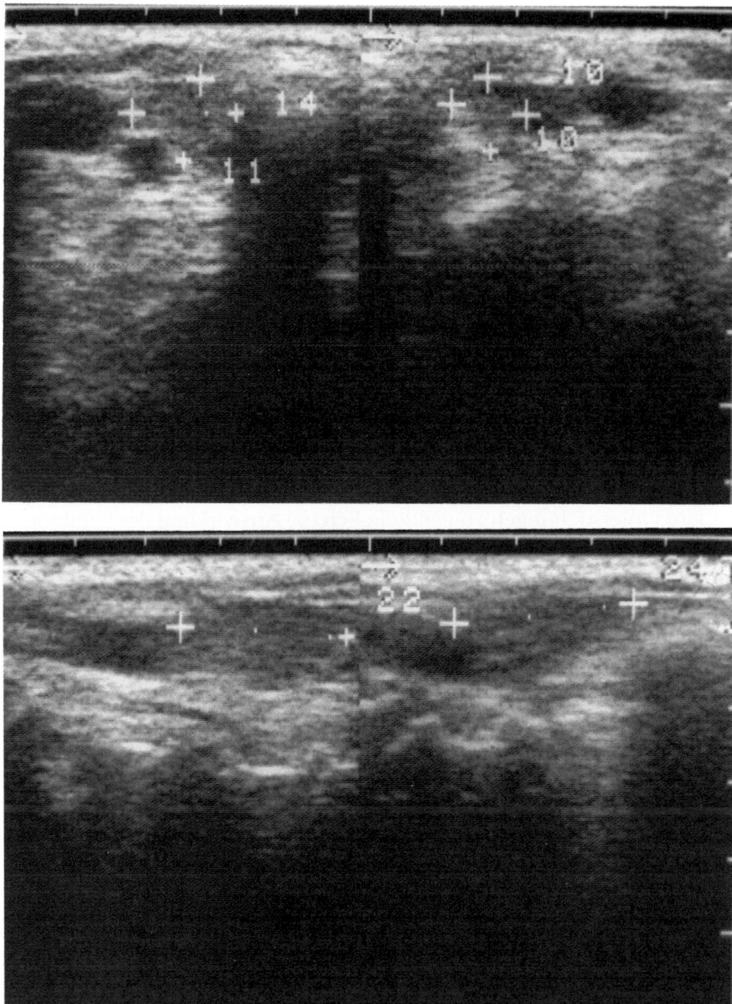

Abb. 21a, b: *Sonographische Darstellung einer verkleinerten, atrophischen Schilddrüse im Quer- und im Längsschnitt (sog. atrophische Thyreoiditis Hashimoto).*

Szintigraphie

Die Schilddrüsenszintigraphie wird zwar bei der Erstdiagnostik einer Hypothyreose mit Recht immer durchgeführt bzw. versucht. Bei schwer ausgeprägter Schilddrüsenunterfunktion und Zerstörung des Schilddrüsengewebes wird aber das radioaktive Jod bzw. Technetium gar nicht mehr von dem atrophischen Schilddrüsengewebe gespeichert. Die szintigraphische Darstellung einer Schilddrüse gelingt dann also nicht.
Besonders wichtig ist die Schilddrüsenszintigraphie aber bei den entwicklungsgestörten Schilddrüsen, um zunächst festzustellen, wo überhaupt die Schilddrüsenanlage liegt und welche Größe sie hat. Auch die Schilddrüsenreste nach Operation oder Radiojodtherapie können szintigraphisch dargestellt werden, wenngleich hier die exakte Größenbeurteilung durch die Sonographie besser gelingt.
Mit den genannten Untersuchungen (Schilddrüsenhormonbestimmung und TSH-Bestimmung, Antikörperbestimmung, mit Ultraschall und Szintigraphie) läßt sich die Diagnose einer Unterfunktion einschließlich der Ursache eindeutig stellen.
Andere Untersuchungen zeigen lediglich die Auswirkung der Schilddrüsenunterfunktion, z. B. die Erhöhung der Blutfette, die Erhöhung der Muskelenzyme CPK und LDH und andere. Sie können in der Verlaufsbeurteilung der Behandlung der Schilddrüsenunterfunktion eine Rolle spielen. Hierbei reichen aber in aller Regel die Kontrolluntersuchungen der Schilddrüsenhormone T4 und T3 und des TSH aus.

e) Behandlung

Die Behandlung der Schilddrüsenüberfunktion besteht im Ausgleich des Schilddrüsenhormonmangels durch Ersatz des körpereigenen Schilddrüsenhormons durch synthetische Schilddrüsenhormone, die aber chemisch mit dem körpereigenen Hormon völlig identisch sind.
Die Therapie ist daher:
- rational begründet,
- einfach,
- kausal,
- effektiv.

Da ja auch normalerweise die Schilddrüse ganz überwiegend Thyroxin als Sekretionsprodukt an die Blutbahn abgibt und erst im Blut bzw. an den Organen das biologisch aktive T3 entsteht, wird auch die Hypothyreose heute mit ganz seltenen Ausnahmen ausschließlich mit reinen Thyroxinpräparaten behandelt. Die übliche Dosierung für den Erwachsenen liegt zwischen 100 und 150 µg pro Tag, ganz selten weniger als 100 µg pro Tag.
Bei jungen Patienten, bei denen z. B. nach einer Strumaoperation oder nach einer totalen Schilddrüsenresektion eine Hypothyreose entsteht, kann von vornherein mit der vollen Substitutionsdosis, d. h. mit 100 bis 150 µg Thyroxin behandelt werden.
Bei älteren Patienten empfiehlt es sich, die Behandlung in niedriger Dosierung, gewissermaßen einschleichend, zu beginnen und dann die Dosis des Thyroxins langsam zu steigern.
Üblicherweise beginnt man hier mit 50 µg Thyroxin, manchmal sogar mit noch niedrigerer Dosis von 25 µg, insbesondere dann, wenn bei den zu behandelnden Patienten vorher eine koronare Herzerkrankung bekannt ist.
Die endgültige Dosis von 100 bis 150 µg Thyroxin wird dann erst nach zwei bis drei Monaten erreicht.
In jedem Fall werden die Beschwerden und Befunde der Patienten erst langsam über Wochen abnehmen. Die Schilddrüsenhormonsubstitution führt nicht zu einer schlagartigen, sondern zu einer allmählichen Verbesserung des Krankheitsbildes über einen Zeitraum von zwei bis drei Monaten.
Im Kindesalter wird das Thyroxin nach dem Körpergewicht dosiert, und zwar mit einer Dosis von etwa 3 µg pro Kilogramm Körpergewicht. Man kann aber auch relativ einfach und schematisch vorgehen und Kinder bis zum 6. Lebensjahr mit 50 µg, Kindern über 6 Jahren mit 100 µg pro Tag behandeln.
Wesentlich ist bei den Verlaufskontrollen, daß nicht nur die Schilddrüsenhormonkonzentrationen, insbesondere das T3, normalisiert werden, sondern daß vor allen Dingen auch das erhöhte TSH wieder in den Normalbereich gesenkt wird. Die Normalisierung der TSH ist bei der Verlaufskontrolle der entscheidende Parameter.
Die Behandlung der Hypothyreose ist eine außerordentlich dankbare Aufgabe, die nur gelegentlich Geduld erfordert. Sie führt schließlich zu

einer völligen Behebung des Krankheitsbildes. Zwar kann durch die Therapie die Ursache der Schilddrüsenunterfunktion nicht geheilt werden, das Krankheitsbild als Folge des Mangels an Schilddrüsenhormonen kann aber vollständig beseitigt und wenn man so will, geheilt werden.

4. Schilddrüsengeschwülste

a) Definition

Gutartige Geschwülste der Schilddrüse werden als Adenome bezeichnet (Adenom ist die allgemeine Bezeichnung für gutartige Tumoren, die von epithelialen und drüsigen Organen ausgehen). Diese Adenome wachsen unabhängig von der normalen Regulation durch TSH. Sie bleiben aber lokal begrenzt, sind meist von einer Kapsel umgeben und pflanzen sich nicht auf dem Wege über Lymphbahnen oder Blutgefäße in andere Organe fort.
Bösartige Tumoren, die von epithelialen Organen und Drüsen ausgehen, werden als Karzinome bezeichnet. Auch ihre Entstehung ist unabhängig von der normalen Regulation der Schilddrüse durch TSH. Schilddrüsenkarzinome bleiben nicht auf das Organ Schilddrüse beschränkt. Sie überschreiten lokal die Kapsel der Schilddrüse und können in Lymphbahnen einbrechen und sich hierdurch in Lymphknoten der Umgebung ausbreiten. Ebenso können sie in das Blutgefäßsystem einbrechen und durch Verschleppung von Krebszellen auch in ferngelegene Organe vordringen bzw. metastasieren.
Man spricht auch von lymphogener Metastasierung, d. h. der Ausbreitung auf dem Lymphwege, und von hämatogener Metastasierung, d. h. der Ausbreitung auf dem Wege des Blutgefäßsystems.

b) Ursachen und Formen

Schilddrüsengeschwülste oder Schilddrüsentumoren sind Neubildungen (medizinisch: Neoplasien), die meist von einer einzelnen Zelle ausgehen, bei denen Zellteilung und Zellvermehrung unabhängig von den üblichen Steuerungs- und Regulationsmechanismen stattfindet. Die Geschwülste der Schilddrüse, ob gutartig oder bösartig, sind somit in ihrem Wachstum und in ihrer Zellvermehrung nicht auf TSH angewiesen; allerdings ist insbesondere bei den bösartigen Schilddrüsenerkrankungen TSH immerhin ein Wachstumsfaktor.

Adenome

Die vom Drüsengewebe ausgehenden gutartigen Geschwülste werden, wie erwähnt, in der medizinischen Sprache als Adenome bezeichnet. Eine weitere Unterteilung der gutartigen Adenome der Schilddrüse erfolgt nach ihrer Gewebestruktur, die bei der mikroskopischen Untersuchung erfaßt wird. Die meisten der gutartigen Schilddrüsenadenome ahmen in ihrem Aufbau die Follikelstruktur der Schilddrüse nach, sie werden daher als follikuläre Adenome bezeichnet.

Diese gutartigen Adenome können, was die Hormonproduktion angeht, sehr aktiv sein und mehr Schilddrüsenhormon produzieren als das normale Schilddrüsengewebe. Solche in der Hormonsynthese und -sekretion aktiven, also endokrin aktiven Adenome nennt man auch toxische Adenome, weil sie eine Ursache der Schilddrüsenüberfunktion sind und den Organismus mit Schilddrüsenhormonüberschuß sozusagen vergiften können (toxisch = giftig).

Im Schilddrüsenszintigramm stellen sich diese endokrin aktiven, toxischen Adenome als sogenannte heiße Knoten dar, d. h. sie speichern mehr Jod oder Technetium als das übrige Schilddrüsengewebe. Aufgrund dieser Eigenschaften werden sie auch als heiße Knoten bezeichnet. Die Begriffe „autonomes Schilddrüsenadenom", „toxisches Adenom" und „heißer Knoten" sind somit praktisch identisch.

Eine größere Zahl der Adenome ist aber endokrin (d. h. auf die Hormonproduktion bezogen) nicht aktiv. Diese inaktiven Adenome speichern auch kein oder wenig Jod bzw. Technetium. Im Szintigramm stellen sie sich daher als sog. kalte Knoten dar. Aus einem szintigraphisch nachgewiesenen kalten Knoten kann allerdings nicht der Rückschluß auf ein endokrin inaktives Adenom gezogen werden, da auch noch andere Ursachen für einen kalten Knoten im Szintigramm bestehen, z. B. eine einfache Schilddrüsenzyste oder aber auch ein Schilddrüsenkarzinom.

Karzinome

Es ist von praktischer Bedeutung, unter den Schilddrüsenkarzinomen vier Hauptformen zu unterscheiden (siehe auch Kapitel C: Einteilung von Schilddrüsenkrankheiten). Unter den von den Follikelepithelzellen der Schilddrüse ausgehenden Karzinomen sind zwei hoch differenziert, langsam wachsend und auch langsam bzw. meist relativ spät über die Lymphbahnen oder das Blutgefäßsystem sich in andere Organe ausbreitend. Diese beiden differenzierten Formen, die man *follikuläre* und *papilläre Schilddrüsenkarzinome* nennt, sind im Verlauf relativ gutartig und sprechen auf die Behandlungsmöglichkeiten auch gut an. Diese beiden Formen des Schilddrüsenkarzinoms haben verglichen mit Karzinomen anderer Organe Ausssichten auf einen relativ günstigen Verlauf bzw. auf Heilung.

Das dritte von den Follikelzellen der Schilddrüse ausgehende Karzinom ist ein *undifferenziertes Karzinom,* das auch *anaplastisch* genannt wird. Anaplastische Karzinome sind außerordentlich bösartig und lassen sich, außer durch die operative Entfernung, die aber selten vollständig gelingt, nur sehr schlecht beeinflussen. Die Aussichten für Patienten mit diesem Karzinom sind sehr schlecht. Die meisten sterben innerhalb eines Jahres nach Auftreten der Erkrankung bzw. nach Stellung der Diagnose.

Eine vierte Form eines Schilddrüsenkarzinoms bedarf einer Abgrenzung. Das sog. *medulläre Schilddrüsenkarzinom* geht nicht von den Follikelzellen der Schilddrüse aus, sondern von den zwischen den Follikeln gelegenen sog. parafollikulären C-Zellen. Diese Zellen haben mit der Produktion von Schilddrüsenhormonen T4 und T3 nichts zu tun, sondern sie produzieren ein Hormon, das im Kalzium- und Knochenstoffwechsel eine Rolle spielt, das sog. Calcitonin. Das medulläre Schilddrüsenkarzinom unterliegt daher völlig anderen Gesetzmäßigkeiten und auch anderen Richtlinien für die Behandlung. Vom medullären Schilddrüsenkarzinom gibt es eine familiäre Form, bei der immer auch die Familienmitglieder, also Geschwister, Kinder und Eltern der betroffenen Patienten untersucht werden müssen, und es gibt eine sog. sporadische Form, die ohne familiäre Häufung nur Einzelpersonen betrifft.

Das medulläre Schilddrüsenkarzinom kann im Rahmen komplizierter Erkrankungen, die mehrere endokrine Drüsen betreffen, vorkommen, z.B. in Kombination mit Geschwülsten des Nebennierenmarkes, aber

auch mit Geschwülsten der Nebenschilddrüse, der Hypophyse oder der Bauchspeicheldrüse. Diese Kombination von multiplen Geschwülsten an mehreren Drüsen wird auch als multiple endokrine Adenomatose bezeichnet.
Der Schilddrüsenkrebs ist eine relativ seltene Erkrankung und macht derzeit nur etwa 0,5 Prozent aller Krebserkrankungen aus. Wegen der relativ günstigen Prognose der differenzierten Schilddrüsenkarzinome sind Schilddrüsenkarzinome eine seltene Todesursache. Unter allen Krebstodesfällen stehen Schilddrüsenkarzinomme erst an 11. Stelle.
Der Jodmangel hat offenbar keinen Einfluß auf die Häufigkeit der Schilddrüsenkarzinome insgesamt. Allerdings gibt es Untersuchungen, die darauf hinweisen, daß in Jodmangelgebieten der Anteil der besonders bösartig verlaufenden, schlecht differenzierten Karzinome größer ist und in Gebieten mit ausreichender Jodversorgung der Anteil relativ gutartiger und gut behandelbarer papillärer Schilddrüsenkarzinome höher liegt.
Die unterschiedlichen Verlaufsaussichten und Heilungschancen der verschiedenen Schilddrüsenkarzinome lassen sich an sog. 5-Jahres-Überlebensraten darstellen; das ist der Prozentsatz der Erkrankten, die nach fünf Jahren noch am Leben sind. Die 5-Jahres-Überlebensrate der papillären Schilddrüsenkarzinome liegt zwischen 80 und 90%, für die follikulären Karzinome zwischen 60 und 80%, für das medulläre Schilddrüsenkarzinom bei etwa 50%, während von Patienten mit undifferenziert anaplastischem Schilddrüsenkarzinom praktisch niemand die 5-Jahresgrenze erlebt.

c) Subjektive Beschwerden und objektive Befunde

Es ist das Problem der Schilddrüsenkarzinome, daß sie meist erst dann Beschwerden machen, wenn sie bereits relativ groß geworden sind oder sich über die Organgrenzen hinaus ausgebreitet haben. Frühsymptome eines kleinen Schilddrüsenkarzinoms gibt es nicht, ebensowenig ein diagnostisches Verfahren, z. B. einen sog. Tumormarker, mit dem eine Frühdiagnose möglich wäre. Eine Ausnahme bildet das medulläre Schilddrüsenkarzinom, das durch seine Sekretionsproduktion, das Calcitonin, früh erfaßbar ist. Möglich ist dies im Rahmen von Familienun-

Tab. 12: *Beschwerden und Symptome bei Schilddrüsenkarzinomen*

1. **Solitärer, wachsender Knoten** in einer normal großen Schilddrüse
2. **Rasche Größenzunahme** bei vorbestehender Knotenstruma
3. **Rasche Zunahme von Halsumfang** und Kragenweite
4. **Heiserkeit**
5. **Regionale Knotenbildungen am Hals** (Lymphknotenvergrößerungen)

tersuchungen bei Patienten mit familiärem medullärem Schilddrüsenkarzinom. Bei den anderen, von den Follikelepithelzellen ausgehenden Schilddrüsenkarzinomen gibt es jedoch keine Möglichkeit einer Frühdiagnostik, gerade weil frühe Beschwerden bei kleinen Karzinomen fehlen.

Der noch am ehesten typische Befund beim Schilddrüsenkarzinom ist ein schmerzlos wachsender einzelner Knoten im Bereich der Schilddrüse, insbesonders bei jüngeren Menschen. Wenn bereits in Jodmangelgebieten eine Knotenstruma vorliegt, dann ist die Beurteilung der Wachstumstendenz eines Knotens innerhalb einer mehrknotigen Struma besonders schwierig. Regionale Knotenbildungen in der Umgebung der Schilddrüse, z. B. im seitlichen Halsdreieck, unterhalb des Unterkiefers oder am Kieferwinkel können Lymphknotenvergrößerungen entsprechen, die durch Absiedlungen des Schilddrüsenkarzinoms auf dem Lymphwege entstanden sind.

Rasche Zunahme von Halsumfang und Kragenweite und das Auftreten von Heiserkeit können Zeichen eines rasch wachsenden, undifferenzierten Schilddrüsenkarzinoms sein.

(Plötzlich auftretende schmerzhafte Schwellungen in der Schilddrüse werden zwar häufig zunächst für einen Schilddrüsenkrebs gehalten, sprechen aber viel eher für das Bestehen einer Schilddrüsenentzündung

[s. Kapitel G]. Die Beschwerden und Symptome bei Schilddrüsenkarzinomen sind noch einmal in Tabelle 12 aufgeführt).
Schilddrüsenkarzinome führen in der Regel zu keinerlei Veränderungen der Schilddrüsenfunktion, so daß außer den lokalen Beschwerden keine weitere Symptomatik zu erwarten ist.
Lediglich beim medullären Schilddrüsenkarzinom kommt bei sehr großer Ausdehnung und fortgeschrittener Metastasierung durch den Exzeß von Calcitonin eine Allgemeinsymptomatik mit Durchfall und Herzrasen vor.Dies sind jedoch Symptome bei meist aussichtslosen, fortgeschrittenen Tumorstadien.

d) Untersuchungen bei Verdacht auf Schilddrüsentumoren

Die Funktionsdiagnostik, d. h. die Bestimmung der Hormonkonzentrationen T3, T4 und TSH, spielt bei den Schilddrüsenkarzinomen praktisch gar keine Rolle. Sie ist lediglich bei den gutartigen Schilddrüsenadenomen, die hormonell aktiv sind, wichtig, um hier die Diagnose eines autonomen Schilddrüsenadenoms mit oder ohne Überfunktion der Schilddrüse zu diagnostizieren.
Bei den Schilddrüsenkarzinomen steht die morphologische Diagnostik mit Ultraschall und Szintigraphie sowie die mikroskopische Gewebeuntersuchung, entweder von Punktionsmaterial der Schilddrüse oder von operativ entferntem Schilddrüsengewebe ganz im Vordergrund.
Schließlich spielen auch die Bestimmungen des Speichereiweißes der Schilddrüse, des Thyreoglobulins, und das Calcitonin als Tumormarker eine wesentliche Rolle in der Diagnostik und vor allen Dingen auch in der Nachsorge von Patienten mit Schilddrüsenkarzinomen (s. Tabelle 13).
Besteht bei einem Patienten aufgrund der oben angegebenen Beschwerden und Symptome der Verdacht auf ein Schilddrüsenkarzinom, dann wird in jedem Fall sowohl eine sonographische als auch eine szintigraphische Untersuchung der Schilddrüse durchgeführt.

Sonographie

Die Ultraschalluntersuchung zeigt bei Schilddrüsenkarzinomen meist einen mehr oder weniger gut abgrenzbaren Knoten oder Bezirk, dessen

Tab. 13: *Diagnostische Maßnahmen bei Verdacht auf Schilddrüsenkarzinom*

1. **Sonographie, Szintigraphie**

2. **Mikroskopische Gewebeuntersuchung**
   a) nach Punktion der Schilddrüse
   b) von operativ entfernten Gewebe

3. **„Tumormarker"**
   a) Thyreoglobulin
   b) Calcitonin

4. **Funktionsparameter:** T3 bzw. fT3, T4 bzw. fT4 und TSH (spielen gegenüber den anderen Maßnahmen nur eine geringe Rolle)

Gewebsmuster vom normalen Muster der Schilddrüse deutlich abweicht. Meist sind die Knoten entweder echoärmer, oder sie weisen sowohl echoarme bzw. echofreie als auch echodichtere Anteile auf. Sie sind „echokomplex".
Wichtig ist auch bei Verdacht auf Schilddrüsenkarzinom, daß man die Umgebung der Schilddrüse entlang der Halsgefäße und im mittleren und seitlichen Halsdreieck nach vergrößerten Lymphknoten absucht. Metastatisch befallene Lymphknoten zeigen neben der Vergrößerung ebenfalls ein meist echoarmes Strukturmuster im Ultraschall auf.

Szintigraphie
Im ebenfalls bei der Erstuntersuchung durchgeführten Schilddrüsenszintigramm stellen sich Schilddrüsenkarzinome praktisch ausnahmslos als sog. kalte Knoten dar, d.h. daß der Jodstoffwechsel dieser Karzinome gegenüber dem normalen Schilddrüsengewebe so verändert ist, daß eine Jodspeicherung unter den üblichen Szintigraphiebedingungen nicht stattfindet.

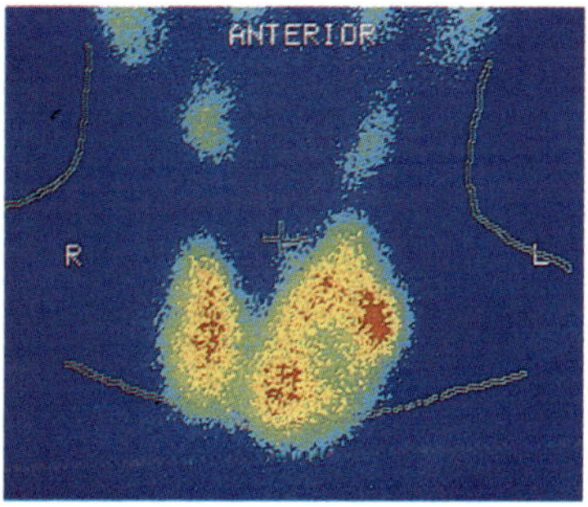

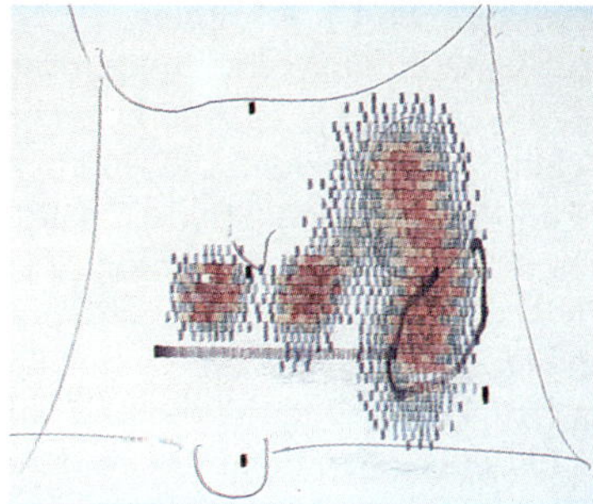

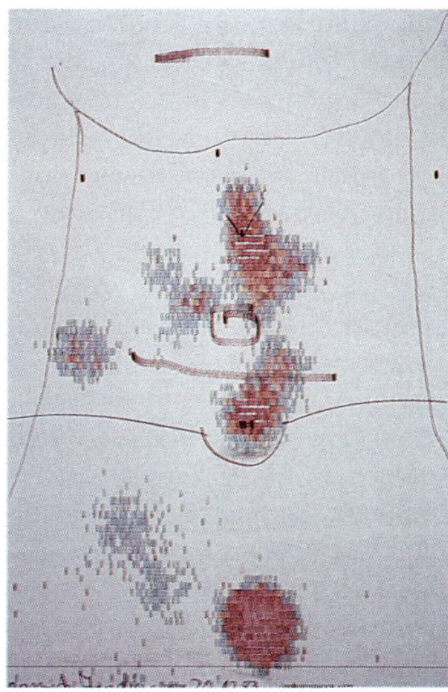

Abb. 22 (links): *Szintigraphische Darstellung (Gamma-Kamera-Technik) eines „kalten" Knotens in einem vergrößerten linken Schilddrüsenlappen (L).*

Abb. 23a: *Szintigraphische Darstellung einer Patientin nach Schilddrüsenoperation mit zwei kleinen Restlappen. Die Anreicherung an der linken Halsseite entspricht zwei jodspeichernden Lymphknoten-Metastasen.*

Abb. 23b: *Mehrere regionale Lymphknoten-Metastasen am Hals sowie eine große jodspeichernde Metastase im Brustkorb einer Patientin mit follikulärem Schilddrüsenkarzinom.*

Der szintigraphisch kalte Knoten, der im Ultraschall als echoarmer Knoten imponiert, ist dringend verdächtig auf ein Schilddrüsenkarzinom (s. Abb. 22).

Zytologische Untersuchung

Zur näheren Differenzierung müssen „kalte" Knoten zytologisch abgeklärt werden, d.h. es muß eine Punktion des Knotens unter sonographischer Sicht erfolgen. Die durch Ansaugen in die Nadel gewonnenen Schilddrüsenzellen können dann mikroskopisch untersucht werden. Diese Untersuchung ist möglichst auch dann anzustreben, wenn der Patient einer operativen Entfernung des Knotens durchaus zustimmt, da die Operationstaktik unterschiedlich ist, je nachdem, ob man von einem gutartigen Schilddrüsenbefund ausgehen kann oder aber von einem Schilddrüsenkarzinom. Wenn durch die zytologische Untersuchung ein Schilddrüsenkarzinom bereits vor der Operation gesichert ist, dann wird von vornherein die operative Entfernung der gesamten Schilddrüse geplant und durchgeführt.

Eine Alternative stellt auch die sog. Schnellschnittuntersuchung während der Operation dar, d.h. der Chirurg entfernt zunächst den verdächtigen Knoten und läßt ihn, während die Operation weiterläuft, rasch histologisch (feingeweblich) untersuchen. Wenn sich dann bei dieser Untersuchung ein bösartiger Schilddrüsentumor herausstellt, wird in der gleichen Operation die gesamte Schilddrüse entfernt, im anderen Falle ist mit der Entfernung des Knotens die Therapie ausreichend durchgeführt.

Leider kommt es nicht selten vor, daß die Diagnose eines Schilddrüsenkarzinoms nach einer einfachen Strumaoperation erst durch die Gewebeuntersuchung gestellt wird, das heißt die Operation liegt dann bereits einige Tage zurück. In diesem Fall muß in der Regel eine Nachoperation erfolgen, insbesondere dann, wenn bei der ersten Operation ein relativ großer Schilddrüsenrest übriggeblieben ist.

Die Tumormarker, Thyreoglobulin und Calcitonin, spielen bei der Diagnostik der Schilddrüsenkarzinome unterschiedliche Rollen. Beide sind hervorragend geeignet für die Nachsorge und für die Kontrolluntersuchungen von Patienten mit Schilddrüsenkarzinomen. Für die Untersuchungen vor einer Schilddrüsenoperation, bei also noch vorhandener Schilddrüse, ist aber lediglich die Calcitoninbestimmung geeignet, ein medulläres Schilddrüsenkarzinom sicher nachzuweisen.

Die Thyreoglobulinkonzentration im Blut kann auch bei gutartigen Schilddrüsenerkrankungen, z.B. bei Schilddrüsenentzündungen, bei gutartigen Adenomen und bei Knotenstrumen deutlich erhöht sein.

Selbst exzessive Erhöhungen des Thyreoglobulins bei noch nicht operierter Schilddrüse sind kein sicherer Beweis für ein Schilddrüsenkarzinom.
Wenn allerdings wegen eines Schilddrüsenkarzinoms eine totale Entfernung der gesamten Schilddrüse durchgeführt wurde, dann muß die Thyreoglobulinkonzentration meßbar niedrig sein. Wenn dies nicht der Fall ist, dann ist dies ein deutlicher Hinweis darauf, daß noch ein Schilddrüsenkarzinomrest lokal vorhanden ist, oder aber daß es bereits eine Metastasierung außerhalb der Schilddrüsenregion gegeben hat.

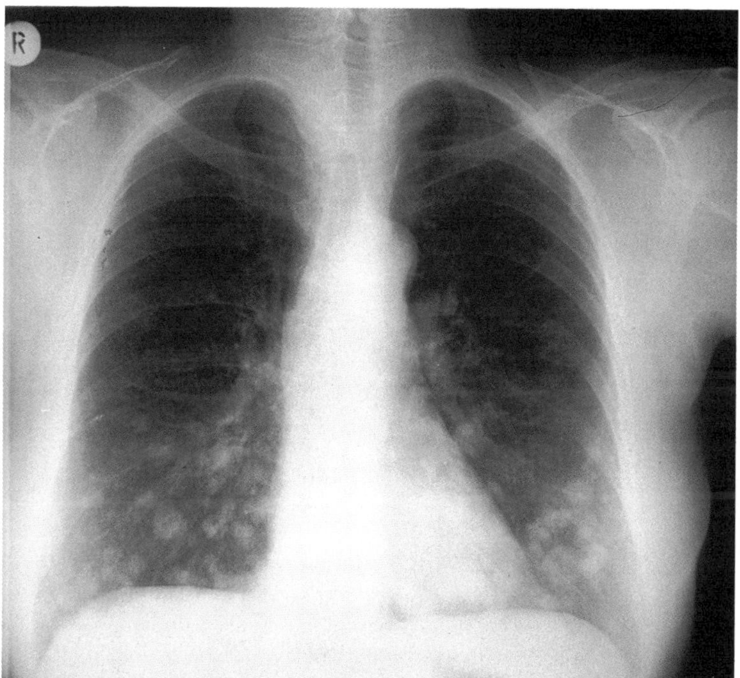

Abb. 24a: *Röntgenübersichtsaufnahme des Brustkorbes mit mehreren runden Aufhellungen in beiden Lungenunterlappen entsprechend mehreren Lungenmetastasen bei follikulärem Schilddrüsenkarzinom.*

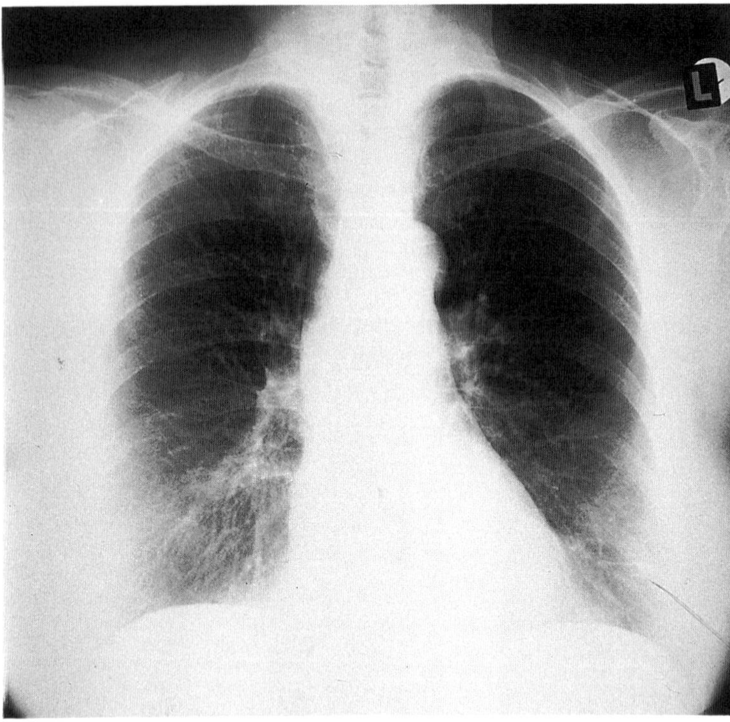

Abb. 24b: *Röntgen-Übersichtsaufnahme der gleichen Patientin ein Jahr später nach drei Radiojodbehandlungen. Die rundlichen Aufhellungen, den Lungenmetastasen entsprechend, sind völlig verschwunden.*

Nach operativer Entfernung eines Schilddrüsenkarzinoms muß in einem Abstand von vier bis sechs Wochen eine erneute Szintigraphie mit radioaktivem Jod durchgeführt werden, und zwar dann eine Szintigraphie des ganzen Körpers (sog. Ganzkörperszintigramm).
Wenn nämlich das normale Schilddrüsengewebe entfernt worden ist, dann nehmen in der Regel auch die Metastasen differenzierter Schilddrüsenkarzinome, also die Metastasen von papillären und follikulären

Schilddrüsenkarzinomen radioaktives Jod auf und lassen sich so im Ganzkörperszintigramm nach Lage, Größe und Ausdehnung nachweisen und erkennen. Diese sog. Ganzkörperszintigramm wird im Rahmen der notwendigen Radiojodtherapie solange durchgeführt wie noch Karzinomgewebe oder Metastasengewebe nachweisbar sind. Wenn kein Restgewebe mehr erkennbar ist, wird das Ganzkörperszintigramm mit einer kleineren, diagnostischen Dosis durchgeführt. Die Untersuchungen bei Verdacht auf Fernmetastasen von Schilddrüsenkarzinomen muß ergänzend mit anderen Untersuchungsverfahren, z.B. der Ultraschalluntersuchung der Abdominalorgane, der Röntgenaufnahmen des Thorax oder durch computertomographische Untersuchung gezielt durchgeführt werden.
Die papillären Schilddrüsenkarzinome metastasieren meistens auf dem Lymphwege in die regionalen Lymphknotenstationen am Hals und im Brustkorb im Mittelfelde. Sehr viel seltener verursachen sie auch Metastasen in der Lunge oder in der Leber (Abb. 23).
Die follikulären Schilddrüsenkarzinome metastasieren häufiger auf dem Blutwege und machen dann Metastasen typischerweise in der Lunge, in den Knochen und/oder in der Leber (Abb. 24).

e) Behandlung

Die prinzipiellen Behandlungsmöglichkeiten bei Schilddrüsenkarzinomen sind in der Tabelle 14 aufgeführt, wobei die ersten drei Verfahren, nämlich die Operation, die Radiojodbehandlung die Schilddrüsenhormonsubstitution in jedem Fall notwendig sind. Die externe Strahlenbehandlung und die Chemotherapie dagegen kommen nur in ausgewählten Einzelfällen zur Anwendung.
Bei allen Schilddrüsenkarzinomformen spielt die chirurgische Therapie die entscheidende Hauptrolle. Anders als bei der Strumachirurgie wird nicht nur das erkrankte Schilddrüsengewebe entfernt, sondern es wird in jedem Fall eine vollständige Entfernung der gesamten Schilddrüse auf beiden Seiten angestrebt und durchgeführt.
Einzige Ausnahme von dieser Grundregel der totalen Schilddrüsenentfernung (totale Thyreoidektomie) sind die sog. papillären Mikrokarzinome, d.h. Schilddrüsenkarzinome vom papillären Gewebstyp mit einer

Tab. 14: *Behandlungsmöglichkeiten bei Schilddrüsenkarzinomen*

1. **Operation**
   Möglichst Entfernung der gesamten Schilddrüse und evtl. Lymphknoten am Hals

2. **Radiojodbehandlung**
   (ggf. mehrfach)

3. **Schilddrüsenhormonsubstitution**
   (lebenslang)

4. **Externe Strahlenbehandlung**
   (nur in wenigen Fällen angezeigt)

5. **Chemotherapie**
   (nur in wenigen Fällen angezeigt)

Größe von unter 1 cm Durchmesser und ohne Nachweis von Lymphknotenmetastasen. Bei diesen papillären Mikrokarzinomen gilt heute die vollständige Resektion des befallenen Lappens zunächst als ausreichende Behandlungsform. In allen anderen Formen, d.h. bei den größeren papillären Karzinomen über 1 cm Durchmesser, bei allen follikulären, anaplastischen und medullären Karzinomen muß die vollständige Entfernung der gesamten Schilddrüse angestrebt werden.
Bei diesem Eingriff sind die operativen Komplikationen, nämlich die Schädigung der Stimmbandnerven und die Entfernung der Nebenschilddrüsen deutlich häufiger als bei der einfachen Strumachirurgie.
Nach der Operation hat der betroffene Patient praktisch keine Schilddrüse mehr und wird innerhalb von wenigen Wochen die Symptomatik einer Schilddrüsenunterfunktion entwickeln. Deshalb muß später in jedem Fall eine Schilddrüsenhormonsubstitution erfolgen. Unmittelbar nach der Operation läßt man aber die Patienten bewußt vier bis sechs Wochen ohne Schilddrüsenhormonbehandlung, um dann in diesem Zeitraum eine Behandlung mit radioaktivem Jod durchzuführen. Hier-

bei erhält der Patient eine Dosis von Jod –131, mit der sowohl noch verbliebene winzige Schilddrüsenreste durch Strahlenbehandlung zerstört als auch schon möglicherweise vorhandene Metastasen in Lymphknoten oder in anderen Organen bestrahlt werden und zugleich diagnostisch erkannt werden können. Erst nach dieser Radiojodtherapie wird mit der Schilddrüsenhormonsubstitution begonnen.

Schilddrüsenhormonsubstitution

In den ersten vier bis sechs Wochen nach der Schilddrüsenentfernung wird, wie oben beschrieben, bei Patienten mit Schilddrüsenkarzinom bewußt auf die Schilddrüsenhormonsubstition verzichtet. Dies hat seine Begründung darin, daß möglicherweise vorhandene Metastasen des Schilddrüsenkarzinoms durch das bei Hypothyreose erhöhte TSH das radioaktive Jod sehr viel stärker aufnehmen als wenn TSH niedrig oder normal wäre. Man nutzt also gewissermaßen die Erhöhung des TSH in der Hypothyreose dazu aus, um sowohl bessere Untersuchungsmöglichkeiten als auch bessere Behandlungsmöglichkeiten für die Fernmetastasen zu haben.

Nach Durchführung der Radiojodtherapie wird dann die Schilddrüsenhormondosis aber möglichst hoch gewählt, so daß das TSH zuverlässig unterdrückt wird. Die Dosierungen von L-Thyroxin liegen für Schilddrüsenkarzinompatienten meist zwischen 150 und 200 μg pro Tag, manchmal sogar noch darüber. Bei den Kontrolluntersuchungen wird in jedem Fall darauf geachtet, daß das TSH vollständig unterdrückt ist.

Bei den Kontrolluntersuchungen spielt neben der Bestimmung der Schilddrüsenhormonkonzentrationen und des basalen TSH auch die Bestimmung des Thyreoglobulins eine große Rolle. Wenn das Thyreoglobulin niedrig oder nicht meßbar ist, dann spricht dies gegen das Bestehen noch vorhandener Schilddrüsenmetastasen. Ist Thyreoglobulin meßbar oder sogar erhöht, dann spricht dies eindeutig für das Vorhandensein von Schilddrüsenkarzinomresten oder Metastasen.

Sofern bei der ersten Radiojodtherapie unmittelbar nach der Operation noch Restgewebe nachweisbar war und/oder im Ganzkörperszintigramm nachweisbare Fernmetastasen, dann wird in jedem Falle nach spätestens einem halben Jahr eine zweite Radiojodtherapie durchgeführt. Hierzu muß vier Wochen vor der erneuten internen Strahlenbehandlung mit radioaktivem Jod die Thyroxinbehandlung unterbrochen

werden, um das TSH wieder ansteigen zu lassen. Meist wird vorübergehend eine Behandlung mit dem kürzer im Blut verweilenden Trijodthyronin (T3) durchgeführt, um die Phase der Schilddrüsenunterfunktion für die betroffenen Patienten nicht zu lange werden zu lassen.
Immer dann, wenn bei der Radiojodbehandlung im Rahmen der Ganzkörperszintigraphie kein jodspeicherndes Gewebe mehr vorhanden und die Thyreglobulinkonzentration nicht mehr meßbar ist, werden nur noch Kontrolluntersuchungen durchgeführt, in den ersten zwei Jahren nach der Operation in vierteljährlichen Abständen, danach in halbjährlichen Abständen und nach vier Jahren in ganzjährigen Abständen.
Die Radiojodtherapie kommt im Prinzip lediglich bei differenzierten Schilddrüsenkarzinomen, also bei den papillären und follikulären in Frage. Hier führt sie aber auch zu der günstigen Prognose der Patienten, da sowohl Lymphknotenmetastasen als auch Fernmetastasen mit vergleichsweise außerordentlich geringer Nebenwirkungsrate effektiv behandelt werden können (Abb. 24).
Die undifferenzierten anaplastischen Schilddrüsenkarzinome nehmen in der Regel radioaktives Jod nicht oder in nur so geringer Menge auf, daß eine effektive Strahlenbehandlung hierdurch nicht möglich wird.
Dies gilt selbstverständlich auch für die medullären Schilddrüsenkarzinome. Die Zellen dieser Karzinome haben überhaupt keinen Jodstoffwechsel, so daß diese Bestrahlungsform nicht in Betracht kommt.

Externe Strahlenbehandlung
Die externe Strahlenbehandlung des Halses kommt bei fortgeschrittenen Schilddrüsenkarzinomen, und insbesondere bei Metastasierung in die Halslymphknoten in Frage. Durch diese Strahlentherapie werden nicht nur die Lymphknotenmetastasen behandelt, es werden auch Lymphbahnen am Hals durch die Bestrahlung verschlossen, so daß ein weiterer Abtransport von Karzinomzellen über die Lymphbahnen nur noch schwer möglich ist.
Leider ist die externe Strahlenbehandlung der Halsorgane mit erheblichen Nebenwirkungen belastet. Es wird ja auch der gesamte Rachenraum, der obere Teil der Speiseröhre und der Kehlkopf mitbestrahlt und dies führt zu ganz erheblicher Beeinträchtigung der betroffenen Patienten mit Heiserkeit, Schluckstörungen usw. Die externe Strahlenbehandlung ist deshalb bei den differenzierten Schilddrüsenkarzinomen nicht

die Regel, sondern wird nur in besonders begründeten Fällen bei sehr großen Primärtumoren der Schilddrüse und bei ausgedehnter, chirurgisch nicht allein zu behandelnder Lymphknotenmetastasierung durchgeführt.

Chemotherapie

Auch die Chemotherapie kommt bei differenzierten Schilddrüsenkarzinomen erst in weit fortgeschrittenen Fällen als Maßnahme in Frage, von der keine Heilung mehr zu erwarten ist, sondern eine Verlangsamung oder eine vorübergehende Rückbildung der Masse des Geschwulstgewebes.

Die in Frage kommenden Medikamente sind mit einer erheblichen Nebenwirkungsrate belastet, was die Lebensqualität mindestens vorübergehend stark beeinträchtigt. Die Behandlung kommt daher erst in Frage, wenn deutlich wird, daß durch die Operation und die Radiojodtherapie eine Heilung des Patienten nicht mehr möglich ist.

Immerhin werden bei einer Chemotherapie (mit Substanzen wie Doxirubicin oder Cisplatin) der differenzierten Schilddrüsenkarzinome Ansprechraten, d.h. eine Verkleinerung des Tumorgewebes, bei 40 bis 50% der Fälle beschrieben.

Bei den undifferenzierten Schilddrüsenkarzinomen liegt die Ansprechrate deutlich geringer bei 15 bis 25%. Auch bei diesen Patienten kann mit der Chemotherapie leider nur das Aufhalten der Erkrankung, nicht eine Heilung erreicht werden.

Die große Bedeutung der Chirurgie gilt für das medulläre Schilddrüsenkarzinom noch mehr als für die Karzinome der Schilddrüsenfollikelzellen. Weder die Strahlenbehandlung noch die Chemotherapie sind beim medullären Schilddrüsenkarzinom sehr effektiv. Deshalb ist es besonders wichtig, daß bei den medullären Schilddrüsenkarzinomen nicht nur die Schilddrüse total entfernt wird, sondern auch die regionalen Lymphknoten am Hals weitgehend ausgeräumt und entfernt werden, damit möglicherweise von vornherein vorhandene Metastasen gleich beim Ersteingriff mit entfernt werden. Beim medullären Schilddrüsenkarzinom ist die Calcitoninbestimmung im Serum ein sehr guter und verläßlicher Verlaufsparameter. Wenn die Calcitoninkonzentration im Blut normalisiert ist, ist dies ein Hinweis, daß kein Restgewebe oder Metastasen bestehen.

Nachsorge

Es ist wichtig, daß Schilddrüsenkarzinompatienten ausreichend und sachlich über ihre Erkrankung informiert werden, damit sie die Notwendigkeit der regelmäßigen Nachuntersuchungen und ggf. der sich wiederholenden Behandlungen mit radioaktivem Jod verstehen und akzeptieren.
Die Nachsorgeuntersuchungen finden in den ersten zwei Jahren vierteljährlich, danach halbjährlich und nach vier bis fünf Jahren nur noch jährlich statt. Die Behandlung mit Radiojod wird in halbjährlichem Abstand solange durchgeführt, wie noch Schilddrüsenrestgewebe oder Metastasen nachweisbar sind.
Die Schilddrüsenhormonsubstitution muß selbstverständlich lebenslänglich erfolgen. Sie wird ausschließlich zu den halbjährlichen Untersuchungen mit radioaktivem Jod bzw. zur Radiojodtherapie unterbrochen.
Insgesamt haben heute die differenzierten Schilddrüsenkarzinome eine sehr günstige Prognose. Die sog. 5-Jahres-Überlebensraten liegen wie oben angegeben für die papillären Schilddrüsenkarzinome zwischen 80 und 90%, für die follikulären Karzinome zwischen 65 und 80%.

5. Schilddrüsenentzündungen

a) Definition

Auch an der Schilddrüse können sich entzündliche Prozesse abspielen, bei denen durch allgemeine Entzündungsmechanismen wie die Einwanderung von sog. Entzündungszellen, wie z. B. weiße Blutkörperchen (Leukozyten) und Lymphzellen (Lymphozyten) eine entzündliche, schmerzhafte, überwärmte Schwellung auftreten kann.
Diese Entzündungen können in seltenen Fällen direkt durch Besiedlung von Bakterien und Viren, ebenfalls selten auch durch eine Bestrahlung der Halsregion zustande kommen. Häufiger entstehen solche Entzündungen aber über kompliziertere, immunologische Mechanismen: Meist kommen sie im Anschluß an einen viralen Infekt vor, in dessen Verlauf das Immunsystem des Körpers Antikörper bildet, die sich dann gegen körpereigene Strukturen, z. B. gegen Schilddrüsenzellen richten.

Diese Antikörper binden sich an Schilddrüsenzellen und lösen dort eine Entzündung auf autoimmunologische Wege aus. Autoimmunologisch heißt, daß sich die Antikörperproduktion bzw. der Immunprozeß gegen körpereigene Strukturen richtet.
Die hierdurch ausgelösten Entzündungen können plötzlich auftreten und akut eine heftige Symptomatik zeigen. Sie können aber auch chronisch in immer wiederkehrenden Schüben verlaufen.
Die meisten Schilddrüsenentzündungen weisen einen phasenhaften Verlauf auf. Die akuten Entzündungen heilen meistens folgenlos aus, die chronisch sich wiederholenden Entzündungen führen langfristig zur Zerstörung des Schilddrüsengewebes.

b) Ursachen und Formen

Sehr selten und daher nur der Vollständigkeit halber erwähnt sind akute Schilddrüsenentzündungen durch direkte bakterielle Besiedlung. Diese kommen fast ausschließlich bei Patienten vor, deren Abwehrkraft stark geschädigt ist, z. B. bei Patienten mit bösartigen Erkrankungen unter Chemotherapie oder unter immunsuppressiver Therapie wegen verschiedener Grundkrankheiten.
Prinzipiell ist auch eine bakterielle Infektion der Schilddrüse möglich, wenn diagnostische Schilddrüsenpunktionen unter nicht genügend sterilen Bedingungen durchgeführt werden. Diese Komplikation einer Schilddrüsenpunktion ist aber extrem selten (etwa 0,1 Promille, d.h. 1 Fall auf etwa 10 000 Schilddrüsenpunktionen).
Auch eine Schilddrüsenentzündung nach Bestrahlung der Halsregion, z.B. wegen bösartiger Lymphknotenerkrankungen am Hals, kann zu einer Entzündung der Schilddrüse führen, bei der Bakterien oder Viren keine Rolle spielen. Es treten aber die allgemeinen Entzündungszeichen auf wie schmerzhafte Schwellung, Überwärmung, Rötung und allgemeine Entzündungszeichen im Blut, z.B. die Beschleunigung der Blutsenkungsgeschwindigkeit usw.
Schließlich gibt es eine chronische Entzündung mit starker Bindegewebsvermehrung in der Schilddrüse, die zu einer sehr harten Beschaffenheit der Schilddrüse führt. Diese Schilddrüse wird auch als sog.

eisenharte Struma bezeichnet. Auch diese chronische fibrosierende Schilddrüsenentzündung ist außerordentlich selten.
Häufig und dafür von erheblicher praktischer Bedeutung ist dagegen eine meist akut, d.h. plötzlich auftretende Schilddrüsenentzündung mit erheblicher Symptomatik sowohl lokal im Bereich der Schilddrüse als auch durch erhebliche allgemeine Beeinträchtigung. Diese *akut bis subakut verlaufende Schilddrüsenentzündung* wird nach ihrem Beschreiber *Thyreoiditis De Quervain* genannt. Diese De-Quervain'sche Thyreoiditis zeigt ein charakteristisches Krankheitsbild, das man eigentlich auf den ersten Blick erkennen kann. Da dieses Krankheitsbild allerdings auch unter Ärzten, die sich nicht speziell mit der Schilddrüse befassen, nicht sehr gut bekannt ist, wird es sehr häufig übersehen oder lange Zeit verkannt.
Eine zweite Form der Schilddrüsenentzündung von erheblicher praktischer Bedeutung ist eine chronische, oft in Schüben wiederkehrende, rezidivierende Schilddrüsenentzündung, die wiederum nach ihrem Beschreiber als *Thyreoiditis Hashimoto* bezeichnet wird. Da bei dieser Schilddrüsenentzündung vor allen Dingen Lymphzellen, also Lymphozyten in die Schilddrüse einwandern und bei der zytologischen Untersuchung in charakteristischer Weise vermehrt gefunden werden, wird diese Erkrankung im medizinischen Sprachgebrauch auch als Struma lymphomatosa Hashimoto bezeichnet.
Bei dieser chronischen Schilddrüsenentzündung können noch mindestens zwei Verlaufsformen unterschieden werden, von denen die eine mit einer Schilddrüsenvergrößerung, d.h. einer Struma, einhergeht, während die andere als atrophische Thyreoiditis bezeichnet wird, d.h. daß die Schilddrüse durch die Entzündung bereits weitgehend zerstört bzw. verkleinert (atrophisch) worden ist. Möglicherweise ist diese atrophische Form auch nur das Endstadium der gleichen Erkrankung, die in ihrem Anfangsstadium noch mit einer Vergrößerung der Schilddrüse, einer Struma, einhergeht. Es ist aber üblich, von zwei Verlaufsformen, d.h. einer Verlaufsform mit Schilddrüsenvergrößerung und von einer Verlaufsform mit kleiner, bereits zurückgebildeter, atrophischer Schilddrüse zu sprechen.
Beide Formen dieser chronischen Schilddrüsenentzündung führen allmählich zu einer völligen Zerstörung des Schilddrüsengewebes und damit zu einer Schilddrüsenunterfunktion.

c) Subjektive Beschwerden und objektive Befunde

Akute bis subakute Schilddrüsenentzündung vom Typ De Quervain
Diese Form der Schilddrüsenentzündung zeigt, insbesondere zu Beginn, ganz überwiegend *Allgemeinsymptome,* die zunächst noch nicht den Verdacht auf eine Schilddrüsenerkrankung lenken. Es sind dies:
- ausgeprägtes allgemeines Krankheitsgefühl,
- Leistungsschwäche,
- Erschöpfbarkeit,
- Glieder- und Rückenschmerzen,
- Temperaturerhöhung (meistens subfebril um 38 °C, manchmal aber auch hochfieberhaft bis über 39 °C).

Eigentlich ähneln diese Symptome denen bei einem allgemeinen Virusinfekt. Ähnliche Beschwerden als Vorboten findet man z. B. auch bei der virusbedingten Leberentzündung (Hepatitis).
Meist geht dieser Erkrankung auch ein Infekt voraus, und zwar in einem Abstand von drei Wochen bis etwa drei Monaten. Nicht selten sind dies Infekte der oberen Luftwege, aber auch anderer Organsysteme wie z. B. des Magen-Darm-Traktes. Meist sind diese Infekte aber bereits abgeklungen und mit einer gewissen zeitlichen Verzögerung treten dann zunächst die geschilderten Allgemeinsymptome und schließlich *heftige lokale Beschwerden am Hals* bzw. im Schilddrüsenlagerr auf. Es sind dies:
- Schmerzen,
- spürbare schmerzhafte Verhärtungen am Hals, die innerhalb von wenigen Tagen auftreten,
- Ausstrahlung der Schmerzen
  in die Kieferregion oder
  zu den Ohren (gelegentlich
  zu den Schultern), meistens wird zunächst neben dem Hals-Nasen-Ohren-Arzt auch der Zahnarzt oder der Kieferorthopäde wegen dieser Beschwerden aufgesucht;
- ausgeprägte Berührungsempfindlichkeit der Schilddrüse;
- enge Kragen werden nicht toleriert.

Entweder werden einzelne, sehr schmerzhafte Knoten an der Schilddrüse bemerkt werden oder aber die gesamte Schilddrüse ist gleichmäßig

schmerzhaft, hart und angeschwollen. Je rascher diese Beschwerden sich entwickeln und je stärker sie ausgeprägt sind, um so mehr sprechen sie für eine akute bis subakute Thyreoiditis De Quervain.
In den ersten Wochen dieser Erkrankung können auch (allerdings meist nur milde) Symptome einer Schilddrüsenüberfunktion auftreten mit Herzklopfen, innerer Unruhe und Neigung zum Schwitzen. Der Appetit ist meist im Rahmen der allgemein Beeinträchtigung eingeschränkt, dies kann zu einer Gewichtsabnahme führen.
Die Beschwerden einer Schilddrüsenüberfunktion kommen dadurch zustande, daß durch den entzündlichen Prozeß Schilddrüsenfollikel zerstört werden und dabei vermehrt Schilddrüsenhormon freigesetzt wird. Die Phase der Schilddrüsenüberfunktion hält aber bei einer Schilddrüsenentzündung nur kurz, d. h. wenige Wochen an und verschwindet dann in der Regel auch ohne spezifische Behandlung.
Da für die Patienten selbst und auch für die zunächst hinzugezogenen Ärzte der *schmerzhafte, harte Knoten* in der Schilddrüse ganz im Vordergrund steht, wird häufig zunächst auch die Verdachtsdiagnose eines Schilddrüsenkrebses gestellt. Diese Verdachtsdiagnose muß dann im Rahmen der Untersuchungsverfahren eindeutig widerlegt werden.

Chronische Schilddrüsenentzündung vom Typ Hashimoto

Auch bei der chronischen Schilddrüsenentzündung können lokale Beschwerden am Hals in Form von ziehenden Schmerzen oder einer neu aufgetretenen Schwellung im Bereich der Schilddrüse auftreten. Diese lokalen Beschwerden sind aber wesentlich weniger ausgeprägt und werden sehr häufig von den Patienten überhaupt nicht empfunden. Insofern ist die Symptomatik der chronischen Thyreoiditis wesentlich schleichender und bleibt sehr oft ganz unbemerkt. Wenn Patienten überhaupt mit einer lokalen Beschwerdesymptomatik am Hals den Arzt aufsuchen, dann handelt es sich meistens um die mit einer Struma einhergehende sog. *hypertrophe Verlaufsform* der chronischen Schilddrüsenentzündung.
Die meisten Patienten kommen aber erst in einem sehr viel späteren Stadium der Erkrankung zum Arzt, nämlich dann, wenn die chronische Schilddrüsenentzündung bereits zu einer weitgehenden Zerstörung des Schilddrüsengewebes geführt hat. Die Schilddrüse ist dann klein, zurückgebildet, „atrophisch". Diese *atrophische Verlaufsform* der Hashi-

moto-Thyreoiditis äußert sich dann mit der gleichen Symptomatik wie eine Schilddrüsenunterfunktion. In der Tat stellt ja diese Form der Erkrankung die häufigste Ursache einer Schilddrüsenunterfunktion beim Erwachsenen dar.
Da die Beschwerden einer Schilddrüsenunterfunktion langsam beginnen und allmählich fortschreiten, wird die Krankheit lange weder vom Patienten empfunden noch von der Umgebung oder vom Arzt erkannt. Nicht selten besteht daher beim Zeitpunkt der Diagnosestellung bereits eine ausgeprägte schwere Schilddrüsenunterfunktion.

d) Untersuchungen bei Verdacht auf Schilddrüsenentzündungen

Bei den Schilddrüsenentzündungen muß unterschieden werden zwischen den Untersuchungen zur Klärung der Schilddrüsenfunktion, die bei beiden Formen, also der akuten bis subakuten Schilddrüsenentzündung wie auch bei chronischen Schilddrüsenentzündungen verändert sein kann und den Untersuchungen, die die eigentliche Grundkrankheit, also die Ursache, erkennen lassen.

Akut - subakute Thyreoiditis De Quervain

Leider ist es bei der subakuten Schilddrüsenentzündung vom Typ De Quervain nicht möglich, die Diagnose durch eine spezifische Untersuchung aus dem Blut zu sichern. Zwar treten bei dieser Erkrankung nicht selten auch *Antikörper gegen Schilddrüsenstrukturen,* z. B. gegen Mikrosomen (mikrosomale Antikörper = MAK) oder gegen ein Enzym der Schilddrüsenmikrosomen, die Peroxidase (TPO-Antikörper) oder gegen Thyreoglobulin (Tg-Antikörper) auf. Die Konzentrationen dieser Antikörper sind aber meist nur gering und damit unspezifisch. Sie können in dieser Größenordnung durchaus auch bei anderen Schilddrüsenerkrankungen, z. B. bei der Basedow'schen Erkrankung oder auch bei Patienten mit Struma ohne Symptomatik auftreten.
Die absolut sichere Diagnose einer De-Quervain-Thyreoiditis kann vorerst lediglich durch eine Punktion der befallenen Schilddrüsenbezirke und die *zytologische Untersuchung* der so durch Punktion gewonnenen Zellen unter dem Mikroskop erfolgen. Bei der De-Quervain-Thyreoiditis treten nicht nur die üblichen Entzündungszellen (weiße Blutkörperchen

und Lymphozyten) in vermehrter Form in der Schilddrüse auf, sondern es finden sich ganz *charakteristische Riesenzellen* mit einer großen Zahl von Zellkernen. Diese Riesenzellen sind absolut typisch für die Erkrankung. Beim Nachweis dieser Riesenzellen kann dann in aller Regel auch der Verdacht auf ein Schilddrüsenkarzinom fallengelassen werden (Abb. 25).

Natürlich müssen bei einer Schilddrüsenentzündung auch die Funktionssparameter, d. h. die *Schilddrüsenhormonkonzentrationen* T4 und T3 sowie das TSH bestimmt werden. Die De-Quervain'sche Schilddrüsenentzündung beginnt meistens mit einer kurzen Phase mit erhöhten Schilddrüsenhormonkonzentrationen entsprechend einer klinisch meist milden Schilddrüsenüberfunktion. Dann folgt nach wenigen Wochen eine Phase, in der die Schilddrüsenhormonkonzentrationen abfallen und vorübergehend auch unter die Normgrenze absinken können. Und schließlich erfolgt in einer dritten Phase, meist nach zwei bis drei Monaten, eine völlige Normalisierung der Werte ohne spezifische Behandlung.

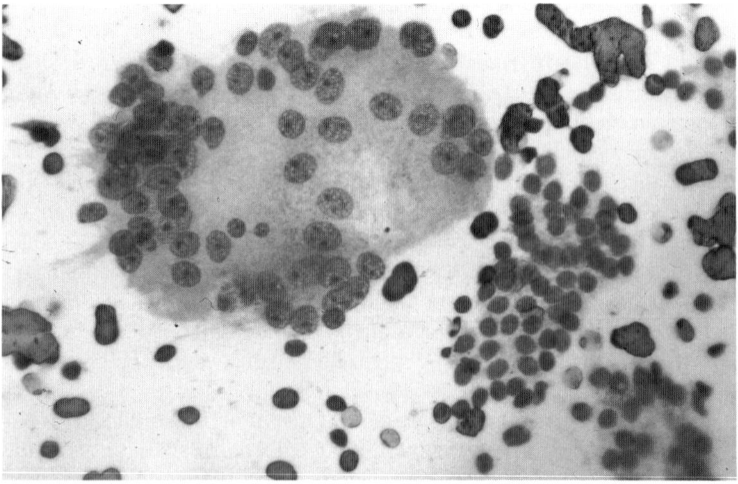

Abb. 25: *Mikroskopische Darstellung einer typischen Riesenzelle bei der Schilddrüsenentzündung vom Typ De-Quervain.*

Zur Diagnose der De Quervain'schen Thyreoiditis tragen aber auch sowohl die sonographische als auch die szintigraphische Untersuchung bei.
Im *Ultraschall* erkennt man bei einer die gesamte Schilddrüse betreffenden Thyreoiditis eine nicht ganz gleichmäßige, etwas inhomogene Verarmung des normalen Binnenreflexmusters. Die Schilddrüse sieht deutlich dunkler, d. h. echoärmer aus als die normale Schilddrüse. Bei den regionalen Formen der Schilddrüsenentzündung, bei denen nur einzelne Areale der Schilddrüse betroffen sind, finden wir in diesen Bereichen die beschriebene Echoarmut, während das übrige Schilddrüsengewebe eine normale Struktur aufweisen kann. Die Areale mit echoarmen Binnenreflexmuster entsprechen den tastbaren, schmerzhaften Knoten. Im Verlauf der Erkrankung bilden sich diese Ultraschallveränderungen auch allmählich zurück. Meist ist ein halbes Jahr nach Ablauf einer solchen Entzündung die Schilddrüse sonographisch wieder unauffällig.
Wenn man im Frühstadium einer De-Quervain-'schen Thyreoiditis ein *Schilddrüsenszintigramm* anfertigt, dann findet sich eine deutliche Verminderung der Speicherung der radioaktiven Substanz, also des radioaktiven Jods oder des radioaktiven Technetiums in den befallenen Arealen, bei der herdförmigen Thyreoiditis in den befallenen Knoten oder bei der die ganze Schilddrüse betreffenden Thyreoiditis in der gesamten Schilddrüse. Auch diese Verminderung der Nuklidspeicherung normalisiert sich im Verlauf von Wochen bzw. Monaten wieder.

Chronische Thyreoiditis Hashimoto

Bei der chronischen Hashimoto-Thyreoiditis kann die Diagnose durch die Bestimmung der *schilddrüsenspezifischen Antikörper* im Blut eindeutig gesichert werden. Bei dieser Erkrankung finden sich exzessiv hohe Konzentrationen sowohl der mikrosomalen Antikörper (MAK) und der TPO-Antikörper und/oder auch der Thyreoglobulin-Autoantikörper. Diese Antikörper sind oft noch bei extremen Verdünnungen des Serums bis zu 1:100 000 nachweisbar. Die Konzentration dieser Antikörper wird in der Regel in Verdünnungsstufen, z.B. 1:1 000, 1:30.000 etc. angegeben. Diese Verdünnungsstufen werden auch als „Titer" bezeichnet. Normale Antikörpertiter gegen Thyreoglobulin liegen z.B. unter 1:300; geringe, sozusagen unspezifische Erhöhungen dieser Antikörpertiter gehen bis zu etwa 1:2 000, die für die Hashimoto-Thyreoiditis charakteristischen hohen Antikörpertiter liegen meist über 1:3 000 und können bis 1:100 000 ansteigen.

Da die Hashimoto-Thyreoiditis wie oben angegeben meist erst im Stadium der Schilddrüsenunterfunktion erkannt wird, ist hier natürlich die *Funktionsdiagnostik* mit Bestimmung der Schilddrüsenhormonkonzentrationen und des TSH wichtig. Wenn bei einer Hashimoto-Thyreoiditis eine Schilddrüsenunterfunktion entstanden ist, dann ist sie in der Regel permanent, d. h. für immer bestehend.

Auch bei der chronischen Hashimoto-Thyreoiditis ist die *Ultraschalluntersuchung* außerordentlich hilfreich. Bei der mit einer Struma einhergehenden Form findet sich eine inhomogene, die gesamte Schilddrüse betreffende Verminderung des Binnenreflexmusters, eine sog. inhomogene Echoarmut bei gleichzeitiger Vergrößerung der Schilddrüse. Bei der athrophischen Form ist die Schilddrüse bereits klein, deutlich kleiner als normal, manchmal fast nicht mehr nachweisbar. Auch hier ist das Gewebemuster aber typischerweise echoarm, d. h. deutlich dunkler als normal auf dem Ultraschallbild.

Die *Schilddrüsenszintigraphie* kann in der Frühphase einer chronischen Schilddrüsenentzündung vom Typ Hashimoto noch eine intensive Speicherung des radioaktiven Jods oder Technetiums zeigen und auch die Vergrößerung der Schilddrüse erkennen lassen. In der späten Phase, bei bereits eingetretener Schilddrüsenunterfunktion, speichert die kleine, atrophische Schilddrüse in der Regel überhaupt nicht mehr das Radionuklid, so daß eine szintigraphische Darstellung der Schilddrüse dann nicht mehr gelingt.

Insgesamt sind die Untersuchungsmethoden bei Schilddrüsenentzündungen in der Tabelle 15 aufgeführt.

e) Behandlung

Da die subakute Thyreoiditis De Quervain in aller Regel folgenlos ausheilt und keine bleibende Schilddrüsenfunktionsstörung hinterläßt, braucht hier nur eine vorübergehende Behandlung der heftigen Beschwerden des Patienten zu erfolgen. Eine Dauertherapie ist nicht notwendig.

Tab. 15: *Untersuchungsmethoden bei Verdacht auf Schilddrüsenentzündungen*

1. **Antikörperbestimmungen**
   TG-AK (Thyreoglobulin-AK)
   MAK (mikrosomale AK)
   TPO-AK (thyreoidale Peroxidase-AK)

2. **Punktionszytologie**

3. **Funktionsparameter**
   T3 oder fT3
   T4 oder fT4
   TSH

4. **Ultraschalluntersuchung**

5. **Szintigraphie**

Ganz anders ist dies bei der chronischen Hashimoto-Thyreoiditis, die ja praktisch immer mit einer Schilddrüsenunterfunktion endet. Hier muß eine dauerhafte Behandlung der Schilddrüsenunterfunktion, d. h. der Ersatz der Schilddrüsenhormone lebenslang durchgeführt werden.

Behandlung der akuten bis subakuten Schilddrüsenentzündung vom Typ De Quervain

Bei sehr heftigen Beschwerden im Bereich des Schilddrüsenlagers und bei schwerer allgemeiner Beeinträchtigung mit Krankheitsgefühl, hohem Fieber, Gliederschmerzen etc. ist es für den Patienten nur ein geringer Trost, wenn ihm versichert wird, daß diese Erkrankung folgenlos ausheilt. Die Beschwerden sind so gravierend, daß sie rasch behandelt werden sollen. Hierfür stehen auch sehr wirksame Medikamente zur Verfügung.

Bei schwerer Symptomatik sollte eine Behandlung mit Abkömmlingen des Nebennierenrindenhormons Cortisol gegeben werden. Die meisten

chemischen Abkömmlinge des Cortisols, die heute in der medizinischen Therapie Verwendung finden, sind sehr viel stärker wirksam als das Cortisol selbst. Die Substanzen Prednison oder Prednisolon, z.B., sind etwa sechsmal stärker wirksam als Cortisol. Von diesen Substanzen, von denen zahlreiche Präparate auf dem Markt sind, werden anfangs etwa 30 mg pro Tag verordnet. Die Beschwerden der Patienten werden schlagartig, d.h. innerhalb von maximal 48 Stunden deutlich besser bzw. verschwinden. Die Patienten, die sich zuvor schwerkrank gefühlt haben, sind außerordentlich dankbar. Diese relativ hohe Dosis von 30 mg eines Prednison- oder Prednisolonpräparates kann aber bald abgebaut werden. Eine dauerhafte Behandlung in dieser Dosierung würde auch nicht unerhebliche Nebenwirkungen haben.
In der Regel kann bereits nach acht bis zehn Tagen die Dosis von 30 auf 20 mg reduziert werden, dann wird in 14tägigen Abständen um jeweils weitere 5 mg die Dosis reduziert und damit die Behandlung gewissermaßen ausschleichend weitergeführt.
Wenn es bei einer Dosis von unter 15 mg zum Wiederauftreten von Beschwerden kommt, muß die Behandlungsdauer verlängert werden und unter Umständen auch die Dosis noch einmal angehoben werden.
Die Regel ist zwar, daß nach etwa drei Monaten die Erkrankung ausgeheilt ist. Das bedeutet aber nicht, daß es nicht auch Patienten gibt, bei denen sich der Entzündungsprozeß sehr viel länger hinzieht und bei denen auch über Zeiträume von einem halben bis einem Jahr immer noch wieder Beschwerden auftreten.
Manche Patienten haben anfangs so heftige Lokalbeschwerden, daß sie dem untersuchenden Arzt eine Punktion der Schilddrüse, d. h. das Hineinstechen mit einer Nadel in diese sehr schmerzhafte Schilddrüse nicht gestatten.
Da aber die Diagnose eigentlich nur durch die Punktionszytologie mit Sicherheit zu stellen ist, kann man hier so vorgehen, daß die Patienten zunächst für zwei bis drei Tage mit dem Nebennierenrindenhormonpräparat behandelt werden. Dann sind die Beschwerden weitgehend abgeklungen, und der Patient ist dann auch in der Regel bereit, sich der Untersuchung zu unterziehen.
Wenn die Lokalbeschwerden nur gering ausgeprägt sind und auch das allgemeine Krankheitsgefühl nur gering ist, dann reichen manchmal

auch vorübergehend einfache Schmerzmittel bzw. entzündungshemmende Medikamente, sog. Rheumamittel, zur Behandlung aus. Diese sollten dann, wegen der Nebenwirkungen der Medikamente, nicht über maximal vier Wochen hinaus gegeben werden.

Behandlung der chronischen Thyreoiditis Hashimoto

Bei der chronischen Hashimoto-Thyreoiditis braucht eine Behandlung der Lokalbeschwerden in aller Regel nicht zu erfolgen. Hier steht die Behandlung der Schilddrüsenunterfunktion ganz im Vordergrund, und sie wird genauso durchgeführt wie im Kapitel „Schilddrüsenunterfunktion" beschrieben.

H Sondersituationen

1. Besonderheiten von Schilddrüsenerkrankungen im Kindesalter

a) Struma bei Neugeborenen und Kindern

Eine Struma bei Neugeborenen und Kindern ist bis auf wenige Ausnahmen durch ausgeprägten Jodmangel Grad II bis III verursacht. Bei ausgeprägtem Jodmangel entwickelt sich ja schon in der 2. Schwangerschaftshälfte beim Kind, das dem Jodmangel in gleicher Weise ausgesetzt ist wie die Mutter, eine Struma, die dann bereits bei der Geburt als Neugeborenenstruma oder angeborene Struma auffällt.
Die Häufigkeit der Neugeborenenstruma hängt vom Ausmaß des Jodmangels ab. In der Schweiz hatten vor Einführung der allgemeinen Jodierung des Speisesalzes in einigen Regionen über 25% der Neugeborenen eine Struma.
Untersuchungen der letzten zehn Jahre aus Deutschland ergaben eine Häufigkeit der Neugeborenenstruma von 3 bis 5%, z.B. 5% bei einer Untersuchung in Ulm. In Thüringen und Sachsen wurde vor Einführung der Speisesalzjodierung und vor Einführung der Jodierung des Viehfutters über noch höhere Raten bis zu 12% berichtet.
Bei anhaltendem Jodmangel während der Kindheit und Adoleszenz steigt die Zahl der Schilddrüsenvergrößerungen gegenüber solchen Regionen, in denen kein Jodmangel herrscht, deutlich an. Exakte Vergleichsdaten liegen zwischen 13jährigen Schulkindern in Schweden und in der Bundesrepublik Deutschland vor. Hierbei zeigt sich, daß in dieser Altersgruppe über 50% der deutschen Schulkinder größere Schilddrüsen haben als es dem oberen Normbereich in Schweden entspricht. In Baden-Württemberg im Raum Stuttgart zeigte unsere eigene akutelle Untersuchung für diese Altersgruppe, daß 60% der Jungen und Mädchen größere Schilddrüsen haben als es dem Normbereich in Schweden mit normaler Jodversorgung entspricht.
Nur selten ist eine Struma im Kindesalter Folge eines Stoffwechseldefektes der Schilddrüse, da diese sog. Jodfehlverwertungen seltene genetisch

bedingte Erkrankungen sind. Eine Behebung des Jodmangels führt in solchen Fällen nicht zur Rückbildung der Struma.
Die Neugeborenenstruma durch Jodmangel kann verhütet werden, wenn die schwangeren Mütter generell ausreichend mit Jod versorgt werden. Dies ist leider derzeit immer noch nicht der Fall (s. Sondersituation Schwangerschaft).
Jodmangelstrumen bei Neugeborenen, während der Kindheit und Adoleszenz lassen sich aber in aller Regel gut und effektiv mit Jodid behandeln. Eine Neugeborenenstruma oder eine Struma im frühen Kindesalter durch schweren Jodmangel bildet sich unter Jodidtherpie innerhalb von wenigen Wochen bis Monaten zurück.
In der Kinderheilkunde werden heute einheitlich für Neugeborene 150 µg Kaliumjodid pro Tag empfohlen, bei Frühgeborenen unter 2 500 g etwas weniger, d. h. 100 µg Kaliumjodid pro Tag. Diese Menge Jod kann z. B. einfach durch eine verdünnte Kaliumjodidlösung der Nahrung, d. h. der Milch oder der Babynahrung, zugesetzt werden. Ein Milliliter einer 2%igen Kaliumjodidlösung enthält 20 mg Kaliumjodid. 50 µl dieser Lösung enthalten 100 µg Kaliumjodid.
In aller Regel verschwindet eine Neugeborenenstruma durch diese Behandlung innerhalb von wenigen Wochen bis Monaten.
Auch bei Kindern und Jugendlichen mit einer Jodmangelstruma wird heute in der Kinderheilkunde eine primäre Behandlung mit Jodid in einer Dosierung von 150 bis 200 µg Kaliumjodid pro Tag empfohlen. Das bedeutet, daß diese therapeutische Dosis eigentlich identisch ist mit der Jodmenge, die zur Prophylaxe ohnehin für optimal gehalten wird.
Primär wird also bei Kindern und Jugendlichen mit 150 bis 200 µg Kaliumjodid pro Tag behandelt, und zwar für zunächst sechs Monate. Durch eine Kontrolluntersuchung mit Ultraschall wird der Therapieerfolg gesichert. Wenn eine Verkleinerung oder Normalisierung eingetreten ist, wird die Behandlung mit Jodid beibehalten. Bei weiterem Strumawachstum wird aber nach sechs Monaten auf eine Behandlung mit Schilddrüsenhormon umgesetzt. Die Dosierung für L-Thyroxin liegt bei Kindern bei etwa 3 µg/kg Körpergewicht und Tag, d. h. für ein Kind mit 20 kg Körpergewicht bei 60 µg L-Thyroxin pro Tag.
Weil bei Kindern die Strumen jeweils noch nicht sehr lange bestehen, weil sie in der Regel noch diffus sind und wenig degenerative, regressive Veränderungen aufweisen, ist die Rückbildungsfähigkeit der Strumen im

Kindesalter besonders gut. Je älter Patienten mit Strumen werden, umso geringer wird der Therapieeffekt auf die Struma sein.

b) Schilddrüsenunterfunktion bei Neugeborenen und Kindern

Eine Schilddrüsenunterfunktion während der Entwicklung im Mutterleib, beim Neugeborenen und bei kleinen Kindern ist eine gravierende Erkrankung mit schweren, z. T. irreversiblen Auswirkungen.

Da die Schilddrüsenhormone für die Entwicklung, insbesondere des zentralen Nervensystems, d. h. des Gehirns und des Rückenmarkes, unerläßlich sind, führt ein Mangel an Schilddrüsenhormon während der Entwicklungsphase in der Schwangerschaft und in der Neugeborenenperiode zu Verzögerungen der geistigen und motorischen Entwicklung. Nur bei sehr frühzeitig einsetzender Behandlung können schwere Dauerschäden mit geistiger Behinderung und körperlicher Entwicklungsverzögerung verhindert werden.

Aus diesem Grunde wird heute in den meisten europäischen Ländern, auch in der Bundesrepublik Deutschland, ein allgemeines sog. Screening, d.h. eine generelle Untersuchung aller Kinder auf das Bestehen einer angeborenen Schilddrüsenunterfunktion durchgeführt. Hierbei wird so vorgegangen, daß am 5. Tag nach der Geburt eine winzige Blutprobe, die aus der Ferse des Kindes entnommen wird, dazu benutzt wird, das schilddrüsenstimulierende Hormon TSH zu bestimmen. Wenn dies erhöht ist, erfolgt eine sofortige Information der Entbindungsklinik bzw. der behandelnden Ärzte und der Eltern, so daß eine Behandlung unmittelbar einsetzen kann.

Bei guter Organisation kann auf diese Art und Weise die Diagnose einer angeborenen Schilddrüsenunterfunktion innerhalb von 10 Tagen erfolgen und die Therapie entsprechend frühzeitig beginnen. Leider gibt es jedoch auch bei diesem sog. TSH-Screening immer wieder organisatorische Mängel oder individuelle Fehler, so daß der angestrebte Idealfall, d. h. Therapiebeginn innerhalb von 10 Tagen nach der Geburt, nicht immer gewährleistet ist.

Ursachen für die Hypothyreose bei Neugeborenen und Kindern sind meistens Fehlentwicklungen der Schilddrüse, wobei eine Schilddrüsen-

anlage völlig fehlen kann oder eine kleine, verkümmerte Anlage an falscher Stelle liegt (s. Kapitel G „Schilddrüsenerkrankungen).
Eine weitere Ursache für eine Schilddrüsenunterfunktion sind die bereits erwähnten Stoffwechseldefekte der Schilddrüse, die nicht nur zu einer Struma bei Neugeborenen und Kindern, sondern zu einem Mangel an Schilddrüsenhormon mit der klinischen Auswirkung der Schilddrüsenunterfunktion führen.
Hierzulande selten sind angeborene Schilddrüsenunterfunktionen durch extremen Jodmangel. In Regionen mit endemischem Jodmangelgrad III können hierdurch jedoch auch angeborene Schilddrüsenunterfunktionen entstehen.
Die durch die Schilddrüsenentwicklungsstörungen hervorgerufenen angeborenen Schilddrüsenunterfunktionen liegen weltweit bei etwa 1:3 000 Geburten.

Therapie

Schilddrüsenunterfunktionen im Neugeborenen- und Kindesalter werden in aller Regel mit Schilddrüsenhormon behandelt. Nur die Schilddrüsenunterfunktionen mit Struma auf dem Boden eines extremen Jodmangels können auch mit Jodid effektiv behandelt werden.
Wichtig ist die regelmäßige Kontrolluntersuchung der Kinder mit permanenter Schilddrüsenunterfunktion, damit nicht im Laufe des Wachstum doch immer wieder Phasen mit Schilddrüsenhormonmangel vorkommen. Ein wichtiger Gesichtspunkt ist dabei, daß die bei Hypothyreosen immer erhöhte TSH-Konzentration durch die Behandlung normalisiert werden. Das normalisierte TSH zeigt dann auch die Wirksamkeit der Behandlung mit Schilddrüsenhormon an.
Die Schilddrüsenhormone werden im jungen Kindesalter in der Regel nach Körpergewicht dosiert, wobei pro Kilogramm Körpergewicht etwa 3,5 µg L-Thyroxin gegeben werden. Aber auch eine einfachere schematischere Form der Behandlung ist möglich. So können Kinder unter sechs Jahren in der Regel mit 50 µg L-Thyroxin, Kinder ab sechs Jahren in der Regel mit 100 µg L-Thyroxin behandelt werden. Wichtig ist, wie gesagt, die individuelle Einstellung unter Berücksichtigung der TSH-Konzentration.
Das klinische Krankheitsbild der Schilddrüsenunterfunktion beim Neugeborenen ist oft sehr schwer zu erkennen, auch für den erfahrenen

Kinderarzt. Dies ist mit ein Grund gewesen, weshalb die generelle Untersuchung von Neugeborenen auf eine Schilddrüsenüberfunktion eingeführt wurde.
Im Kindesalter stehen vor allen Dingen Symptome wie die verzögerte geistige und körperliche Entwicklung im Vordergrund und weniger die klassischen Beschwerden einer Schilddrüsenunterfunktion, wie sie im Kapitel G dargestellt wurden. Dies hat zur Konsequenz, daß gerade bei Kindern auf das Vorliegen von Beschwerden im Sinne einer Schilddrüsenunterfunktion geachtet werden und im Zweifelsfall großzügig die einfache Schilddrüsenhormondiagnostik durchgeführt werden muß.
Wenn einmal die Diagnose einer Schilddrüsenunterfunktion wegen einer Schilddrüsenfehlentwicklunng oder einer Jodfehlverwertung gestellt ist, dann muß die Schilddrüsenhormonbehandlung lebenslang erfolgen. Eine Unterbrechung der Therapie wird in jeder Lebensphase zur Entwicklung einer Schilddrüsenunterfunktion mit entsprechenden Beschwerden und Befunden führen.

c) Hyperthyreose beim Neugeborenen und bei Kindern

Eine Schilddrüsenüberfunktion bei Kindern ist eine ausgesprochene Rarität.
Bei Neugeborenen kommt sie sehr selten bei Kindern von Müttern vor, die eine immunogene Schilddrüsenüberfunktion in Form der Basedow'schen Erkrankung haben. Bei diesen Müttern können die Antikörper, die die Schilddrüse stimulieren, auch auf das Kind übergehen und bereits beim Kind eine Schilddrüsenüberfunktion hervorrufen. Dies äußert sich z. B. am sehr schnellen Pulsschlag, an motorischer Unruhe, an schneller Magen-Darm-Passage mit Durchfall usw.
Da aber nur etwa 1 bis 2 Prozent der Kinder von Müttern mit Basedow'scher Erkrankung eine Schilddrüsenunterfunktion entwickeln und eine Basedow'sche Erkrankung bei schwangeren Frauen ebenfalls sehr selten ist, gehören diese Formen der Schilddrüsenüberfunktion bei Neugeborenen zu den medizinischen Raritäten.
Im Kindesalter und jugendlichen Alter ist eine Schilddrüsenüberfunktion auf dem Boden einer immunogenen Schilddrüsenüberfunktion oder auf dem Boden eines einzelnen autonomen Schilddrüsenadenoms sehr selten.

Die Beschwerden sind ähnlich denen der Schilddrüsenüberfunktion beim Erwacchsenen mit innerer Unruhe, Rastlosigkeit, Bewegungsdrang, Konzentrationsunfähigkeit, Gewichtsabnahme bei Heißhunger, Schweißneigung, Wärmeunterverträglichkeit, Durchfall, Herzklopfen, Herzjagen.
Die Kinder werden nach der Diagnosestellung zunächst wie Erwachsene auch mit schilddrüsenbremsenden Medikamenten behandelt. Bei autonomen Adenomen sollte eine baldige operativie Entfernung des Adenoms erfolgen. Bei den immunogenen Formen wird eine Langzeittherapie mit Thyreostatika in der Hoffnung durchgeführt, daß der immunologische Krankheitsprozeß zum Stillstand kommt. Wenn nach 1- bis 1 ½jähriger Behandlung nach Absetzen der schilddrüsenbremsenden Medikamente doch wieder eine Schilddrüsenüberfunktion auftritt, so wird auch hier eine Schilddrüsenoperation unvermeidlich sein.
Insgesamt sind aber - wie gesagt - Schilddrüsenüberfunktionen bei Kindern außerordentlich selten.
Die wichtigsten Aufgaben im Rahmen von *Schilddrüsenerkrankungen im Kindesalter* bestehen in der möglichst *frühzeitigen Diagnostik* und in der *sofortigen, konsequenten* und *dauerhaften Behandlung* bei *Schilddrüsenunterfunktionen* und zum anderen in der konsequenten *Prophylaxe* und *Verhütung* der *Struma bei Kindern.*
Hierzu ist derzeit in der Regel eine medikamentöse Behandlung mit Jodpräparaten erforderlich, da in der Bundesrepublik Deutschland die allgemeinen prophylaktischen Maßnahmen zur Strumaprophylaxe nicht ausreichen.

2. Schilddrüsenerkrankungen in Schwangerschaft und Stillzeit

Die Schwangerschaft ist bezüglich der Erkrankungen der Schilddrüse eine besonders sensible, kritische Phase, der deshalb auch in der Forschung besondere Aufmerksamkeit geschenkt wurde.
Schon lange war die klinische Erfahrung bekannt, daß sich bei jungen Frauen in der Schwangerschaft Kröpfe entwickeln oder auch bereits bestehende Kröpfe an Größe noch deutlich und rasch zunehmen. Dieses Phänomen war insbesondere in Regionen mit stärker ausgeprägtem Jodmangel ganz offenkundig. Zum Beispiel zeigte eine Untersuchung

im Jodmangelgebiet Irlands bei jungen Frauen eine Strumahäufigkeit von etwa 30%. Bei jungen Frauen, die schwanger waren, stieg diese Häufigkeit auf etwa 70% an. Im Nicht-Jodmangelgebiet Islands hatten Schwangere sehr viel häufiger eine Strumma als nicht schwangere, junge Frauen.

Wie wir heute relativ exakt wissen, liegt der Jodbedarf der Schwangeren deutlich höher als bei anderen jungen Erwachsenen. Die Weltgesundheitsorganisation (WHO) und die Deutsche Gesellschaft für Ernährung (DGE) geben übereinstimmend einen Jodbedarf in der Schwangerschaft von 260 µg pro Tag an.

Andererseits ist die Schwangerschaft auch eine Situation, wo generell Sorge besteht, daß durch eine Erkrankung oder durch die Behandlung von Erkrankungen während der Schwangerschaft dem sich entwickelnden Kind Schaden zugefügt werden kann. Deshalb haben schwangere Mütter und auch deren behandelnde Ärzte in der Regel große Bedenken gegen eine medikamentöse Behandlung in der Schwangerschaft. In der Regel werden praktisch auch alle Medikamente, die vor einer Schwangerschaft möglicherweise verordnet wurden, abgesetzt und lediglich Vitamin- und Eisenpräparate werden in der Schwangerschaft fast regelmäßig verordnet.

Gerade bezogen auf die Schilddrüse und die Jodmangelsituation in der wir leben, ist es aber in der Schwangerschaft besonders wichtig, daß zumindest die Jodversorgung der schwangeren Mutter dem wirklichen Bedarf angepaßt wird. Das heißt, daß gegenwärtig gezielte Maßnahmen, wie die Einnahme von Jodtabletten notwendig sind, um beim Kind die schädlichen Auswirkungen des Jodmangels zu verhindern.

Glücklicherweise wurden in den letzten zwei Jahrzehnten durch intensive Forschung und Untersuchungen ausreichende Kenntnisse über die Bedingungen des Jodstoffwechsels, über die kindliche Entwicklung, die Entwicklung der kindlichen Schilddrüse und über den Stoffaustausch zwischen Mutter und Kind während der Schwangerschaft gewonnen, so daß wir heute über eine fundierte Basis verfügen, auf der klare Empfehlungen für die Schwangerschaft bezüglich Schilddrüsenerkrankungen und Jodmangel gegeben werden können.

a) Jodstoffwechsel, Entwicklung der kindlichen Schilddrüse und Stoffaustausch zwischen Mutter und Kind

Der Jodbedarf der Schwangeren ist - wie schon dargestellt - deutlich höher als außerhalb der Schwangerschaft. Er liegt bei etwa 260 µg Jod pro Tag. Dieser erhöhte Bedarf kommt durch Jodverluste zustande, z.T. an das Kind, z.T. auch über eine vermehrte Jodausscheidung mit dem Urin, und auch durch einen vergrößerten Jodverteilungsraum.
Bei bestehendem Jodmangel wird also die Diskrepanz zwischen der täglichen Jodzufuhr mit der Nahrung und dem Jodbedarf in der Schwangerschaft noch größer als dies ohnehin der Fall ist.
Die *kindliche Schilddrüse* entwickelt sich von einer Stelle des Mundbodens aus, die später im Erwachsenenalter etwa dem Zungengrund entspricht. Von hier aus wächst die winzige Schilddrüsenanlage nach unten und nach vorn an den Hals, dort wo etwa ab der 5. Schwangerschaftswoche die kleine Schilddrüsenanlage sich als paariges Organ bereits vor der Luftröhre finden läßt. Die Entwicklungsstörungen der Schilddrüse, die später zu angeborenen Schilddrüsenunterfunktionen führen können, entstehen also schon in der frühesten Phase, d.h. in den ersten acht Wochen der Schwangerschaft.
Etwa ab der 12. Schwangerschaftswoche kann die kindliche Schilddrüse bereits Jod aufnehmen und speichern. Die funktionelle Reifung auch der übergeordneten Zentren, der Hirnanhangsdrüse und des Zwischenhirns vollzieht sich etwa bis zur Schwangerschaftsmitte, d.h. etwa bis zur zwanzigsten Schwangerschaftswoche. Ab dann spätestens ist die kindliche Schilddrüse in der Lage, den Organismus mit Schilddrüsenhormon zu versorgen. Vor dieser Zeit sind die kindlichen Schilddrüsenhormonkonzentrationen extrem niedrig, was neben anderen Untersuchungen zeigt, daß die Schilddrüsenhormone von der Mutter auf das Kind nur in sehr begrenztem Maße übergehen.
Die Schilddrüsenhormone werden also nicht direkt oder zumindest in nur sehr limitiertem Umfang von der Mutter auf das Kind weitergegeben.
Das Jodid dagegen geht in der Plazenta direkt und ungehindert vom mütterlichen in das kindliche Blut über, eine sog. Plazentaschranke besteht für Jodid nicht. Das bedeutet, daß bei Behebung eines Jodmangels der Mutter auch der Jodmangel für das Kind beseitigt wird.

Erstaunlicherweise gehen auch die großen Moleküle der schilddrüsenstimulierenden Antikörper, die bei der Mutter die Basedow'sche Erkrankung hervorrufen, auf das Kind über und können so beim Kind eine Schilddrüsenüberfunktion im Mutterleib unmittelbar nach der Geburt hervorrufen.
Die für die Behandlung einer Schilddrüsenüberfunktion verwendeten Medikamente, die die Schilddrüse bremsen (die sog. Thyreostatika) gehen leider allesamt auch in der Plazenta vom mütterlichen Kreislauf in das kindliche Blut über. Das bedeutet, daß bei einer thyreostatischen Behandlung der Mutter auch die kindliche Schilddrüse bremsend beeinflußt werden kann, wenn durch die Dosis der Medikamente bei der Mutter eine bestimmte Grenze überschritten wird und dadurch auch die Konzentration dieser Stoffe im kindlichen Blut eine therapeutisch wirksame Höhe erreicht. Diese Kenntnis ist für die glücklicherweise selten vorkommende Situation einer Schilddrüsenüberfunktion der Mutter während der Schwangerschaft für die Behandlung von großer Bedeutung.

b) Struma bei Schwangeren

Wie schon gesagt manifestieren sich Strumen bei jungen Frauen in der Schwangerschaft sehr häufig zum ersten Male oder bestehende Strumen nehmen an Größe zu. Die Ursache liegt auf der Hand: Bei bestehendem Jodmangel wird die Diskrepanz zwischen Jodaufnahme pro Tag und Jodbedarf während der Schwangerschaft immer größer. Die Anpassungsmechanismen der Schilddrüse führen zum Strumawachstum, zum Kropf.
Außerdem besteht bei erheblichem Jodmangel, z. B. Grad II, auch für das Kind die Gefahr, durch den bestehenden Jodmangel in der 2. Schwangerschaftshälfte schon eine Struma zu entwickeln. Diese sog. Neugeborenenstruma findet sich in Süddeutschland und z. B. in Sachsen und Thüringen immerhin in etwa 5 bis 12% der neugeborenen Kinder.
Das Phänomen ist in Ländern mit ausreichender Jodversorgung völlig unbekannt und auch die Zunahme der Strumahäufigkeit während der Schwangerschaft ist in Regionen mit ausreichender Jodversorgung die

Ausnahme. In den skandinavischen Ländern ist die Jodversorgung durch eine generelle Jodierung des Speisesalzes so optimiert worden, daß die durchschnittliche tägliche Jodaufnahme bei etwa 200 µg Jod pro Tag liegt. Unter diesen Bedingungen gibt es weder Neugeborenenstrumen noch ein Strumawachstum während der Schwangerschaft.

Das bedeutet, daß unter den Bedingungen der gegenwärtigen Jodversorgung in der Bundesrepublik Schwangere nur auf dem Wege der Einnahme von Jodidtabletten (oder Jodidlösungen) ihren erhöhten Jodbedarf korrekt decken können.

Die Verwendung von jodiertem Speisesalz kann in der Schwangerschaft niemals den Jodmangel beheben, da zur Aufnahme von 200 µg Jod 20 g Kochsalz pro Tag konsumiert werden müßten. Dies ist wegen der bekannten Neigung zu Ödemen in der Schwangerschaft und der Gefahr der Entwicklung eines hohen Blutdrucks keinesfalls zulässig.

Es ist deshalb unabdingbar, daß heute jede Schwangere etwa 200 µg Jodid pro Tag, möglichst als Tablette, einnehmen sollte, damit eine sichere Behebung der Jodmangelsituation gewährleistet ist.

Diese Behandlung wird zum einen bei der Mutter die Entwicklung einer Struma oder deren Größenzunahme verhindern, zum anderen behebt sie den kindlichen Jodmangel und beseitigt damit auch die Gefahr einer kindlichen Struma. Diese *Behandlung der Mutter mit Jodidtabletten* ist also für das sich entwickelnde Kind nicht nur nicht schädlich, sondern diese Behandlung ist auch aus der Sicht der kindlichen Entwicklung und der *Verhütung einer Neugeborenenstruma* unbedingt erforderlich.

Bei jungen Frauen, die bei Eintritt der Schwangerschaft bereits eine Struma haben, wird diese Jodidtherapie allein nicht in jedem Fall ausreichen, um ein Strumawachstum zu verhindern. Schwangere mit einer Struma sollten daher wie außerhalb der Schwangerschaft auch mit Schilddrüsenhormon in einer Dosierung zwischen 100 und 150 µg L-Thyroxin pro Tag behandelt werden.

Diese Behandlung tangiert das Kind nicht, da – wie oben ausgeführt – die Schilddrüsenhormone die Plazentaschranke praktisch nicht passieren. Die Behandlung mit Schilddrüsenhormon kann sich also ausschließlich nach der Situation der Mutter richten. Ein ungünstiger Effekt auf das Kind findet nicht statt.

Wegen der oben erörterten Jodmangelsituation muß aber die Schwangere *zusätzlich* in jedem Fall Jodid, 200 µg pro Tag, einnehmen, da

allein mit der Schilddrüsenhormonbehandlung die Jodmangelsituation für das Kind nicht behoben wird.
Insgesamt kann festgehalten werden, daß heute allgemeine Übereinstimmung darin besteht, daß Schwangere ohne Struma in jedem Fall mit Jodid (zirka 200 μg pro Tag) behandelt werden sollten, und daß Schwangere mit Struma mit einer Kombination von Jodid + Schilddrüsenhormon (200 μg Jodid + 100 bis 150 μg L-Thyroxin) behandelt werden sollen. Diese Jodidbehandlung ist sehr viel wichtiger als z.B. die häufig geübte Behandlung mit Vitaminpräparaten und Eisenpräparaten bei Schwangeren, da Vitamin- oder Eisenmangel bei richtiger Ernährung nicht entstehen muß, während der Jodmangel sich unter den gegenwärtigen gesetzlichen Bedingungen in der Bundesrepublik Deutschland nicht über die Nahrung beheben läßt.
Nicht diese Behandlung ist eine Gefahr für das Kind, sondern die Unterlassung dieser Behandlung gefährdet das Kind durch den Jodmangel und birgt die Gefahr der kindlichen Struma bzw. im Extremfall sogar der kindlichen Schilddrüsenunterfunktion.

c) Schilddrüsenunterfunktion in der Schwangerschaft

Wie im Kapitel G 3 „Schilddrüsenunterfunktion" ausgeführt, liegt bei einer Schilddrüsenunterfunktion junger Frauen meist eine deutliche Einschränkung der Fruchtbarkeit vor, so daß Frauen mit einer ausgeprägten Schilddrüsenunterfunktion nur sehr selten schwanger werden. Wenn dies jedoch eintritt oder wenn Frauen mit bekannter Schilddrüsenunterfunktion, die bereits behandelt werden, schwanger werden, dann ergibt sich in jedem Fall die Notwendigkeit, die logische und notwendige Schilddrüsenhormonbehandlung der Frau mit Schilddrüsenunterfunktion entweder weiterzuführen oder im Falle der Erstdiagnose einer Schilddrüsenunterfunktion während der Schwangerschaft sofort zu beginnen.
Eine unbehandelte Schilddrüsenunterfunktion in der Schwangerschaft ist belastet durch alle möglichen, häufigen Komplikationen des Schwangerschaftsverlaufes, z. B. durch Fehlgeburten und durch Frühgeburten. Die Behandlung der Schilddrüsenunterfunktion vermindert diese Komplikationen eindeutig.

Da die Behandlung der Schilddrüsenunterfunktion der Mutter in der Gabe bzw. dem Ersatz von Schilddrüsenhormonen besteht und diese Schilddrüsenhormone die Plazenta nur in minimalem Umfang passieren, hat eine solche Behandlung für das Kind auch gar keine direkten Konsequenzen. Es wird lediglich das Krankheitsbild der Mutter gebessert bzw. normalisiert, und es werden die Komplikationen des Schwangerschaftsverlaufes reduziert bzw. normalisiert. Einen direkten Einfluß auf die kindliche Entwicklung gibt es durch diese Behandlung nicht, auch nicht auf die Entwicklung des zentralen Nervensystems des Kindes. Die hierfür notwendigen Schilddrüsenhormone produziert die kindliche Schilddrüse in der zweiten Schwangerschaftshälfte selbst.
Insgesamt ist also die Behandlung einer Schilddrüsenunterfunktion in der Schwangerschaft mit Schilddrüsenhormon völlig unproblematisch und für das Kind nicht nur ungefährlich, sondern zugleich nützlich.
Problematischer hingegen ist die Behandlung einer Schilddrüsenüberfunktion in der Schwangerschaft.

d) Schilddrüsenüberfunktion in der Schwangerschaft

Glücklicherweise ist das Vorkommen einer Schilddrüsenüberfunktion in der Schwangerschaft eine Seltenheit. Die Untersuchungen zeigen eine Häufigkeit von etwa 1 bis 2 Promille, d.h. 1 bis 2 von Tausend schwangeren jungen Frauen leiden gleichzeitig an einer Schilddrüsenüberfunktion.
Die Situation einer Schilddrüsenüberfunktion in der Schwangerschaft ist aber unter den Gesichtspunkten der Behandlung wesentlich problematischer als die Behandlung einer Struma oder einer Schilddrüsenunterfunktion. Dies liegt darin begründet, daß die notwendigen Medikamente, die verwendet werden müssen, um die mütterliche Schilddrüse zu bremsen, durch die Plazentaschranke hindurch auch in den kindlichen Kreislauf übergehen. Wir wissen heute, daß dies von der Höhe der Dosis abhängt, die die Mutter bekommt, um die Schilddrüsenfunktion zu normalisieren. Bei hohen Dosen reichen die Konzentrationen der Thyreostatika aus, um auch die kindliche Schilddrüse zu bremsen und somit im Mutterleib zu einer Schilddrüsenunterfunktion zu einer Struma zu führen. Dies ist selbstverständlich absolut unerwünscht und auch für

die geistige und motorische Entwicklung des Kindes eine absolut unerwünschte Nebenwirkung dieser Medikamente.
Wir wissen aber auch, daß - wenn bestimmte Dosisgrenzen eingehalten bzw. unterschritten werden können - die Effekte auf die kindliche Schilddrüse ausbleiben.
Es kommt also darauf an, Mütter mit einer Schilddrüsenüberfunktion mit einer möglichst niedrigen Dosis von Thyreostatika zu behandeln.
Die Tatsache, daß eine Schilddrüsenüberfunktion in der Schwangerschaft behandelt werden muß, begründet sich darin, daß eine unbehandelte Schilddrüsenüberfunktion neben dem Krankheitsbild der Mutter (s. Kapitel G „Schilddrüsenüberfunktion") auch mit einer ganz erheblichen Häufung von Komplikationen des Schwangerschaftsverlaufes einhergeht, z.B. mit einer enormen Häufigkeit von Fehlgeburten, mit Frühgeburten, mit vorzeitiger Plazentalösung u.a. Komplikationen mehr.
Darüber hinaus zeigen zumindestens einige Untersuchungen, daß eine unbehandelte Schilddrüsenüberfunktion auch mit einer etwas gesteigerten Mißbildungsrate der Kinder einhergeht.
Hieraus leitet sich also durchaus ein Grund für eine Behandlung der mütterlichen Schilddrüsenüberfunktion während der Schwangerschaft ab, wohl wissend, daß mit dieser Behandlung andere Risiken für das Kind bestehen.
Eigene Untersuchungen haben gezeigt, daß bei den Kindern von thyreostatisch behandelten Müttern mit Basedow'scher Erkrankung während der Schwangerschaft etwa 3% eine angeborene Struma haben und etwa 1% eine angeborene Schilddrüsenunterfunktion. Diese beiden Komplikationen beim Kind sind eindeutig durch die Behandlung hervorgerufen. Sie können unmittelbar nach der Geburt durch Wegfall der Behandlung der Mutter und auch durch Substitution von Schilddrüsenhormon rasch beseitigt werden.
Ebenfalls etwa 1–3% der Kinder von Müttern mit Morbus Basedow haben auch eine angeborene Schilddrüsenüberfunktion. Diese ist aber nicht durch die Behandlung bedingt, sondern durch den Übergang der mütterlichen schilddrüsenstimulierenden Antikörper auf das Kind.
Bei den thyreostatisch behandelten Müttern mit Morbus Basedow fanden sich in unserer Untersuchung bei etwa 350 Schwangerschaften keine Erhöhung der Mißbildungsrate bei den Kindern gegenüber gesunden Frauen.

In einer japanischen Untersuchung waren aber bei 50 unbehandelten Frauen mit klinischer Schilddrüsenüberfunktion bei 6% der Kinder Mißbildungen gefunden worden. Dies ist deutlich höher als die spontane Mißbildungsrate von Kindern gesunder Frauen.
Zusammenfassend muß für die selten vorkommende Situation einer Schilddrüsenüberfunktion während der Schwangerschaft eine möglichst niedrig dosierte thyreostatische Behandlung empfohlen werden. Bei der Einleitung der Behandlung sollte die Dosis für das Medikament Thiamazol (Handelsnamen: Favistan, Thiamazol, Thyrozol etc.) nicht über 15 mg pro Tag liegen. Für das Medikament Carbimazol (Handelsnamen: Carbimazol, neo-morphazole etc.) nicht über 20 mg und für das Präparat Propylthiuracil (Handelsname: Propycil) nicht über 150 mg pro Tag. Diese Dosierungen sind aber nur bei der Einleitung der Behandlung erforderlich. Wenn die Schilddrüsenhormonkonzentrationen sich in den oberen Normbereich gesenkt haben, können diese Dosierungen noch erheblich reduziert werden, so daß die weiterführende Behandlung bis zum Ende der Schwangerschaft bzw. auch während der Stillzeit bei Dosierungen liegen sollten, die für Thiamazol nicht über 10 mg, für Carbimazol nicht über 15 mg und für Propylthiurazil nicht über 100 mg liegen sollten.
In jedem Fall bedeutet die *Schwangerschaft einer Patientin mit einer Schilddrüsenüberfunktion eine Risikoschwangerschaft,* bei der in jedem Fall eine enge Zusammenarbeit zwischen dem behandelnden Frauenarzt, einem Endokrinologen und einem Kinderarzt erforderlich ist.

e) Stillzeit

In der Stillzeit gelten die soeben für die Schwangerschaft aufgeführten Prinzipien der Behandlung und Betreuung in gleicher Weise, und zwar sowohl bei Struma, bei Schilddrüsenunterfunktion und bei Schilddrüsenüberfunktion.
Auch hier ist wieder die Behandlung einer Struma mit Jodid bzw. mit Jodid und Schilddrüsenhormon und die Behandlung der Schilddrüsenunterfunktion mit Schilddrüsenhormon völlig unproblematisch. Jodid wird über die Muttermilch an das Kind weitergegeben, was absolut wünschenswert und günstig ist. Die Schilddrüsenhormone werden wie-

derum in nur sehr geringer Konzentration mit der Muttermilch abgegeben, so daß diese Behandlung keinerlei Risiken oder Nachteile für das Kind mit sich bringt.
Bei der Behandlung der Schilddrüsenüberfunktion der Mutter während der Stillzeit muß aber wiederum berücksichtigt werden, daß auch die Thyreostatika in die Muttermilch übergehen. Allerdings kann hier eine gewisse Differenzierung vorgenommen werden: Das Präparat Propylthiuracil (Handelsname: Propycil) liegt im Blut der Mutter in einem gewissen Prozentsatz an Eiweiß gebunden vor. Dadurch wird der Transfer dieses Präparates in die Muttermilch verringert, so daß die Konzentrationen in der Muttermilch für Propycil niedriger liegen als für Carbimazol und Thiamazol.
Wenn die oben für die Schwangerschaft genannten niedrigen Dosierungen für die drei Medikamente beachtet werden, dann kann auch während der Stillzeit mit diesen gleichen niedrigen Dosierungen ohne Gefahr für das Kind weiterbehandelt werden. Wenn allerdings höhere Dosierungen als die oben angegebenen notwendig sind, dann sollte wenigstens auf das Präparat Propycil umgestellt werden, da hierbei der Transfer in die Muttermilch geringer ist als bei den beiden anderen Präparaten.
Insgesamt kann für die Stillzeit festgehalten werden, daß eine Jodidbehandlung und/oder eine Schilddrüsenhormonbehandlung während der Stillzeit ohne Probleme weitergeführt werden kann und soll, und zwar für die gesamte Stillzeit.
Bei der thyreostatischen Behandlung einer Mutter mit Schilddrüsenüberfunktion müssen die oben genannten Dosisgrenzen eingehalten werden, um eine Gefährdung des Kindes durch die Thyreostatika zu vermeiden. In jedem Fall muß in dieser Situation auch beim Kind in regelmäßigen Abständen eine Untersuchung des Blutes auf Schilddrüsenhormone und das schilddrüsenstimulierende Hormon TSH durchgeführt werden.
Es ist nach heutigem Kenntnisstand nicht mehr notwendig, das Stillen einer Mutter mit einer Schilddrüsenüberfunktion, die mit Medikamenten behandelt wird, vorzeitig zu beenden.

3. Schilddrüsenerkrankungen im Alter

Für alle Schilddrüsenerkrankungen bestehen im Alter eine Reihe von Besonderheiten, die unbedingt berücksichtigt werden müssen, damit Schilddrüsenerkrankungen im Alter nicht unnötig lange verkannt werden und damit nicht unnötige oder wirkungslose, manchmal sogar schädliche Behandlungen eingeleitet werden.
Die Besonderheit der Struma im Alter liegt in der häufigen Ausprägung von *Autonomien,* d. h. von einer von der normalen Regulation unabhängigen Funktion der alternden Schilddrüse und von der Ausprägung von *degenerativen, regressiven Veränderungen.* Alle diese Veränderungen führen dazu, daß im Alter Strumen weder mit Jod noch mit Schilddrüsenhormon effektiv zu behandeln sind. Bei bestehender Autonomie von größeren Gewebeanteilen besteht bei dieser Therapie sogar die Gefahr einer Schilddrüsenüberfunktion.
Bei den Funktionsstörungen der Schilddrüse im Alter liegt die Besonderheit vor allem in der Abwandlung des klinischen Verlaufes der Erkrankung, die nicht mehr den lehrbuchmäßigen Beschreibungen der klassischen Krankheitsbilder von Überfunktion und Unterfunktion der Schilddrüse entspricht. Deshalb muß den Schilddrüsenfunktionsstörungen im Alter besondere Aufmerksamkeit geschenkt werden.

a) Struma im Alter

Während alle anderen Organe des Körpers mit Abschluß der Pubertät und der Wachstumsphase ihre endgültige Größe erreicht haben und sich im Alter sogar eher wieder etwas verkleinern, wächst unter den Bedingungen des Jodmangels die Schilddrüse bis ins hohe Alter weiter. Unsere epidemiologische Untersuchung im Raum Stuttgart hat gezeigt, daß eine kontinuierliche Zunahme der Schilddrüsengröße gesunder Probanden bis jenseits des siebzigsten Lebensjahres zu verzeichnen ist. Mit zunehmendem Alter der Personen und mit zunehmender Dauer des Bestehens eines Kropfes nehmen aber in den Schilddrüsen alter Menschen auch eine Reihe von Veränderungen zu, die degenerativer Art sind. Hierzu gehören Bindegewebsvermehrung, Narbenbildung mit Knotenbildung, Ausbildung von flüssisgkeitsgefüllten Hohlräumen (Zysten der zystische Degenerationshöhlen), Ausbildung von Verkalkun-

gen. Wenn solche regressiven, degenerativen Veränderungen ausgedehnt sind, dann kann eine medikamentöse Behandlung einer Struma selbstverständlich nicht mehr so effektiv sein wie bei einer jugendlichen diffusen Struma, die sich unter einer Jodid- oder Schilddrüsenhormonbehandlung rasch verkleinert.
Alle Untersuchungen, die die Wirkung von Behandlungsformen der Struma untersucht haben, wurden im wesentlichen an jungen Erwachsenen unter 40 Jahren und mit meist diffusen Strumen durchgeführt. Hierbei zeigte sich eine mittlere Verkleinerung der Strumen zwischen 20 und 40% der Ausgangsvolumina.
Bei alten Menschen mit Knotenstrumen sind die Therapieeffekte sehr viel geringer, bzw. sie bleiben bei vielen Patienten überhaupt aus. Eine Behandlung mit Jodid oder Schilddrüsenhormon führt nicht mehr zu einer Verkleinerung des Schilddrüsenvolumens. Ob eine weitere Größenzunahme durch eine solche Behandlung verhindert wird, ist durch exakte Untersuchungen eigentlich nicht erwiesen oder belegt.
Andererseits nehmen in den Strumen alter Patienten auch Veränderungen zu, die sich unter dem Begriff „Autonomieentwicklung" zusammenfassen lassen. Autonomieentwicklung heißt, daß bestimmte Areale, manchmal nur ein Bezirk (oft aber mehrere knotige Bezirke) in der Schilddrüse sich von der normalen Regulation durch die Hirnanhangsdrüse und das Zwischenhirn loslösen und unabhängig von dem schilddrüsenstimulierenden Hormon konstant und selbständig (autonom) Schilddrüsenhormon produzieren und in die Blutbahn abgeben.
Wenn solchen Patienten mit ausgedehnten autonomen Arealen in der Schilddrüse zusätzlich Schilddrüsenhormon verabreicht wird, hat dies keinen Einfluß auf die Eigenproduktion der Schilddrüse an Hormonen, und die medikamentös gegebenen Schilddrüsenhormone addieren sich zur Eigenproduktion. Auf diese Art und Weise kann durch die Behandlung eine Schilddrüsenüberfunktion entstehen. Das gleiche kann entstehen, wenn solche Patienten mit größeren Dosen von Jod behandelt werden oder ihnen unabsichtlich Jod verabreicht wird. Die autonomen Bezirke können dann effektiver als bisher Schilddrüsenhormon herstellen und damit ebenfalls zu einer Überfunktion führen.
Das bedeutet insgesamt für die Behandlung von Knotenstrumen im Alter, daß eine medikamentöse Behandlung mit Schilddrüsenhormon oder Jodid in der Regel nicht mehr sinnvoll, weil nicht mehr wirksam ist.

Da diese Behandlung zusätzlich auch noch die Gefahr der Entstehung einer Schilddrüsenüberfunktion beinhaltet, sollten Knotenstrumen in hohem Alter, wenn überhaupt, dann zur ausnahmsweise und in wohlbegründeten, vorher genau untersuchten Fällen durchgeführt werden. Vor allem muß vor einer solchen Behandlung eine Autonomie der Schilddrüsenfunktion sicher ausgeschlossen werden, was durch den TRH-Test und ein Supressionsszintigramm geschehen kann.
Selbst wenn aber durch diese Untersuchungen eine Gefährdung des Patienten weitgehend ausgeschlossen werden kann, so muß doch wegen der geringen Wirksamkeit auf die Strumabehandlung im Alter häufiger verzichtet werden. Dieser Therapieverzicht ist vor allen Dingen dann gerechtfertigt, wenn alte Menschen eine symptomlose Struma haben, bei der durch sonographische Kontrolluntersuchungen eine Größenzunahme nicht mehr feststellbar ist.

b) Hyperthyreose im Alter

Die Besonderheiten der Schilddrüsenfunktionsstörungen im Alter bereiten erhebliche diagnostische Probleme. Für die Schilddrüsenüberfunktion liegt dies daran, daß das klassische Krankheitsbild der Schilddrüsenüberfunktion mit Beschwerden und Symptomen von allen Organsystem (Kapitel G „Symptome und Organmanifestationen bei Schilddrüsenkrankheiten" bzw. „Hyperthyreose") eher die Ausnahme ist.
Sehr viel häufiger ist im Alter, daß nur wenige oder sogar nur ein einziges Organsystem ganz im Vordergrund der klinischen Symptomatik steht und deshalb zunächst andere, organbezogene Verdachtsdiagnosen gestellt werden, bevor erst am Ende eines langen diagnostischen Weges der Verdacht auf eine Schilddrüsenüberfunktion aufkommt. Wenn man so will, ist es für das Alter gerade typisch, daß nicht das klassische Krankheitsbild der Schilddrüsenüberfunktion mit geschilderter Symptomatik an vielen Organsystemen auftritt.
Die Schilddrüsenüberfunktion im Alter kommt besonders in vier Formen vor:

1. Bei einer *„apathisch-lethargischen-adynamischen Form"* stehen Symptome von seiten der Psyche und der allgemeinen Kraft im Vordergrund. Die Patienten sind antriebsarm, schwach, leicht er-

schöpfbar. Wenn nicht zusätzliche Symptome von anderen Organen hinzukommen, wird diese Form in aller Regel verkannt.

2. Eine mit *Gewichtsverlust,* meist gekoppelt mit Inappentenz und (gelegentlich) Durchfall einhergehende Form. Der bei jungen Erwachsenen vorkommende Heißhunger bei Schilddrüsenüberfunktion fehlt bei alten Patienten völlig.
3. Bei der dritten Form steht eine *Herzschwäche* im Vordergrund mit auftretenden Wassereinlagerungen (Ödemen) in den Beinen, Luftnot (durch Wassereinlagerung auch in die Lunge). Meist besteht ein sehr schneller, unregelmäßiger Puls. Da in der Regel bei diesen Patienten als Ursache für die Herzschwäche eine koronare Herzerkrankung vermutet wird, werden die Patienten ausschließlich mit auf das Herz wirksamen Medikamente behandelt wie Digitalispräparate, Diuretika („Wassertabletten"), Nitrate und anderen. Die Wirksamkeit dieser Medikamente ist aber - wenn eine Schilddrüsenüberfunktion die Ursache ist - nur sehr begrenzt, d. h. die Herzschwäche ist mit diesen Medikamenten kaum zu kompensieren.
4. Gelegentlich zeigen sich auch Verwirrtheitszustände, depressive oder psychotische Symptome als klinische Manifestation einer Schilddrüsenüberfunktion im Alter. Nicht selten werden diese Patienten wegen solcher Beschwerden zunächst zum Psychiater überwiesen oder gar in eine psychiatrische oder geriatrisch-psychiatrische Einrichtung eingewiesen.

Allen diesen genannten Manifestationsformen der Schilddrüsenüberfunktion ist gemeinsam, daß sie eigentlich keine spezifischen „Schilddrüsensymptome" sind und daher häufig und lange verkannt werden.
Die Ursache für diese Formen der Schilddrüsenüberfunktion sind in aller Regel die sog. mehrknotigen oder multifokalen Autonomien der Schilddrüse bei vorbestehenden Knotenstrumen. Die immunogenen Formen der Hyperthyreose, insbesondere die Basedow'sche Erkrankung kommt auch im hohen Alter noch gelegentlich vor, ist aber eher die Ausnahme.
Wegen der Schwierigkeiten, die klinische Diagnoe der Schilddrüsenüberfunktion bei alten Patienten rasch und aus dem Krankheitsbild zu stellen, werden diese Patienten sehr häufig ausgiebig untersucht, auch unter Einsatz von jodhaltigen Röntgenkontrastmitteln. Diese führen

dann in aller Regel zu einer Steigerung der Schilddrüsenüberfunktion bis hin zum schwersten Krankheitsbild, der sog. thyreotoxischen Krise. Eine solche Jodexposition kann aber bei alten Menschen auch häufig durch andere Medikamente bewirkt werden, z. B. durch schleimlösende Mittel, die bei der im hohen Lebensalter häufigen chronischen Bronchitis verordnet werden, durch Augentropfen, die als antiseptisch wirksame Substanz Kaliumjodid enthalten oder auch sog. Geriatrika, die zum Teil in den Apotheken frei verkäuflich sind. Wichtige jodhaltige Geriatrika und jodhaltige Augentropfen sind im Kapitel G „Überfunktion der Schilddrüse" aufgeführt.
Immerhin sind unter den heute in der Klinik diagnostizierten Fällen von Schilddrüsenüberfunktion bei älteren Patienten etwa 2/3 vorher mit hohen Jodmengen in Berührung gekommen, meist im Rahmen der medizinischen Diagnostik oder Behandlung.
Wenn die Diagnose einer Schilddrüsenüberfunktion im Alter einmal gestellt ist, dann wird sie im großen und ganzen nach den gleichen Prinzipien behandelt wie im jüngeren Erwachsenenalter, d. h. es wird zunächst eine Behandlung mit den schilddrüsenbremsenden Thyreostatika durchgeführt, bis die Schilddrüsenhormonkonzentrationen normalisiert sind.
Da eine Basedow'sche Erkrankung nur selten Ursache der Überfunktion im Alter ist, sondern meist die autonomen Knotenstrumen, ist nach Erreichen einer normalen Stoffwechsellage eine definitive Therapieform anzustreben, d. h. bei rüstigen alten Patienten mit großen Strumen ohne wesentliche Vorerkrankungen an Herz und Lunge wird man heute in der Regel eine Operation durchführen, insbesondere dann, wenn Speise- und Luftröhre mechanisch beeinträchtigt sind.
Bei Patienten mit nicht sehr großen Strumen ohne lokale Beschwerden und bei Begleiterkrankungen, die das Operationsrisiko zu groß werden lassen, wird die Radiojodbehandlung im Alter die Therapie der Wahl sein.

c) Hypothyreose im Alter

Wenn schon die klinische Diagnose einer Schilddrüsenüberfunktion im Alter schwierig ist, so gilt dies umsomehr für die Schilddrüsenunterfunktion im Alter. Dies hat seinen Grund speziell darin, daß eine Reihe von

Symptomen und Organmanifestationen bei der Schilddrüsenunterfunktion, insbesondere die an der Haut und deren Anhangsgebilden, am Energiestoffwechsel sowie die Veränderungen der Psyche und Persönlichkeit dem physiologischen Alterungsprozeß außerordentlich ähnlich sind. Das bedeutet, daß eigentlich typische Symptome der Schilddrüsenüberfunktion lange für normale Alterserscheinungen gehalten werden. Hierzu gehören:

- Leistungsminderung und Schwäche,
- Lethargie,
- Antriebsmangel,
- Müdigkeit,
- verminderte Kältetoleranz,
- Frieren,
- Gedächtnisminderung,
- depressive Verstimmung,
- trockene, kühle Haut,
- trockenes, sprödes Haar mit verstärktem Haarausfall,
- Verlangsamung,
- friedliche Apathie

So führen schließlich eine ganze Reihe von Gründen dazu, daß die Diagnose der Schilddrüsenunterfunktion im Alter nicht oder mit großer Verzögerung gestellt wird:

1. Der schleichende Beginn und das langsame Fortschreiten der Symptome;
2. Die Ähnlichkeit der Symptome mit dem physiologischen Alterungsprozeß;
3. Das selten auftretende klassische Krankheitsbild (meist Formen mit wenigen, unspezifischen und unerwarteten Symptomen);
4. Die Lethargie und der Antriebsmangel der Patienten, die deshalb gar nicht zum Arzt gehen;
5. Die Besonderheiten der Schilddrüsenerkrankungen im Alter wurden bisher weder in der Ausbildung noch in der Fort- und Weiterbildung der Ärzte ausreichend berücksichtigt.

Aus sog. Screening-Untersuchungen bei alten Menschen, sowohl in der Gesamtbevölkerung als auch bei Klinikpatienten und bei Altenheimbe-

wohnern geht hervor, daß die Schilddrüsenunterfunktion bei 1,5 bis 3% aller alten Menschen vorkommt. Dies ist wesentlich häufiger als dies der Feststellung der Erkrankung durch Ärzte in der Praxis entspricht.
Dabei ist die Diagnose der Schilddrüsenunterfunktion im Alter eigentlich leicht zu sichern. Sie erfolgt nach den gleichen Kriterien wie bereits aufgeführt. Das schilddrüsenstimulierende Hormon TSH ist in aller Regel stark erhöht, die Schilddrüsenhormone T3 und T4 sind vermindert. Häufig findet sich als Ursache eine abgelaufene Schilddrüsenentzündung (Hashimoto-Thyreoiditis). In diesem Rahmen sind dann meist noch die schilddrüsenspezifischen Autoantikörper, insbesondere die Antikörper gegen Schilddrüsenmikrosomen und gegen Thyreoglobulin, erhöht nachweisbar.
Die Behandlung der Schilddrüsenunterfunktion im Alter ist im Prinzip die gleiche logische kausale und wirksame Behandlung mit Schilddrüsenhormon. Allerdings sollte bei alten Patienten die Behandlung nicht von vornherein mit einer hohen Dosis erfolgen, sondern einschleichend mit z. B. 25 µg L-Thyroxin pro Tag und einer Steigerung der Dosis um jeweils 25 µg nach etwa vier Wochen. Die Begründung für diese Vorsichtsmaßnahme liegt darin, daß alte Menschen mit lange bestehender Schilddrüsenunterfunktion meistens eine ausgeprägte Gefäßverkalkung, insbesondere im Bereich der Herzkranzgefäße haben. Bei rascher Dosissteigerung wird der Sauerstoffverbrauch und -bedarf des Herzens sehr rasch gesteigert, während die Durchblutung sich so rasch gar nicht bessern kann.
Bei der Behandlung der Schilddrüsenunterfunktion sind also ein wenig Geduld von seiten der Ärzte und auch der betroffenen Patienten notwendig. Dann ist die Behandlung sehr effektiv. Die Patienten erhalten ihre alte Vitalität, Aktivität und geistige Frische wieder, sie „leben auf" und erst im Nachhinein erkennt man, daß fälschlicherweise die Krankheitssymptome der Schilddrüsenunterfunktion einem vorzeitigen oder raschen Alterungsprozeß zugeschrieben worden sind.

d) Schilddrüsenkarzinome im Alter

Prinzipiell können alle Formen des Schilddrüsenkarzinoms (s. Kapitel „Geschwülste der Schilddrüse") auch im Alter vorkommen. Allerdings

sind bei Patienten über 60 Jahren die gut differenzierten und relativ günstig verlaufenden papillären und follikulären Schilddrüsenkarzinome seltener als bei jüngeren Menschen und dafür die undifferenzierten, sehr bösartig verlaufenden anaplastischen, undifferenzierten Formen der Schilddrüsenkarzinome deutlich häufiger. Dies bedeutet, daß bei alten Menschen mit diesen undifferenzierten Schilddrüsenkarzinomen die Prognose, d.h. die Überlebenschance geringer ist als bei jüngeren Patienten mit den differenzierten Formen der Schilddrüsenkarzinome.
Die Behandlungsprinzipien sind aber völlig identisch, d.h. die Schilddrüsenkarzinome werden möglichst total chirurgisch entfernt und die differenzierten Karzinome werden anschließend mit Radiojod behandelt. Bei den undifferenzierten anaplastischen Schilddrüsenkarzinomen ist diese Radiojodtherapie wegen fehlender Jodspeicherung allerdings sinnlos.
Insgesamt stellen Schilddrüsenerkrankungen im Alter eine besondere Herausforderung dar. Das diagnostische Augenmerk muß bei alten Menschen häufiger als sonst die Möglichkeit von Schilddrüsenerkrankungen mit ins Kalkül ziehen, damit auch die „untypisch" verlaufenden Formen der Schilddrüsenüberfunktion und der Schilddrüsenunterfunktion beim alten Menschen rechtzeitig erkannt werden. Die Behandlung sowohl einer Schilddrüsenunterfunktion wie einer Überfunktion ist wegen ihrer guten Wirksamkeit eine außerordentlich dankbare und erfreuliche Aufgabe.

4. Leben ohne Schilddrüse

Nicht selten kommen Patienten, bei denen eine Schilddrüsenoperation wegen eines großen Kropfes bevorsteht oder aber bei denen wegen des Verdachts auf ein Schilddrüsenkarzinom die vollständige Entfernung der Schilddrüse vorgesehen ist, mit der Frage, ob denn ein Leben ohne einen Schilddrüsenrest überhaupt möglich sei, welche Auswirkungen das Fehlen der Schilddrüse oder das Vorhandensein nur noch eines winzigen Schilddrüsenrestes habe.
Aus den früher dargelegten Wirkungen der Schilddrüsenhormone und auch aus dem klinischen Krankheitsbild der Schilddrüsenunterfunktion wird klar, daß ein Leben ohne Schilddrüse, wenn keine entsprechende

Behandlung erfolgt, natürlich innerhalb von Wochen und Monaten zu einem schweren Krankheitsbild führt, nämlich dem der Schilddrüsenunterfunktion bzw. des Myxödems. Dieses Krankheitsbild kann – wiederum unbehandelt – durchaus innerhalb von Monaten oder Jahren auch zum Tode führen.
Andererseits entsteht dieses Krankhheitsbild praktisch ausschließlich durch das Fehlen der Schilddrüsenhormone Thyroxin (T4) und Trijodthyronin (T3). Wenn diese Schilddrüsenhormone durch Behandlung ersetzt werden, kann die Entwicklung dieses Krankheitsbildes vollständig verhindert werden. Ein Leben ohne Schilddrüse ist also sehr wohl, und zwar eigentlich auch ohne nennenswerte Einschränkungen möglich, wenn nur eine angemessene, richtig dosierte Behandlung mit Schilddrüsenhormon erfolgt.
Das synthetische Schilddrüsenhormon, das heute verwendet wird, ist absolut identisch mit dem Schilddrüsenhormon, das die menschliche Schilddrüse selbst produziert. Deshalb sind durch eine solche Behandlung auch keinerlei schädigende Einflüsse oder Nebenwirkungen zu erwarten und zu befürchten, außer wenn die Behandlung nicht in der richtigen Dosierung erfolgt.
Wird zu wenig Schilddrüsenhormon substituiert, so bleibt das Krankheitsbild der Schilddrüsenunterfunktion bestehen oder wird nur gering gemildert.
Wird Schilddrüsenhormon überdosiert, dann können Symptome und Beschwerden wie bei einer Schilddrüsenüberfunktion auftreten. Beide Entwicklungen können aber durch die regelmäßig durchzuführenden Kontrolluntersuchungen sehr gut verhindert werden.

a) Zustand nach Schilddrüsenoperation wegen Struma

Eine vollständige Entfernung der gesamten Schilddrüsen ist bei einer Strumaoperation fast nie notwendig. Wenn aber wegen einer ausgedehnten knotig veränderten Struma eine Schilddrüsenoperation so weitgehend durchgeführt werden mußte, daß nur noch winzige Schilddrüsenreste bestehen, also z. B. unter 4 ml Schilddrüsenrestvolumen, dann wird sich in der Regel ohne Behandlung eine Schilddrüsenunterfunktion entwickeln. Deshalb wird der Chirurg schon bei der Entlassung eines

Patienten nach ausgedehnter Strumaresektion eine Schilddrüsenhormonbehandlung einleiten, z.B. mit L-Thyroxin in einer Dosierung von etwa 100 μg pro Tag.
Eine erste Kontrolluntersuchung nach sechs bis acht Wochen sollte feststellen, ob diese einmal gewählte Dosis bereits ausreicht. Gegebenenfalls muß die Dosis erhöht bzw. angepaßt werden. Wenn die Schilddrüsenhormonkonzentrationen normalisiert und auch das TSH normal geworden ist, dann reichen in der Regel Kontrolluntersuchungen in jährlichen Abständen völlig aus, es sei denn, es würden wieder Beschwerden, die auf eine Unterfunktion oder eine Überfunktion hindeuten, beim Patienten auftreten. In diesem Fall würden die Kontrolluntersuchungen kurzfristiger durchgeführt.
Eine Beeinträchtigung des Allgemeinbefindens, der Arbeits- und Berufsfähigkeit besteht bei gut substituierten Patienten nach Schilddrüsenresektionen nicht.

b) Zustand nach vollständiger Schilddrüsenentfernung wegen Schilddrüsenkarzinoms.

Wenn eine Schilddrüsenentfernung wegen eines Schilddrüsenkarzinoms geplant ist, dann wird ja in jedem Fall eine vollständige operative Entfernung der Schilddrüse angestrebt und evtl. verbliebene Schilddrüsenreste werden durch die anschließende Radiojodbehandlung noch zerstört. Patienten nach Behandlung eines Schilddrüsenkarzinoms sind also grundsätzlich völlig ohne Schilddrüse. Sie müssen in jedem Fall lebenslang mit Schilddrüsenhormonen behandelt werden, wobei kurze Unterbrechungen nur zu den Zeitpunkten der Untersuchungen mit radioaktivem Jod erfolgen, und dies wird jeweils exakt mit dem untersuchenden Arzt bzw. nuklearmedizinischen Institut abgesprochen.
Wenn es gelungen ist, durch die Operation und die Radiojodtherapie das Schilddrüsenkarzinomgewebe völlig aus dem Körper zu eliminieren, dann sind auch Schilddrüsenkarzinompatienten ohne Schilddrüse unter entsprechender Substitution mit Schilddrüsenhormon weder in ihrem Allgemeinbefinden beeinträchtigt noch in ihrer Leistungsfähigkeit, Arbeits- und Berufsfähigkeit.
Die regelmäßigen Kontrolluntersuchungen bei Schilddrüsenkarzinom-

patienten sind von besonderer Wichtigkeit. Sie folgen einem festen Schema, das im Kapitiel G „Geschwülste der Schilddrüse" bereits dargestellt wurde.
Allen Patienten nach vollständiger Schilddrüsenentfernung fehlt neben den Schilddrüsenhormonen T3 und T4 natürlich auch das Hormon Calcitonin aus den C-Zellen der Schilddrüse.
Die Auswirkungen dieses Fehlens von Calcitonin auf den Kalziumstoffwechsel sind aber offenbar gering. Meßbare Veränderungen der Kalziumkonzentration im Blut finden sich bei diesen Patienten nicht.
Ob der Calcitoninmangel langfristig möglicherweise ein gewisses Risiko darstellt, daß sich eine frühzeitige Knochenentkalkung (Osteoporose) entwickelt, ist im Augenblick noch nicht eindeutig geklärt. Ein Ersatz dieses Hormons im Rahmen der Behandlung von Patienten ohne Schilddrüse ist nicht erforderlich.
Insgesamt führt auch eine vollständige Entfernung der Schilddrüse bei entsprechender, richtig und ausreichend dosierter Behandlung zu sehr viel geringeren Beeinträchtigungen oder Veränderungen als dies allgemein befürchtet wird. Ein richtig substituierter Patient ohne Schilddrüse ist in aller Regel symptomlos und beschwerdefrei.

5. Beteiligung der Augenhöhle bei der Basedow'schen Krankheit („Endokrine Orbitopathie")

a) Definition

Unter dem medizinischen Begriff der endokrinen Orbitopathie versteht man eine ausschließlich im Rahmen der immunogenen Hyperthyreose vom Typ der Basedow'schen Erkrankung vorkommende, nicht seltene Beteiligung der Strukturen und Gewebe der Augenhöhle.
(Bei allen anderen Ursachen einer Schilddrüsenüberfunktion (siehe auch Kapitel G) kommt eine Augenbeteiligung im Sinne einer endokrinen Orbitopathie nicht vor).
Bei 30–60% aller Patienten mit Morbus Basedow findet sich eine Augenbeteiligung; sie ist ein gefürchteter Teilaspekt dieser Erkrankung wegen der oft nur geringen therapeutischen Beeinflußbarkeit.
Zugrunde liegt auch eine Störung der körpereigenen Abwehrmechanis-

men, also des Immunsystems, die dazu führt, daß Antikörper nicht nur gegen Strukturen der Schilddrüse, sondern auch gegen körpereigene Strukturen, die hinter dem Augapfel in der Augenhöhle liegen, gebildet werden, z.B. gegen das Fettgewebe hinter dem Auge, gegen Augenmuskelgewebe etc. Dort spielen sich dann auch morphologisch und feingeweblich darstellbare Veränderungen ab, z.B. eine Einwanderung von Lymphzellen, Einlagerung von Flüssigkeit und chemischen Substanzen, schließlich Vernarbungen, Anschwellen und Auftreiben der Augenmuskeln, die zu Funktionsstörungen bis hin zu kompletten Lähmungen führen. Die Einwanderung der Lymphzellen und die Einlagerung von Flüssigkeit führt zur Volumenzunahme des von Knochen umschlossenen Raumes der Augenhöhle und damit zum Verdrängen der Augäpfel nach vorne, die dadurch hervortreten, sowie zur Druckerhöhung und damit zur Druckschädigung des Sehnerven.

b) Klinische Beschwerden und Zeichen

Meistens treten die Beschwerden und Zeichen der Augenbeteiligung gleichzeitig mit den Symptomen der Schilddrüsenüberfunktion ein, oft können sie aber auch erst später, während der bereits behandelten Schilddrüsenüberfunktion hinzukommen, und sehr selten gehen die Zeichen der Augenbeteiligung der Hyperthyreose sogar voran.
Die für den Patienten bemerkbaren Beschwerden sind:
- Druckgefühl in oder hinter den Augen,
- Lidschwellungen, am stärksten morgens, aber über den Tag anhaltend,
- Juckreiz,
- Fremdkörpergefühl (wie wenn eine Wimper oder ein Sandkorn im Auge wäre),
- Lichtscheu,
- Tränenneigung,
- Rötung der Augen (wie bei einer Bindehautentzündung),
- Kopfschmerzen,
- verschwommenes Sehen,
- Doppelbilder,
- Hervortreten der Augäpfel (Größerwerden der Augen, „Glotzaugen“).

Meist sind die Beschwerden beidseitig, symmetrisch, aber sie können auch asymmetrisch, auf einer Seite stärker als auf der anderen und – selten – streng einseitig auftreten. Meist sind die Beschwerden morgens schlimmer als abends.

Die Augen wirken aus mindestens zwei Gründen größer als vor dem Eintreten der Veränderungen: zum einen kommt es zu einem Zurückziehen der Lider (meist der Oberlider, aber auch der Unterlider), dadurch wird die Lidspalte deutlich weiter; zum anderen werden die Augäpfel nach vorne gedrängt, was man medizinisch als Exophthalmus („Heraustreten der Augen") oder als Protrusio („Hervortreten" der Augäpfel) bezeichnet. Schließlich kann auch die Anschwellung und Verdikkung der Lider zum Einruck der vergrößerten Augen beitragen.

Objektiv werden bei der Untersuchung durch den Arzt und den Augenarzt 4 Gruppen von Symptomen festgestellt:

1. An den Lidern und der Bindehaut:
   a) Entzündungszeichen:
      Lidschwellung („Ödeme"), Rötung der Bindehaut durch verstärkte Durchblutung, kissenartige Wassereinlagerung unter die Bindehaut („Chemosis").
   b) Zurückziehen der Lider:
      Sichtbarkeit der oberen Hornhautrandes und der weißen Lederhaut, Zurückbleiben des Oberlides beim Blick nach unten, seltener Lidschlag.
2. Hervortreten der Augäpfel (Protrusio, Exophthalmus):
   Hierbei ist wichtig, daß der Lidschluß noch komplett möglich ist. Bei Unfähigkeit zum kompletten Lidschluß treten Reizungen der Bindehaut auf, und es droht eine Austrocknung der Hornhaut, was zu Geschwüren der Hornhaut und zu deren Trübung führen kann, einer schweren Komplikation!
3. Augenmuskelveränderungen:
   Im leichtesten Fall finden sich nur im Computertomogramm oder im Ultraschall Verdickungen der Augenmuskeln ohne Funktionsstörungen.
   Schließlich kommt es zu Funktions- und Bewegungsstörungen, die zu Doppelbildern und/oder zu Kopfzwangshaltungen führen können.

4. Sehnervenschädigung:
   Diese führen zu einer Abnahme der Sehkraft, im schlimmsten Fall zu ihrem Verlust, d. h. zur Erblindung.

Die Veränderungen am Auge können auch zu einer Steigerung des Augeninnendruckes (= grüner Star, Glaukom) führen, die bei der augenärztlichen Untersuchung festgestellt wird.

c) Diagnose der endokrinen Orbitopathie

Bei der klassichen Ausprägung einer endokrinen Orbitopathie ist dieser Teilaspekt der Basedow'schen Erkrankung auf den ersten Blick zu erkennen (siehe Abb. 26), nicht selten wird hierüber erst das Augenmerk auf die gleichzeitige Schilddrüsenerkrankung gelenkt und dann die Diagnose der Schilddrüsenüberfunktion auf diese Weise gestellt.

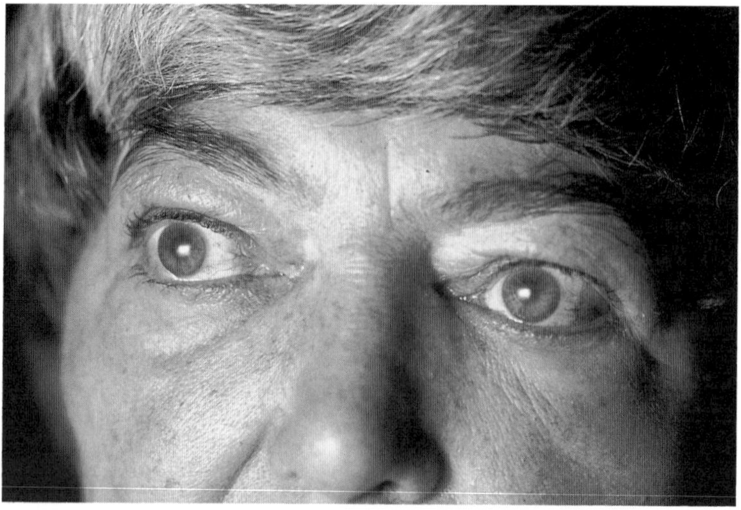

Abb. 26a: *Klinisches Bild einer mäßig ausgeprägten endokrinen Orbitopathie mit Erweiterung der Lidspalte und Schwellungen der Ober- und Unterlieder.*

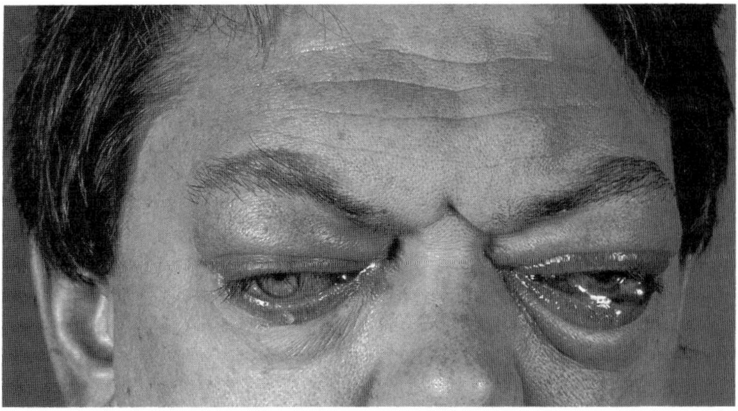

Abb. 26b: *Klinisches Bild einer schwersten endokrinen Orbitopathie beidseits mit Rötung des gesamten Auges, Schwellung der Ober- und Unterlieder, Unfähigkeit des Lidschlusses.*

Bei weniger deutlicher Ausprägung und besonders bei einseitiger Symptomatik kann die Diagnose aber sehr schwierig sein.
In jedem Fall ist eine enge Zusammenarbeit zwischen dem die Schilddrüsen behandelnden Internisten bzw. Endokrinologen und dem Augenarzt erforderlich, da eine Reihe von Untersuchungen notwendig sind, die der Internist wegen der notwendigen technischen Apparaturen nicht durchführen kann. Die einfache Messung des Bulbusstandes, also den Exopththalmus quantitativ zu messen, sollte aber auch dem Endokrinologen möglich sein.

d) Behandlung

Die Entstehung der Schilddrüsenüberfunktion und der Augensymptomatik bei der Basedow'schen Erkrankung hängt ursächlich im Rahmen der immunolgischen Vorgänge („Autoimmunerkrankung") miteinander zusammen, aber die Beeinflußbarkeit der Augenbeteiligung durch die Behandlung der Schilddrüsenüberfunktion ist leider nur sehr gering.
Dies liegt daran, daß durch die Behandlung der Hyperthyreose mit den

die Schilddrüsenfunktion bremsenden „Thyreostatika" ja nicht der zugrundeliegende Autoimmunprozeß mit Bildung von Autoantikörpern beeinflußt wird, sondern lediglich die Auswirkung dieses Prozesses auf das Organ Schilddrüse gemildert bzw. behoben wird. Die Schilddrüsenüberfunktion kann heute durch Medikamente, durch Operation oder durch Radiojodtherapie wirksam behandelt werden. Leider stehen uns derzeit keine Behandlungsverfahren zur Verfügung, die die Auswirkungen der Erkrankung auf die Strukturen der Augenhöhle in gleicher Weise wirksam beeinflussen würden. So bleiben uns bis heute eigentlich nur rein symptomatische Maßnahmen, um die Beschwerden der Augen zu lindern und die z.T. schweren Veränderungen zurückzubilden oder zu verhindern.
Folgende Behandlungsprinzipien stehen zur Verfügung:
1. Die Behandlung der Schilddrüsenüberfunktion
2. Allgemeine und lokal am Auge wirksame Maßnahmen
3. Medikamentöse und apparative Behandlungsmöglichkeiten.

Zu 1.: Die Schilddrüsenüberfunktion im Rahmen des Morbus Basedow' muß natürlich behandelt werden, unabhängig davon, ob eine Augenbeteiligung besteht oder nicht. Sie erfolgt nach den Kriterien wie im Kapitel G „Schilddrüsenüberfunktion" dargestellt. Ob allerdings allein die Normalisierung der Stoffwechsellage die endokrine Orbitopathie günstig beeinflußt, ist keineswegs gesichert. Immerhin wird allgemein die Normalisierung der Schilddrüsenüberfunktion als Voraussetzung für eine günstige Beeinflussung auch der Augensymptomatik angesehen.
Allerdings besteht bei den betroffenen Patienten oft das Mißverständnis, daß mit der Behandlung der Überfunktion - gewissermaßen automatisch – auch die Augensymptome besser würden. Dies ist aber nur sehr selten der Fall. Der Verlauf der endokrinen Orbitpathie kann sehr weitgehend unabhängig von der Schilddrüsenfunktionslage sein. Nicht selten tritt die Orbitopathie ja auch erst während der bereits laufenden Therapie der Überfunktion ein. Dies kann bei nicht genügender Aufklärung der Patienten zu erheblichen Konflikten führen, da sie unter Umständen sogar die Therapie für die Entstehung oder Entwicklung der Augensymptome verantwortlich machen. Deshalb ist es wichtig, dem betroffenen Patienten den zugrundeliegenden krankhaften Mechanismus des Immunsystems zu erklären, der im Grunde auch heute noch nicht wirksam

und zuverlässig beeinflußt werden kann. Auch ist es wichtig, von vornherein auf die relativ weitgehende Unabhängigkeit der Augenbeteiligung von der Schilddrüsenfunktion hinzuweisen.

Zu 2.: Eine günstige Beeinflussung der subjektiv z.T. als sehr quälend empfundenen Augensymptome ist allerdings durchaus möglich, und zwar auch mit einfachen lokalen Maßnahmen. Hierzu gehören:
- Reizlindernde Augentropfen (z.B. Methylzellulose, „künstliche Tränen")
- Augensalbe (nachts, um Austrocknung der Hornhaut zu verhindern)
- Augenverschlußverband (nachts, um Austrocknung zu verhindern)
- Getönte Lichtschutzbrille (gegen Helligkeit und Wind)
- Kopfhochlagerung (beim Liegen, vor allem nachts)
- („Wassertabletten" = Diuretika)
- (Lymphabfluß fördernde Medikamente")

Allein schon die einfachen Maßnahmen wie reizlindernde Augentropfen, Lichtschutzbrille, nächtliche Augensalbe und Kopfhochlagerung führen oft zu einer deutlichen, raschen Linderung des Fremdkörpergefühls, des Juckreizes, der Tränenneigung und der Lichtscheu.
Allerdings werden durch diese Maßnahmen die Augenmuskelbeteiligung und das Hervortreten der Augäpfel kaum oder gar nicht beeinflußt.

Zu 3.: Bei ausgeprägtem Exophthalmus und bei Augenmuskelbeteiligung mit Kopffehlstellung und/oder Doppelbildern sind frühzeitig die aufwendigeren Therapiemaßnahmen einzusetzen. Ihre Wirksamkeit ist in der Regel umso besser, je früher sie zum Einsatz kommen. Bei zunehmender Dauer nehmen die Vernarbungsvorgänge hinter dem Auge zu und die Rückbildungsfähigkeit eines Exophthalmus oder einer Augenmuskkellähmung wird immer geringer. Hier kommen in Frage.:
- Medikamentöse Behandlung mit:
  synthetischen Nebennierenrindenhormonen (Cortisonabkömmlinge) als Stoßtherapie mit hoher Anfangsdosis in absteigender Dosierung,
  sog. immunsuppressiven Medikamenten. Sie sollten wegen der möglichen Nebenwirkungen und der keineswegs hundertprozentigen Wirksamkeit vorerst nur im Rahmen sog. kontrollierter Studien eingesetzt werden.

- Bestrahlung des Gewebes hinter dem Auge („Retroorbitalbestrahlung")
- Operative Maßnahmen:
  druckentlastende Operationen,
  Lidkorrekturen,
  Augenmuskelkorrekturen.

In jedem Fall ist die Behandlung der endokrinen Orbitopathie eine sehr schwierige Aufgabe und nicht selten von Rückschlägen begleitet. Sie erfordert unbedingt die Erfahrung eines Spezialisten, sowohl in der medikamentösen Therapie als auch in der Strahlenbehandlung und bei den evtl. erforderlichen Operationen.
Das Vertrauensverhältnis zwischen Arzt und Patient wird dennoch nicht selten durch die Unberechenbarkeit, die geringe Vorhersagbarkeit und den schwankenden Verlauf erheblich belastet. Häufig wechseln die betroffenen Patienten den Arzt, weil sie den mangelnden Erfolg der Behandlung dem Arzt anlasten. Dies ist oft unberechtigt, sondern liegt einfach daran, daß uns derzeit noch keine kausale, die Ursache der Erkrankung beeinflussende oder gar beseitigende Behandlungsmöglichkeit zur Verfügung steht.
Wichtig für das Vertrauensverhältnis erscheint aus eigener, langjähriger Erfahrung, daß der Patient von vornherein ausführlich über die Erkrankung der endokrinen Orbitopathie ihre Eigenschaften, ihre Tücken und ihre relative Unabhängigkeit von der Schilddrüsenfunktion informiert wird, damit er nicht Illusionen hinsichtlich des Verlaufes und der Beeinflußbarkeit durch die Behandlung erliegt.

Anhang

Schriften und Broschüren für Patienten über die Schilddrüse bzw. über Schilddrüsenkrankheiten

Bücher

Krankheiten der Schilddrüse, Prof. Dr. med. Peter Pfannenstiel, Stuttgart: TRIAS 1989.

Broschüren

Broschüren der Firma Henning Berlin GmbH, Komturstraße 58–62, Postfach 42 07 32, 12067 Berlin (Tempelhof):

Jodmangel und Schilddrüsenkrankheiten – Ein Ratgeber für Patienten
Jodmangel in Schwangerschaft und Stillzeit – Ein Ratgeber für werdende und stillende Mütter
Die vergrößerte Schilddrüse. Was Sie wissen sollten – Woran Sie denken müssen – Ein Ratgeber für Patienten
Zustand nach Thyreoidektomie. Die Schilddrüse wurde vollständig entfernt – Ein Ratgeber für Patienten
Kropfrezidivprophylaxe – Ein Ratgeber für die Zeit nach der Kropfoperation oder der Radiojodtherapie
Schilddrüsenunterfunktion bei Neugeborenen und im Kindesalter – Ein Ratgeber für Eltern
Schilddrüsenüberfunktion. Was Sie wissen und beachten müssen – Ratgeber für Patienten

BROSCHÜREN der Firma E. Merck, Postfach 41 19, 64271 Darmstadt:

Jod. Für die Gesundheit von Mutter und Kind – Ratgeber für Mütter
Die besten Rezepte gegen Jodmangel
Kleiner Ratgeber für Schilddrüsenpatienten

BROSCHÜREN des Forum Schilddrüse e. V., Heimhuder Str. 70, 20148 Hamburg:

Schilddrüsenkrankheiten: Leiden im Verborgenen – 25 Fragen – 25 Antworten
Strumaepidemiologie
Epidemiologie von Schilddrüsenkrankheiten

MERKBLÄTTER des Forum Schilddrüse e. V.

Schilddrüsenkrankheiten bei Kindern
Schilddrüsenkrankheiten bei Jugendlichen
Schilddrüsenkrankheiten bei Frauen
Schilddrüsenkrankheiten bei älteren Menschen

BROSCHÜREN des Arbeitskreises Jodmangel, c/o Praxispress, Postfach 15 41, 64505 Groß-Gerau:

Jodmangel und Schilddrüse – 25 Fragen und Antworten
Mütterpost – Jodmangel bei Kindern und Möglichkeiten der Vorbeugung
Ernährung aktuell – Tips zur Vermeidung von Jodmangelkrankheiten
Jodversorgung ohne Risiko
Verwendung von jodiertem Speise- und Nitratpökelsalz bei der Herstellung von Fleisch- und Wurstwaren (Merkblatt für das Fleischerhandwerk)
Verwendung von jodiertem Speisesalz bei der Herstellung von Brot und Backwaren (Merkblatt für das Bäckerhandwerk)

ÄRZTLICHE RATSCHLÄGE

Cordes • **Sprudelmassagebäder**
1992. X, 102 S., 22 Abb., kt. DM 22,80

Raab • **Lichtfibel**
2. Aufl. 1990. XIV, 159 S., 45 Abb., 25 Tab., kt. DM 24,80

Raab • **Allergiefibel**
3. Aufl. 1991. XIV, 188 S., 38 z. T. farb. Abb., 31 Tab., kt. DM 29,80

Raab • **Sexualfibel**
Informationen über Sexualstörungen und durch Geschlechtsverkehr übertragbare Krankheiten inklusive AIDS
2. Aufl. 1995. Etwa 180 S., kt. etwa DM 29,80

Hotz • **Erkrankungen von Speiseröhre, Magen und Zwölffingerdarm**
1995. X, 162 S., 37 Abb., 11 Tab., kt. DM 24,80

Theil u.a. • **Asthma • Ekzem • Nahrungsmittelallergie**
2. Aufl. 1991. XII, 148 S., 73 Abb., 2 Tab., kt. DM 24,80

Primer • **Der Bronchialkranke**
2. Aufl. 1988. XII, 124 S., 43 Abb., kt. DM 24,80

Weilemann • **Giftberatung: Pflanzen**
1992. XII, 106 S., 50 Farbabb., kt. DM 22,80

Seemann et al. • **Schizophrenie – wie man damit leben und arbeiten kann**
1990. XVI, 173 S., kt. DM 29,80

Ochel • **Reisen, leben, arbeiten in den Tropen**
1994. 266 S., 12 Abb., 21 Tab., kt. DM 32,80

Plath • **Lexikon der Hörschäden**
2. Aufl. 1995. Etwa 280 S., kt. etwa DM 24,80